哲学家 2020 (1)

PHILOSOPHERS

中国人民大学哲学院　编

臧峰宇　主编

人民出版社

责任编辑:洪　琼

图书在版编目(CIP)数据

哲学家·2020(1)/中国人民大学哲学院编. —北京:人民出版社,2021.1

ISBN 978 - 7 - 01 - 023410 - 6

Ⅰ.①哲…　Ⅱ.①中…　Ⅲ.①哲学-文集　Ⅳ.①B-53

中国版本图书馆 CIP 数据核字(2021)第 086053 号

哲学家·2020(1)

ZHEXUEJIA 2020(1)

中国人民大学哲学院　编　臧峰宇　主编

人 民 出 版 社 出版发行

(100706　北京市东城区隆福寺街 99 号)

北京中科印刷有限公司印刷　新华书店经销

2021 年 1 月第 1 版　2021 年 1 月北京第 1 次印刷

开本:787 毫米×1092 毫米 1/16　印张:15.25

字数:360 千字

ISBN 978 - 7 - 01 - 023410 - 6　定价:69.00 元

邮购地址 100706　北京市东城区隆福寺街 99 号

人民东方图书销售中心　电话 (010)65250042　65289539

编者前言

臧峰宇

每个时代都有自己的哲学家,每个哲学家都是自己时代的产物,哲学思想的生命力总是基于面向时代的深思和探赜。我们所处的时代是一个需要思想而且一定能够产生思想的时代,人们追求美好生活的精髓都汇集在我们时代的哲学中。今天,我们比以往任何时代都更需要哲学,因为我们的时代经历着历史上最为广泛而深刻的社会变革,这个时代为哲学研究和学术创新提供了广阔的空间。探究我们时代复杂深邃的社会现实和各种精神现象,提出中华民族自己的哲学主张,是当代中国哲学学人应当承担的学术使命。

士以弘道,任重道远。《哲学家》愿为哲学同仁的经典解读、时代阐释铺展一块学术芳草地。这本刊物创办于 2006 年,旨在为哲学家建设一个学术家园,素来倡导"稿件不分领域,不论长短,重在有新意、合规范;作者不讲身份,不论出处,贵在求真理,有创见"。自创刊以来,编发了马克思主义哲学、中国哲学、西方哲学、道德哲学、宗教哲学、科学技术哲学、政治哲学、艺术哲学、管理哲学、逻辑学、比较哲学等研究领域的学术论文,开设了"人物传记""院史专栏"等特色专栏。目前,《哲学家》虽然尚未跻身核心期刊序列,但不乏学界同仁赠予高质量的学术论文,使本刊渐为海内外学界同仁所了解。

从 2020 年起,《哲学家》改为半年刊,对于新的编委会而言,本期的出版是一个新的开端,我们将汲取创刊以来形成的宝贵经验,以哲思日新的姿态会通中西、融汇古今、超越既往,努力构建哲学界同仁的学术家园。我们希望以本刊为纽带,与国内外学界同仁共同思考我们时代的哲学问题,深入探究问题中的哲学,从中呈现有生命力的、实践的思维方式和价值观念,推动世界哲学视野与本土概念图式的融通,实现传统价值与现代精神的对话,从观念层面为创造新时代人民需要的美好生活贡献绵薄之力。

本期发表的 17 篇文章既涵盖对经典文献的审慎解读,又不乏对哲学主题的评判性介入,从中可见各位作者致力于拓展哲学基础理论研究,亦可看到各种面向现实问题的哲学思辨,呈现了跨文化哲学与比较哲学的研究视域。

本期发表的四篇马克思主义哲学论文回归文本、关注现实。安启念教授在《唯物史观新解》一文中从关于马克思哲学思想形成过程的两处论述谈起,回到马克思哲学文本,面对现实生活中的新变化,重新探析唯物史观的究竟,将人以及人的发展视为唯物史观关注的焦点,认为劳动实践活动是理解历史的锁匙,基于劳动实践的人、自然界、人类社会的相互作用协同发展是历史的基本内容。杨威博士考察了巴塔耶的卑微唯物主义,认为马克思运用了一种基于社会现实向"上"的抽象力,巴塔耶则倚重一种基于生命体验向"外"的僭越力,从而在《从历史唯物主义来考察巴塔耶的卑微唯物主义》一文中比较了历史唯物主义与卑微唯物主义在思路上的差异。吴宁教授等分析了当代中国哲学的现状与问题,在《当代中国哲学的现状与发展趋势》一文中就如何坚持问题导向,形成具有中国特色的标识性概念和范畴,推动当代中国哲学走向世界、走向未来,提出了一种可能性建议。澳大利亚马克思主义哲学家罗兰·博尔教授基于恩格斯关于公共权力的论述,探究基础共产主义时期的社会运作方式及其辩证转化的可行性,在《恩格斯嵌入式社会管理思想探析》一文中阐解恩格斯关于社会管理问题的可行性方案,讨论"站在社会之中"的社会管理形式何以实现的问题。

关于"中国哲学研究方法论",本期发表了三篇论文。刘增光博士将清末以降颇富现代性意涵的阳明学称为"启蒙的阳明学",在《作为启蒙思想的近代中国阳明学》一文中他强调,在近代语境中,阳明学不仅是宋明理学的一部分,而且具有中国文明的代言者身份,从而真正成为"近代中国阳明学"。蒋伟胜博士等在《把工夫论作为中国哲学研究的新范畴》一文中阐述了工夫论的内容:参照一种基于实践和实践哲学概念而作的清晰界定,明确工夫的分类和特征,深化对中国哲学史上工夫现象的认识,认为这项研究是贡献于世界哲学的一个独特范畴。朱光磊博士认为中国哲学的真理观属于非实在论的、价值性的,需要修道者通过生命实践来证成,他在《论中国哲学真理观的检证原则》一文中提出主体性检证原则和客观性检证原则,前者指的是追求真理的主体够摆脱欲望的束缚而持有纯粹自由意识的心灵状态;后者指的是真理对于现实世界的主张不能与现实世界的基本价值观相对立。

本期的"中西形上学"栏目包括聂敏里教授的《亚里士多德论定义的统一性》、舒远招教授的《康德 Sein 论题中逻辑谓词与实在谓词之分》和简慧贞博士的《王船山之格致相因论》。聂敏里教授认为,亚里士多德在《后分析篇》中提出了定义的统一性的理论难题,却将其置于《形而上学》中予以解决,通过指出属加种差的定义中的属与种差的关系是一种潜能和现实的关系,定义在本质上是由种差构成的描述,种差才是针对于所定义的东西的现实的知识,亚里士多德从根本上解决了这个难题。在舒远招教授看来,康德的 Sein 论题不仅包含系词与实在谓词的区分,也包含逻辑谓词与实在谓词的区分;将该论题解读成"现实谓词不是实在谓词",由此消解该论题中的逻辑谓词与实在谓词之分的做法是不可取的。简慧贞博士认为船山肯定朱熹格物致知论,并建构了一套知识体系,包含可由经验感知的与不可由经验感知的两种知识建构进路,且须展现出格致相因、相资而行之工夫。

在"治国理论"栏目中,曹刚教授将"德治之'德'是何种意义上的'德'"视为讨论德治理论与实践所要首先回答的问题,同时将道德分为愿望道德、角色道德和义务道德三个层次,他在《论德治诸形态》一文中将导之以德、齐之以礼和绳之以法看做是德治的三种形态，认为在理论和实践上厘清和抓住法治与德治的关键问题，方能实现国家治理现代化。夏福英博士在《真德秀与马基雅维里的"王道、霸道之争"》一文中对真德秀的《大学衍义》和马基雅维里的《君主论》进行了比较研究，认为前者透显的是以道德教化为主的东方管理学灵魂，后者透显的则是以法制、征服为主的西方管理学灵魂。

最后，在马琳博士主持的专栏"伦理维度与政治维度之纠结：中国传统与法国哲学之互参"中包括五篇论文。其中，宋健博士等在《何以成"人"？为己与毋我的回环展开》一文中认为，"为己"至少包含"自我意识的觉醒""个体身份的确立"和"内在德性的亲证"三重含义，"毋我"则兼具"敬天畏命"与"人当能群"两层含义，二者既是孔子成人思想的内容，又是践行成人思想的方式和理解成人思想的方法。林建武博士分析了列维纳斯关于巴勒斯坦人与以色列犹太人的冲突以及犹太复国主义的一些看法，认为列维纳斯的伦理—政治学打开了一种政治现实主义的可能性，他在《列维纳斯的伦理—政治学——从贝鲁特难民营大屠杀事件的电台讨论谈起》一文中强调，列维纳斯的政治决断是伦理精神在现实政治生活中的呈现，是其伦理思考的"去乌托邦化"。在林华敏博士看来，列维纳斯揭示了我和他人之间非对等的爱与责任的关系，这是一种封闭的、私密性的、前表象的经验关系。他在《从亲密性到正义——论列维纳斯的"第三方"政治》一文中认为，第三方使我和他人的亲密性成为问题，在面容的普遍性中，第三方要求限制爱和责任的关系，寻求理性、组织和国家实现对诸多他人的正义。马琳在《重探梅洛-庞蒂对萨特自由观的批评》一文中探讨了梅洛-庞蒂在其早期名著《知觉现象学》中对萨特自由观提出的批评，她认为梅洛-庞蒂的批评忽视了萨特哲学中的含混性，不过，尽管萨特认为自由的选择活动总是在具体的处境中作出的，但他仍然是从人的立场出发来对处境加以界定的。对萨特更为恰当的批评应当针对其人类中心主义而提出。梅洛-庞蒂则试图超出人类中心主义，从某种宇宙论的匿名自我出发，从基于我与世界的原初关联出发来把握"一般性的自由"。许咏晴博士认为"天"赋予人可能理解的使命，同时给予人不可测度的命运，她在《孟子人性论中的自由与命运》一文中指出，孟子基于对"天"的确信，认为虽然命运难测，但在身体与行动能力受到命运限制时，人仍然拥有选择用什么态度面对命运的自由。

在《哲学家·2020》即将刊行之际，向为本刊改版提供建议以及为本期组稿、编辑和出版作出努力的各位朋友表示衷心的感谢！受疫情等因素影响，这一期《哲学家》终于要与读者们见面了，希望迟来的她能给热爱哲学的朋友们提供一份特别的记忆！

2020 年仲夏
于中国人民大学人文楼

目　录

☞【专题：伦理维度与政治维度之纠结】

Contents

【马克思主义哲学】

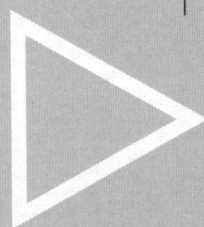

唯物史观新解
——从关于马克思哲学思想形成过程的两处论述谈起

安启念*

内容提要：唯物史观是马克思主义哲学最重要的内容,长期以来受到国内外学术界的高度重视,但是究竟什么是唯物史观,对它的理解至今存在分歧。通常所说的唯物史观"经典表述"强调社会存在决定社会意识,这是完全正确的,但社会存在决定社会意识不是唯物史观最重要的内容。马克思理解的唯物史观认为:人以及人的发展是唯物史观关注的焦点;劳动实践活动是理解历史的锁匙;在人的劳动实践基础上,人、自然界、人类社会的相互作用协同发展是历史的基本内容。社会存在决定社会意识只是马克思唯物史观思想的一个部分、一个方面。在进行社会革命、批判唯心史观、发展经济以及改革开放时,强调生产力的重要作用,强调社会存在决定社会意识是必要的;在物质生产发展带来严重的资源、环境问题和落实新发展理念的今天,必须重新理解马克思的唯物史观思想。

关键词：唯物史观"经典表述";对唯物史观的新理解;马克思哲学思想形成过程

一百多年来,主要由马克思创建的唯物史观受到人们的高度重视,研究成果汗牛充栋,但是它的许多问题,甚至是一些最基本的问题,例如,什么是马克思创建的唯物史观? 它的研究对象和主要内容是什么? 在马克思主义哲学发展史上没有做过认真讨论。迄今为止我们对它们的理解并不完整准确,与马克思本人的思想有很大出入。唯物史观理解中的这一不足,极大地损害了马克思唯物史观思想的理论价值,影响了它对现实生活的解释能力。

马克思的唯物史观思想需要再认识。马克思曾对他自己思想的形成过程做过两次简要但十分重要的说明,本文将通过分析这两处论述,对唯物史观思想的对象、基本内容和主要特点略做考察,以期推动这一方面的研究。

一、恩格斯关于唯物史观思想的两种表述

马克思写于 1859 年的《〈政治经济学批判〉序言》中的一段话,长期以来被当做唯

---

* 安启念,中国人民大学哲学院教授。

物史观的"经典表述"。这段话就是：

> 人们在自己生活的社会生产中发生一定的、必然的、不以他们的意志为转移的关系，即同他们的物质生产力的一定发展阶段相适合的生产关系。这些生产关系的总和构成社会的经济结构，即有法律的和政治的上层建筑竖立其上并有一定的社会意识形式与之相适应的现实基础。物质生活的生产方式制约着整个社会生活、政治生活和精神生活的过程。不是人们的意识决定人们的存在，相反，是人们的社会存在决定人们的意识。社会的物质生产力发展到一定阶段，便同它们一直在其中运动的现存生产关系或财产关系（这只是生产关系的法律用语）发生矛盾。于是这些生产关系便由生产力的发展形式变成生产力的桎梏。那时社会革命的时代就到来了。随着经济基础的变革，全部庞大的上层建筑也或慢或快地发生变革。在考察这些变革时，必须时刻把下面两者区别开来：一种是生产的经济条件方面所发生的物质的、可以用自然科学的精确性指明的变革，一种是人们借以意识到这个冲突并力求把它克服的那些法律的、政治的、宗教的、艺术的或哲学的，简言之，意识形态的形式。我们判断一个人不能以他对自己的看法为根据，同样，我们判断这样一个变革时代也不能以它的意识为根据；相反，这个意识必须从物质生活的矛盾中，从社会生产力和生产关系的现存冲突中去解释。无论哪一个社会形态，在它所能容纳的全部生产力发挥出来以前，是决不会灭亡的；而新的更高的生产关系，在它的物质存在条件在旧社会的胎胞里成熟以前，是绝不会出现的。所以人类始终只提出自己能够解决的任务，因为只要仔细考察就可以发现，任务本身，只有在解决它的物质条件已经存在或者至少是在生成过程中的时候，才会产生。大体说来，亚细亚的、古代的、封建的和现代资产阶级的生产方式可以看作是经济的社会形态演进的几个时代。资产阶级的生产关系是社会生产过程的最后一个对抗形式，这里所说的对抗，不是指个人的对抗，而是指从个人的社会生活条件中生长出来的对抗；但是，在资产阶级社会的胎胞里发展的生产力，同时又创造着这种对抗的物质条件。因此，人类社会的史前时期就以这种社会形态而告终。①

这段话论述了生产力和生产关系、经济基础和上层建筑的相互关系，论述了它们的相互作用以及由此引发的社会运动，其基本精神是强调经济，主要是生产力，在社会生活中的决定性作用，强调社会存在决定社会意识。恩格斯曾在 1890 年说，唯物史观在他写的《反杜林论》和《路德维希·费尔巴哈和德国古典哲学的终结》（以下简称《费尔巴哈论》）中得到了到当时为止"最为详尽的阐述"。这两部著作所阐述的，基本上就是上面那段话的思想。

---

① 《马克思恩格斯文集》第 2 卷，北京：人民出版社 2009 年版，第 591—592 页。

由于恩格斯的阐述，一百多年来中外哲学家，不论坚持维护唯物史观的还是诋毁反对唯物史观的，都以这段话为依据理解马克思创建的唯物史观。但是，他们没有注意到，恩格斯在肯定"经典表述"对唯物史观的理解的同时，对于唯物史观的基本思想还做了与此不同的表述。例如：

恩格斯在《费尔巴哈论》第四章本着"经典表述"的精神用社会存在决定社会意识的原理批判了费尔巴哈以及其他人的唯心史观，但是紧接这一章，在全书的结尾处，恩格斯又十分明确地把自己和马克思，称作"在劳动发展史中找到了理解全部社会史的锁钥的新派别"。也就是说，他认为，他和马克思，特点是用劳动及其发展历史解释社会历史。但是这一论述与第四章并不一致，甚至相互矛盾，因为在《费尔巴哈论》第四章和"经典表述"中，根本没有提到劳动实践活动。

在 1890 年 9 月 21［—22］日致约·布洛赫的信中，恩格斯说："根据唯物史观，历史过程中的决定性因素归根到底是现实生活的生产和再生产。无论马克思或我都从来没有肯定过比这更多的东西。"①此处关于唯物史观的表述斩钉截铁，甚至有些绝对，强调它的唯一的核心的观点是主张现实生活的生产和再生产是历史的决定性因素。生产实践的作用得到凸显，但是对生产力、生产关系、社会存在决定社会意识，绝口未提。

1893 年 2 月 7 日，恩格斯致信弗拉基米尔·雅科夫列维奇·施穆伊洛夫，信中说："关于历史唯物主义的起源，在我看来，您在我的《费尔巴哈》（《路德维希·费尔巴哈和德国古典哲学的终结》）中就可以找到足够的东西——马克思的附录其实就是它的起源！"②这里所说的"马克思的附录"，即马克思写于 1845 年春天的《关于费尔巴哈的提纲》。提纲共 11 条，每一条都在强调实践活动的重要性，但是没有一处提到生产力生产关系或者上层建筑经济基础。

以上所列恩格斯晚年关于唯物史观的论述，显然与"经典表述"不同。它强调的是人的（劳动）实践活动在历史中的决定性作用，完全没有涉及生产力、生产关系、经济基础、上层建筑。在阐述马克思主义哲学基本理论方面，恩格斯的权威地位毋庸置疑，但是他在不同的地方对唯物史观的表述不仅并不相同，甚至看起来相互矛盾。这充分说明，唯物史观这一概念，虽然中外学术界已经使用了将近 200 年，但究竟什么是唯物史观，它的核心思想是什么，直到今天仍然是有待研究探讨的问题。长期以来，人们一直按照"经典表述"理解唯物史观，对恩格斯与此相冲突的论述避而不谈。然而这些论述并不因为我们回避而消失。恩格斯不同场合唯物史观表述之间的不一致是客观存在，我们必须正视，并予以研究解决。

解决恩格斯晚年唯物史观表述的不一致问题，重新认识和深入理解唯物史观，唯一

---

①　《马克思恩格斯文集》第 10 卷，北京：人民出版社 2009 年版，第 591 页。

②　《马克思恩格斯文集》第 10 卷，北京：人民出版社 2009 年版，第 647 页。

的途径是回到马克思,研究马克思哲学思想的形成过程。唯物史观是马克思最重要的标志性的哲学成果,唯物史观的形成是马克思哲学思想形成过程最重要的内容。关于这一过程,马克思的著作中有两处简要阐述,通过对它们的研究,可以获得对唯物史观的崭新认识。

二、关于马克思哲学思想形成过程的第一处论述

在大学期间,马克思深受黑格尔哲学和青年黑格尔派的影响,大学毕业时,他在社会历史问题上信奉黑格尔在《法哲学原理》中关于法律、道德、家庭、市民社会的观点,与青年黑格尔派一样推崇自我意识的作用,认为哲学批判可以改变人们的意识,从而改变社会。这些思想显然是唯心主义的。马克思哲学思想的转变,是从批评黑格尔法哲学思想以及青年黑格尔派的唯心主义开始的,唯物史观的形成则以 1845 年的《关于费尔巴哈的提纲》(以下简称《提纲》)和《德意志意识形态》的写作为标志。尤其是《德意志意识形态》,马克思和恩格斯的写作目的就是要阐述他们创建的唯物史观与德国哲学家们的唯心史观的对立,这标志着马克思的唯物史观思想已经完全成熟。研究唯物史观的形成过程,主要是研究 1841 年大学毕业到 1845 年秋天开始写作的《德意志意识形态》这四年时间里,他的哲学思想的发展历程。

马克思的著作中第一处关于自己唯物史观思想形成过程的阐述,是在上述唯物史观"经典表述"那段话的前面。在那里,马克思说:

> 我学的专业本来是法律,但我只是把它排在哲学和历史之次当作辅助学科来研究。1842—1843 年间,我作为《莱茵报》的编辑,第一次遇到要对所谓物质利益发表意见的难事。莱茵省议会关于林木盗窃和地产析分的讨论,当时的莱茵省总督冯·沙培尔先生就摩塞尔农民状况同《莱茵报》展开的官方论战,最后,关于自由贸易和保护关税的辩论,是促使我去研究经济问题的最初动因。另一方面,在善良的"前进"愿望大大超过实际知识的当时,在《莱茵报》上可以听到法国社会主义和共产主义的带着微弱哲学色彩的回声。我曾表示反对这种肤浅言论,但是同时在和《奥格斯堡总汇报》的一次争论中坦率承认,我以往的研究还不容许我对法兰西思潮的内容本身妄加评判。我倒非常乐意利用《莱茵报》发行人以为把报纸的态度放温和些就可以使那已经落在该报头上的死刑判决撤销的幻想,以便从社会舞台退回书房。为了解决使我苦恼的疑问,我写的第一部著作是对黑格尔法哲学的批判性的分析,这部著作的导言曾发表在 1844 年巴黎出版的《德法年鉴》上。我的研究得出这样一个结果:法的关系正像国家的形式一样,既不能从它们本身来理解,也不能从所谓人类精神的一般发展来理解,相反,它们根源于物质的生活关系,这种物质的生活关系的总和,黑格尔按照 18 世纪的英国人和法国人的先例,概

括为"市民社会",而对市民社会的解剖应该到政治经济学中去寻求。①

接下来要"简要地表述"的,就是通常所说的关于唯物史观的"经典表述"。

对马克思的以上论述略做分析便可看到:"经典表述"的由来是马克思对政治经济学的研究,而当时马克思研究政治经济学,又源自他对国家和法与市民社会的关系的思考。从这样的宗旨出发的政治经济学研究,任务是说明国家与法和市民社会二者的关系(主要是谁决定谁)。这一特定的研究宗旨、研究角度,决定了《黑格尔法哲学批判》和所谓唯物史观"经典表述",没有、也完全没有必要,从历史的角度探讨国家与法和市民社会是如何发展变化的,从而揭示它们的发展机制、发展规律。但是,没有发展变化就没有历史,不讨论发展变化问题的理论就不是历史理论。"经典表述"所说明的社会存在和社会意识,也即市民社会和"国家与法",谁决定谁的问题,是涉及不同社会要素之间相互关系的社会学问题。"经典表述"表述的是一般社会学理论,而非历史理论。黑格尔用人类精神的一般发展来解释国家和法,然后用国家和法解释人们的经济关系、市民社会,是主张社会意识决定社会存在。《莱茵报》时期的工作经历让马克思认识到,国家和法律总是和经济利益纠缠在一起,服务于经济利益的需要。这一认识促使他投入对黑格尔法哲学的研究,通过批判黑格尔法哲学,他得出结论:"法的关系正像国家的形式一样,既不能从它们本身来理解,也不能从所谓人类精神的一般发展来理解,相反,它们根源于物质的生活关系。"简言之,是"市民社会决定国家和法,而不是相反"。这已经是主张社会存在决定社会意识的唯物主义社会学思想。随后他开始研究政治经济学得出的结论,也即唯物史观的"经典表述",是对市民社会决定国家和法,即社会存在决定社会意识,这一唯物主义社会学观点从政治经济学角度作出的更深入更具体的说明。

我们说,"经典表述"所说的是唯物主义社会学思想,而不是唯物主义历史观,对于这一结论,还可以提出三条论据。

第一,《1844年经济学哲学手稿》中有这样的论述:"宗教、家庭、国家、法、道德、科学、艺术等等,都不过是生产的一些特殊的方式,并且受生产的普遍规律的支配。"②显然这里体现的正是"经典表述"所说的社会存在决定社会意识这一重要思想。当然这一思想的表述还不成熟,不够"经典",但是应该说,社会存在决定社会意识这一被人们看做唯物史观核心思想的结论,在《1844年经济学哲学手稿》中已经存在了。被我们当做唯物史观"经典表述"的那段话出自1859年的《〈政治经济学批判〉序言》,思想与《1844年经济学哲学手稿》一样,只是表述更准确、更精炼也更全面。这不难理解,第二次表述在第一次表述写作15年之后,不可能不更加成熟。但是无论如何,马克思说社

① 《马克思恩格斯选集》第2卷,北京:人民出版社1995年版,第32页。
② 《马克思恩格斯文集》第1卷,北京:人民出版社2009年版,第186页。

会存在决定社会意识的思想产生于 1844 年的经济学研究之中,是没有问题的。

有问题的是,马克思并不是把这一思想作为一种历史观来论述的。对于自己的历史观,马克思在《1844 年经济学哲学手稿》中做过明确的表述:"对社会主义的人来说,整个所谓世界历史不外是人通过人的劳动而诞生的过程,是自然界对人来说的生成过程,所以关于他通过自身而诞生、关于他的形成过程,他有直观的、无可辩驳的证明。"①这段话与恩格斯强调的用劳动实践解释历史的唯物史观相近,所说的是整个世界的,主要是人和自然界的,诞生过程、生成过程、形成过程。显而易见它是在讲一种历史观,因为它描述的是"过程",而"过程"正是历史理论的主要研究对象。这一说法所涉及的是一种历史观,这很清楚。不过它过于简略,表现得更像是一种天才的猜测,而不是完整的理论,还不能说就是马克思对自己唯物史观思想的表述。但是与"经典表述"相比较,它毕竟是关于历史的理论。

第二,即使作为社会学理论,"经典表述"也未必一定是唯物主义理论。它把全部社会生活归结于生产力,然而用生产力解释社会生活的理论完全可能是唯心主义的。因为人们可以用天才人物的思维创造解释生产力的发展,进而解释整个社会的发展,而一旦这样,人们通过"经典表述"理解的社会学理论或者历史观,就显而易见是唯心主义理论。②

此外《1844 年经济学哲学手稿》还在使用人的类本质概念,用人的本质的异化和异化的消除概括资本主义社会和共产主义社会。至于异化的消除,马克思只是说通过劳动实践来消除,但并没有说明劳动实践是怎样消除异化的。这也说明他还处在费尔巴哈的影响之下,还不是历史唯物主义者。

第三,马克思自己曾明确指出,对唯物主义历史观这种哲学理论的最初阐述是在《德意志意识形态》之中。同样在《〈政治经济学批判〉序言》中,紧接着"经典表述",马克思说:

> 自从弗里德里希·恩格斯批判经济学范畴的天才大纲(在《德法年鉴》上)发表以后,我同他不断通信交换意见,他从另一条道路(参看他的《英国工人阶级状况》)得出同我一样的结果,当 1845 年春他也住在布鲁塞尔时,我们决定共同阐明我们的见解与德国哲学的意识形态的见解的对立,实际上是把我们从前的哲学信仰清算一下。这个心愿是以批判黑格尔以后的哲学的形式来实现的。③

马克思说得很清楚,对唯物史观最初从哲学的角度加以表述,对自己以往在历史观

① 《马克思恩格斯文集》第 1 卷,北京:人民出版社 2009 年版,第 196 页。
② 参见马克思《关于费尔巴哈的提纲》第三条。
③ 《马克思恩格斯选集》第 2 版,第 2 卷,第 33—34 页。

上的不成熟观点加以清算,是在《德意志意识形态》中通过对德国哲学界唯心史观的批判来进行的。也就是说,马克思对自己在经济学研究中形成的唯物史观的哲学表述,应该在《德意志意识形态》中去找。下面我们会看到,《德意志意识形态》中对唯物史观的表述和"经典表述"相比,有很大的不同。

综上所述,马克思所说的"一经得到就用于指导我的研究工作的总的结果",即突出社会存在决定社会意识的"经典表述"的思想,在1844年4—8月的经济学研究中已经出现,但马克思并没有把它当做自己的历史观,它也根本就不是历史观,是唯物主义的一般社会学理论。按照"经典表述"来理解马克思的哲学唯物史观思想,是不恰当的。

三、关于马克思哲学思想形成过程的第二处论述

真正重要的、揭示了马克思唯物史观思想形成过程中关键步骤的,是马克思关于自己哲学思想形成过程的第二处论述。

在创作于1845年9月至1846年下半年的《德意志意识形态》中,马克思写了这样一句话:

> 由于费尔巴哈揭露了宗教世界是世俗世界的幻想(世俗世界在费尔巴哈那里仍然不过是些词句),在德国理论家面前就自然而然产生了一个费尔巴哈所没有回答的问题:人们是怎样把这些幻想"塞进自己头脑的"?这个问题甚至为德国理论家开辟了通向唯物主义世界观的道路。①

此处所说"唯物主义世界观",是通过探寻人的宗教幻想的产生原因获得的,在马克思看来,宗教是历史(主要是社会历史)的产物,因而它显然不是指描述唯物主义自然观、宇宙观的唯物主义世界观,而是指唯物主义历史观。此外我们知道,早在1841年,即马克思开始思考"人们是怎样把宗教幻想塞入自己头脑的"之前4年,马克思就在自己的博士论文中显示出自然观上的唯物主义立场;这一年费尔巴哈的《基督教的本质》出版,恩格斯说他和马克思"一时都成为费尔巴哈派了",可见他们都接受了或者认可了费尔巴哈的自然唯物主义立场。这也说明,这段话所说的"唯物主义世界观"是指唯物主义历史观。再者,前面提到,恩格斯曾在书信中说《提纲》就是唯物史观的起源,同时他在《费尔巴哈论》中又明确指出:《提纲》是"包含着新世界观天才萌芽的第一个文件",可见按照恩格斯的理解,可以说唯物史观就是新世界观。总之,这段话实际上是马克思关于自己唯物史观思想产生过程、产生途径的直接说明,十分宝贵。它明确

---

① 《马克思恩格斯全集》第3卷,北京:人民出版社1960年版,第261页。

地告诉我们,马克思的唯物史观是在探寻人产生宗教幻想,也即人的本质的异化的原因过程中形成的。再进一步,我们还可以从中认识到:1,在人的异化问题上超越费尔巴哈,是唯物史观思想形成过程中的关键一步;2,马克思的唯物史观思想以人为中心,以人为对象,它是关于人的本质为什么会异化和异化如何消除的学说,也即关于人的解放问题的学说。

基于以上认识,我们可以确定,马克思唯物史观思想的形成过程中,最关键的环节不是告别唯心主义的青年黑格尔派,而是告别唯物主义者费尔巴哈。前者只要说明社会存在决定社会意识即可,后者却是仅仅依靠说明"社会存在决定社会意识"做不到的。

马克思是什么时候与费尔巴哈分手的? 时间应该在完成《神圣家族》的写作和写《提纲》开始批判费尔巴哈之间,即 1844 年 11 月到 1845 年春天。因为 1844 年马克思虽然已经开始研究政治经济学,并且在研究中初步形成了社会存在决定社会意识的思想,但直到 1844 年 11 月完成《神圣家族》的写作,马克思一再高度评价费尔巴哈,而费尔巴哈的历史观是唯心主义的。

马克思在《1844 年经济学哲学手稿》中说:

> 对国民经济学的批判,以及整个实证的批判,全靠费尔巴哈的发现给它打下真正的基础。从费尔巴哈起才开始了实证的人道主义的和自然主义的批判。费尔巴哈的著作越是得不到宣扬,这些著作的影响就越是扎实、深刻、广泛和持久;费尔巴哈著作是继黑格尔的《现象学》和《逻辑学》之后包含着真正理论革命的唯一著作。①

在《神圣家族》中,马克思说:

> 到底是谁揭露了"体系"的秘密呢? 是**费尔巴哈**。是谁摧毁了概念的辩证法即仅仅为哲学家们所熟悉的诸神的战争呢? 是**费尔巴哈**。是谁不用"**人的意义**"(好像人除了是人之外还有什么其他的意义似的!)而是用"**人**"本身来代替包括"无限的自我意识"在内的破烂货呢? 是**费尔巴哈**,而且仅仅是**费尔巴哈**。他所做的事情比这还要多。他早已摧毁了现今正被"**批判**"滥用的那些范畴:"人的关系的现实丰富性、历史的惊人的内容、历史的斗争、群众与精神的斗争"等等。②

至于《提纲》,大家知道,从头到尾都是对费尔巴哈的批判。

---

① 《马克思恩格斯文集》第 1 卷,北京:人民出版社 2009 年版,第 112 页。
② 《马克思恩格斯文集》第 1 卷,北京:人民出版社 2009 年版,第 295 页。

马克思是怎样超越费尔巴哈,沿着探寻人的宗教幻想的产生原因这条道路创建唯物史观的?

马克思从高度评价费尔巴哈到对他进行批判,施蒂纳的《唯一者及其所有物》一书起了重要作用。该书出版于 1844 年 11 月,施蒂纳在书中提出,费尔巴哈的哲学同样在宣扬一种凌驾于个人之上的东西,宣扬作为类存在物的人,也即同样是宗教:"宗教与道德都涉及一个最高本质,至于它究竟是超人的还是人的本质,这对于我来说就是无所谓的了,因为在任何情况下它都是高于我的一个本质,同样是一个超出我自身的东西。此外,关于'人的本质'问题、关于'人'的问题,在刚刚剥去旧宗教的蛇皮之后,却又重新披上一层宗教的蛇皮。"① 他认为费尔巴哈的哲学具有宗教性质。②

恩格斯最早读到《唯一者及其所有物》,这一年的 11 月 19 日,他在给马克思的信中谈了自己的读后感:

> 施蒂纳摒弃费尔巴哈的"人",摒弃起码是《基督教的本质》里的"人",是正确的。费尔巴哈的"人"是从上帝引申出来的,费尔巴哈是从上帝进到"人"的,这样,他的"人"无疑还戴着抽象概念的神学光环。③

迄今没有见到马克思对恩格斯这封信的回复,我们也就无从知道他在这一时期对施蒂纳思想的评价。但是,马克思和恩格斯思想高度一致,就在恩格斯写这封信的 1844 年 11 月,他们刚刚完成了合著的《神圣家族》的写作,而且几个月以后马克思便写下《提纲》集中批判费尔巴哈。我们有充分理由认定,马克思是赞同恩格斯的看法的,他告别费尔巴哈,把目光从作为类存在物的人转向一个个具体的人,开始探讨"人们是怎样把宗教幻想塞进自己头脑的"这个问题,从而迈上通向唯物主义世界观的道路,最早是从阅读《唯一者及其所有物》开始的。

研究马克思怎样沿着这条道路走向自己的"新唯物主义"建立唯物史观,有两个具体问题需要考察。

第一,马克思本人在开始超越费尔巴哈时,对于"人们是怎样把宗教幻想塞进自己头脑的"这一问题是如何认识的。这是马克思思想转变的逻辑起点。

恩格斯在《费尔巴哈论》中曾经说,1841 年费尔巴哈的《基督教的本质》出版,许多德国人的思想从基督教统治下获得解放,他和马克思一时都"成为费尔巴哈派"。其中的原因是《基督教的本质》告诉人们,上帝是不存在的,现实地存在着的是物质的肉体的人,基督教只是人的本质异化的产物。如前所述,直到 1844 年 11 月,马克思都高度

---

① 麦克斯·施蒂纳:《唯一者及其所有物》,北京:商务印书馆 2007 年版,第 50—51 页。
② 恩格斯在《费尔巴哈论》第 3 章提出,费尔巴哈是在建立无神的宗教。
③ 《马克思恩格斯文集》第 10 卷,北京:人民出版社 2009 年版,第 25 页。

评价费尔巴哈,但是在人的本质为什么会异化并在自己的头脑中形成宗教幻想,即产生宗教意识的问题上,马克思很早就表现得与费尔巴哈有所不同。费尔巴哈认为,宗教意识的产生原因是,人的认识是有限的,在道德上不完善,生活充满苦难,因此产生了对高居于现实生活之上并且集中了自己的本质,即理性、意志、爱的全知、全能、充满爱的理想存在物的需要。这种存在物就是基督教的上帝。马克思与费尔巴哈不同,他很早就开始强调宗教的社会根源。

这一思想最早发轫于《莱茵报》时期。前面提到,《莱茵报》工作期间马克思开始接触经济利益问题,发现了经济利益与人的家庭、政治、法律等等观念的深刻联系,在结束《莱茵报》的工作后于 1843 年下半年写作的《黑格尔法哲学批判》中,得出"市民社会决定国家合法"的结论。几个月之后,他在《〈黑格尔法哲学批判〉导言》中说:

> 一个人如果曾在天国的幻想现实性中寻找超人,而找到的只是他自身的**反映**,他就再也不想在他正在寻找和应当寻找自己的真正现实性的地方,只去寻找他自身的**假象**,只去寻找非人了。
>
> 反宗教的批判的根据是:**人创造了宗教**,而不是宗教创造人。就是说,宗教是还没有获得自身或已经再度丧失自身的人的自我意识和自我感觉。但是,**人不是抽象的蛰居于世界之外的存在物**。人就是**人的世界**,就是国家,社会。这个社会产生了宗教,一种**颠倒的世界意识**,因为它们就是**颠倒的世界**。①

人生活在国家、社会之中,它们构成人的现实世界。这个世界是颠倒的,于是产生了"颠倒的世界意识",即宗教。因此马克思说,是社会产生了宗教。在《论犹太人问题》中,马克思通过犹太人、犹太教与经济生活的密切联系,对宗教意识与社会经济生活、人的异化的联系做了更为具体的剖析。

在《1844 年经济学哲学手稿》中,马克思结合劳动异化的出现对宗教意识的产生做了分析,从经济的角度把《〈黑格尔法哲学批判〉导言》和《论犹太人问题》中的思想进一步具体化了,但是没有专门对宗教意识的来源作出概括。在人的本质,也包括人的宗教意识的产生等问题上,向前迈出了一大步的,是《神圣家族》。该书讲到 18 世纪法国唯物主义时,马克思说:

> 他[指孔狄亚克——本文作者]在他的著作《人类知识起源论》中详细阐述了洛克的思想,他证明,不仅灵魂,而且感觉,不仅创造观念的艺术,而且感性直觉的艺术,都是经验和习惯的事情。因此,人的全部发展都取决于教育和外部环境。……

---

① 《马克思恩格斯文集》第 1 卷,北京:人民出版社 2009 年版,第 3 页。

......

爱尔维修同样也是以洛克的学说为出发点的,在他那里唯物主义获得了真正法国的性质。爱尔维修立即把唯物主义运用到社会生活方面(爱尔维修《论人》)。感性的特性和自尊、享乐和正确理解的个人利益,是全部道德的基础。人的智力的天然平等、理性的进步和工业的进步的一致、人的天然的善良和教育的万能,这就是他的体系中的几个主要因素。

......

并不需要多么敏锐的洞察力就可以看出,唯物主义关于人性本善和人们天资平等,关于经验、习惯、教育的万能,关于外部环境对人的影响,关于工业的重大意义,关于享乐的合理性等等学说,同共产主义和社会主义有着必然的联系。……既然人天生就是社会的,那他就只能在社会中发展自己的真正的天性;不应当根据单个个人的力量,而应当根据社会的力量来衡量人的天性的力量。①

我们在前面提到,马克思认为费尔巴哈虽然揭露了宗教世界是世俗世界的幻象,但是世俗世界在他那里不过是些词句而已,他看到的只是男人、女人、作为类的人,好像生活在天空中与社会生活无关的人。18世纪法国唯物主义强调人是社会的产物,人的本性、天性、人的本质,是由经验、习惯、教育、工业,也即由外部环境决定的。对人的现实本质的这一认识,与费尔巴哈相比,显然大大深入了。马克思认可了18世纪法国唯物主义的这一观点。人是环境的产物,这是马克思在1844年11月写作1845年2月出版的《神圣家族》中达到的对人的本质的认识,也是他在形成唯物史观以前对人的本质的最后认识。这一认识包含了宗教意识的起源问题,包含了把"人们是怎样把宗教幻想塞进自己头脑的"放在更广阔的与人的环境密切联系的背景中加以考察的思想。

第二,接下来的问题必然是:马克思已经认识到人是环境的产物,那么从环境对人的作用角度看,宗教幻想是如何出现在人的头脑中的? 怎样才能把这些幻想从人的头脑中清除出去?

正是对这个问题的思考,让马克思进一步感受到了费尔巴哈人学思想的抽象性,而且发现了他的失足之处,同时也发现了18世纪法国唯物主义的局限性,形成了自己独特的唯物主义历史观。

在这个问题上,马克思的具体的思路历程,其实是有迹可循的,这就是他写于1845年春天的《提纲》。在《提纲》里马克思第一次,而且是专门地,批评费尔巴哈的基本观点。在《提纲》中,我们可以触摸到马克思思想脉搏的跳动。马克思在《提纲》中明确使用了"新唯物主义"概念概括自己的思想,恩格斯则称之为"包含着新世界观天才萌芽的第一个文献",《提纲》在马克思思想发展历程中的重要意义由此可见。

① 《马克思恩格斯文集》第1卷,北京:人民出版社2009年版,第333—335页。

《提纲》包含十一个条目,第四条开始直接批判费尔巴哈。第四条:

> 费尔巴哈是从宗教上的自我异化,从世界被二重化为宗教的、想象的世界和现实的世界这一事实出发的。他做的工作是把宗教世界归结于它的世俗基础。他没有注意到,在做完这一工作之后,主要的事情还没有做。因为,世俗基础使自己从自身分离出去,并在云霄中固定为一个独立王国,这一事实,只能用这个世俗基础的自我分裂和自我矛盾来说明。因此,对于这个世俗基础本身首先应当从它的矛盾中去理解,然后用消除矛盾的方法在实践中使之发生革命。①

这一条主要是说,费尔巴哈看到了宗教源自人的本质异化,但是没有追问人的本质为什么会异化,因而没有认识到宗教得以产生的根源,在现实世界中出现了分裂和自我异化,也就不懂得只有通过实践消除现实世界中的分裂、矛盾和自我异化,才能真正消灭宗教。

费尔巴哈为什么会有上述不足或缺点?马克思认为是因为他没有从人的实践活动出发理解世界。《提纲》第五条:

> 费尔巴哈不满意**抽象的思维**而诉诸**感性的直观**;但是他把感性不是看做**实践的、人的感性的活动**。②

接下来的第六、七两条进一步指出,在宗教感情的产生,也即"人们是怎样把宗教幻想塞进自己头脑的"的问题上,费尔巴哈的主要缺点是没有看到宗教的社会根源,因而也看不到宗教意识的历史性。

《提纲》第六条:

> 费尔巴哈把宗教的本质归结于**人的本质**。但是,人的本质不是单个人所固有的抽象物,在其现实性上,它是一切社会关系的总和。
>
> 费尔巴哈没有对这种现实的本质进行批判,因此他不得不:
>
> (1)撇开历史的进程,把宗教感情固定为独立的东西,并假定有一种抽象的——**孤立的**——人的个体;
>
> (2)因此,他只能把人的本质理解为"类",理解为一种内在的、无声的、把许多

---

① 《马克思恩格斯文集》第 1 卷,北京:人民出版社 2009 年版,第 504 页。
② 《马克思恩格斯文集》第 1 卷,北京:人民出版社 2009 年版,第 505 页。

个人纯粹**自然地**联系起来的普遍性。①

《提纲》第七条：

  因此，费尔巴哈没有看到，"宗教感情"本身是**社会的产物**，而他所分析的抽象的个人，实际上是属于一定的社会形式的。②

这两条不仅明确提出"宗教感情"，也即进入人们头脑的宗教幻想，是社会的产物，强调了宗教意识的社会性，而且首次把它与"历史"联系起来，指出它是在社会的历史进程中产生的。

在《提纲》第八条，马克思再次强调了实践活动的重要意义：

  社会生活在本质上是**实践的**。凡是把理论诱入神秘主义的神秘东西，都能在人的实践以及对这种实践的理解中得到合理的解决。

这一条是对以上四条，也包括第三条的概括总结。再扩大些看，是强调一切神秘主义理论的根源都在于不懂得"社会生活在本质上是实践的"，因而不能从人的实践活动出发思考问题。就宗教意识的起源而言，这一条显然是在说：费尔巴哈眼中的人，是处在社会关系之外作为"类"存在物的抽象的人，他不懂得实践活动的重要，因而在宗教意识的起源，即"人们是怎样把宗教幻想塞入自己头脑的"问题上，落入了神秘主义。换个角度看，马克思是在强调，宗教意识、宗教感情是社会关系的产物，但是社会关系本身也是实践活动的产物，因而只有在人的实践以及对这种实践的理解中才能揭示宗教意识的起源。由于人的实践活动而处在历史发展之中，基于实践活动的社会关系也在不断变化之中，因而马克思也是在说，宗教意识和宗教感情是历史进程的产物。

综上所述，"人们是怎样把宗教幻想塞进自己头脑的"？马克思在《提纲》第四条至第八条中实际上已经做了回答：人的实践活动引起了社会关系的历史发展，在一定阶段社会产生了分裂、矛盾和人的本质的异化，形成宗教意识，于是宗教幻想出现在人的头脑之中；费尔巴哈之所以失足，是因为他不懂得人的实践活动的重要意义。

思考"人们是怎样把宗教幻想塞进自己头脑的"只是马克思通往新唯物主义，也即唯物史观的"道路"，沿着这条道路获得的唯物史观是什么？答案在《提纲》第三条之中。《提纲》第三条：

---

① 《马克思恩格斯文集》第 1 卷，北京：人民出版社 2009 年版，第 505 页。
② 《马克思恩格斯文集》第 1 卷，北京：人民出版社 2009 年版，第 505 页。

有一种唯物主义学说,认为人是环境和教育的产物,因而认为改变了的人是另一种环境和改变了的教育的产物,——这种学说忘记了:环境正是由人来改变的,而教育者本人一定是受教育的。因此,这种学说必然会把社会分成两部分,其中一部分凌驾于社会之上。(例如在罗伯特·欧文那里就是如此。)

环境的改变和人的活动的一致,只能被看做是并合理地理解为**变革的实践**。①

这一条是马克思唯物史观形成过程中的关键一环,是它的秘密所在,内容非常丰富。

首先,它针对的不是费尔巴哈,而是 18 世纪法国唯物主义。在关于费尔巴哈的《提纲》中,这一条不讲费尔巴哈,而是专讲 18 世纪法国唯物主义,为什么?因为从对第四至第八条的分析中我们看到,马克思认为宗教意识是社会关系的产物,而社会关系又是一个基于实践活动的历史发展进程。《提纲》的第六、七两条认识到宗教意识是社会关系的产物是对费尔巴哈的超越,但是这一认识只是 18 世纪法国唯物主义"人是环境的产物"思想的题中应有之意,因为社会关系是人生活于其中的重要"环境"。因此,遵循思考"人们是怎样把宗教幻想塞进自己头脑的"这个问题,合乎逻辑地把马克思引向了 18 世纪法国唯物主义。

其次,尽管 18 世纪法国唯物主义的观点事实上比费尔巴哈更为深刻,已经认识到人是环境的、主要是社会环境的产物,但是仅仅认识到客观环境决定人仍然可能是唯心主义理论,因为人们仍然有可能用"凌驾于社会之上"的天才人物的思维创造解释社会环境的变化。

最后,这一条告诉我们,社会实践为什么能够解释一切社会现象,包括解释"人们是怎样把宗教幻想塞进自己头脑的",是因为"环境的改变和人的活动"是一致的。为什么这样说?因为人是环境的产物,但是环境又是人的实践活动的产物。再深入一步分析可以看到,马克思是在说:人改变环境,被改变了的环境又改变人;因此人和环境在实践的基础上,在实践的过程中,相互作用,共同发展。这是什么?这就是历史,环境变化的历史和人的发展的历史。基于实践活动的环境的发展,主要是社会环境的发展,到一定阶段使社会发生分裂、对立、人的类本质的异化,于是人们希望在现实生活以外寻得对自己苦难心灵的抚慰,宗教幻想就此在人的头脑中产生。

人通过实践活动改变环境,被改变了的环境又反过来改变人;如此循环往复,每一次循环,环境和人都有了改变与发展,这就是历史。以上就是马克思创建的新唯物主义,就是他的唯物主义历史观的基本精神。《提纲》第四至八条是马克思运用刚刚形成的唯物史观对费尔巴哈的批判,对"人们是怎样把宗教幻想塞入自己头脑的"问题的回答。从形成过程看,第三条是后面五条思想合乎逻辑的产物;从写作的角度看,《提纲》

---

① 《马克思恩格斯文集》第 1 卷,北京:人民出版社 2009 年版,第 504 页。

首先在第三条提出唯物史观的核心思想,然后在随后的五条运用它说明"人们是怎样把宗教幻想塞入自己头脑的"。

顺便指出,马克思之所以能在《提纲》中基于实践概念告别费尔巴哈创建唯物史观,与《1844年经济学哲学手稿》密切相关。在《1844年经济学哲学手稿》中,马克思初次认识到劳动实践活动在历史中的重要意义。他在《1844年经济学哲学手稿》中说:

> 黑格尔的《现象学》及其最后成果——辩证法,作为推动原则和创造原则的否定性——的伟大之处首先在于,黑格尔把人的自我产生看做一个过程,把对象化看做非对象化,看做外化和这种外化的扬弃;可见,他抓住了**劳动**的本质,把对象性的人、现实的因而是真正的人理解为人**自己的劳动**的结果。①

正是依据这一思想,马克思在《1844年经济学哲学手稿》中提出了前面提到的对自己历史观的最初的尚不成熟的表述:"对社会主义的人来说,整个所谓世界历史不外是人通过人的劳动而诞生的过程,是自然界对人来说的生成过程,所以关于他通过自身而诞生、关于他的形成过程,他有直观的、无可辩驳的证明。"②

这里还有一个问题:第三条表达的历史观建立在人的实践活动基础之上,环境的变化乃至人本身的变化,都源自人改造环境的实践活动。但是,人的任何实践活动都是他的实践方案与实践意志的产物,最终而言是他的需要、思想、观念、意志的产物,为什么实践活动引起的环境的变化、人的变化就一定是唯物主义的? 答案在《提纲》的第二条:"人的思维是否具有客观的真理性,这不是一个理论的问题,而是一个实践的问题。人应该在实践中证明自己思维的真理性,即自己思维的现实性和力量,自己思维的此岸性。关于思维——离开实践的思维——的现实性或非现实性的争论,是一个纯粹经院哲学的问题。"③实践活动的确是人的精神作用的结果,但是,人的实践活动中的精神因素,只有当它符合客观物质世界的实际情况和规律的时候,才能使实践活动取得预想的结果,取得成功。实践活动是对人的主观能动性、人的精神因素的创造性是否与客观世界及其规律相一致即是否具有真理性的检验,成功的实践是二者的一致与统一。只有在成功的实践活动中,人的精神因素才能按照自己所愿改变环境、"创造环境"、变成现实,因此建立在实践基础上的历史观,虽然与唯心主义历史观一样突出人的精神因素的作用,但它一定是唯物主义的理论。

① 《马克思恩格斯文集》第1卷,北京:人民出版社2009年版,第205页。
② 《马克思恩格斯文集》第1卷,北京:人民出版社2009年版,第196页。
③ 《马克思恩格斯文集》第1卷,北京:人民出版社2009年版,第500页。

四、从马克思哲学思想的形成过程看唯物史观

以上主要考察了马克思唯物史观思想的形成过程,下面对它的对象和主要内容、基本特点加以简略的分析。

从以上所述唯物史观思想的形成过程可以看出,唯物史观所着眼、考察与言说的,不是人类社会,而是人;它所说的历史主要不是社会历史,而是人的历史,即"整个所谓世界历史不外是人通过人的劳动而诞生的过程,是自然界对人来说的生成过程"。《提纲》多处讲到环境、社会、社会关系,但是这些论述都是围绕人的问题提出的,目的是用它们来说明人和人的发展。因为人是环境的产物。

马克思一生,从中学时期直到去世,所关心的只有一件事,这就是人类解放。他的一切理论研究和革命实践,都是围绕人的解放问题展开的,凡是与人发展与解放无关的,例如不与人的发展与解放相联系的自然界、社会、历史,他都概无兴趣。唯物史观思想更不会例外。

明确人和人的发展历史是唯物史观研究与言说的主要对象,具有重要意义。

第一,它使我们认识到:不能把唯物史观局限于对社会历史规律的考察,人的发展的历史规律才是唯物史观的核心内容。马克思研究历史规律提出唯物史观,宗旨是揭示人的发展规律进而寻求人的解放之路。

第二,它使我们认识到:唯物史观关注人的发展、人的解放问题,但是,人是环境的产物,离开对环境的发展历史的考察根本不可能揭示人的发展规律和解放道路,而人的环境既包括人类社会,也包括自然界,因而自然史,即自然界的历史,也是唯物史观的重要内容。

第三,由于把人和人的发展作为唯物史观的主要研究对象,马克思才有可能看到人与环境的相互作用,找到历史发展的动力,进而看到劳动实践活动在唯物史观中的基础地位、核心地位,使得基于劳动实践活动的人、自然界、人类社会的相互作用协同进化成为唯物史观的基本内容。

下面我们对以上三点认识略做考察。

第一点认识让我们发现了一百多年来唯物史观理解中的一个重大缺陷:我们过多地注意了物质生产力的发展,而对人的发展关注不够。见物不见人、一味关注物质生产力的发展,不是马克思主义理论,是资产阶级理论的特点。唯物史观之所以形成,就是因为马克思在努力寻求人的本质异化进而产生宗教意识的原因,也是在寻求人消灭宗教重新占有自己的本质的途径。马克思之所以重视物质生产力,是因为它的发展水平以及它的性质决定了社会的发展水平与性质,而社会的发展水平与性质又制约、决定着人的发展。他曾经说:

人的依赖关系(起初完全是自然发生的),是最初的社会形态,在这种形态下,人的生产能力只是在狭窄的范围内和孤立的地点上发展着。以物的依赖性为基础的人的独立性,是第二大形态,在这种形态下,才形成普遍的社会物质变换、全面的关系、多方面的需求以及全面的能力的体系。建立在个人全面发展和他们共同的社会生产能力成为他们的社会财富这一基础上的自由个性,是第三个阶段。第二个阶段为第三个阶段创造条件。①

这是马克思对社会历史形态的与"经典表述"不同的概括,其中所体现的就是社会历史与人的发展、解放历史的结合。揭示人的发展规律和人的解放之路,是马克思唯物史观的理论宗旨。以往我们对唯物史观的理解恰恰把这一宗旨,把唯物史观最重要的内容忽视了。

第二点认识使我们明白马克思为什么要关注人类社会和自然界的发展历史。马克思揭示了人类社会的发展规律,但这不是因为他对社会历史本身有什么兴趣,而是因为人生活在社会中,是社会的产物,因此为了研究人,必须关注社会和社会历史。应该特别指出的是,他让我们发现了自然界和自然史的意义。不包括自然史是以往我们对唯物史观的理解的重要缺陷。马克思在《德意志意识形态》中说:

我们仅仅知道一门唯一的科学,即历史科学。历史可以从两方面来考察,可以把它划分为自然史和人类史。但这两方面是不可分割的;只要有人存在,自然史和人类史就彼此相互制约。②

由于没有把人和人的发展规律作为唯物史观的主要对象,我们就看不到人的实践活动以及基于实践活动的人与环境的相互作用,看不到环境的重要性,更看不到自然界和自然史的意义。但是在马克思的思想中,自然史和人类史不可分割、相互制约。因为在他看来,"自然科学往后将包括关于人的科学,正像关于人的科学包括自然科学一样:这将是一门科学。"③

关于自然界与人、人的发展的关系,马克思在《1844 年经济学哲学手稿》中,也即唯物史观的形成过程中,做过简要但全面的说明:

无论是在人那里还是在动物那里,类生活从肉体方面来说就在于人(和动物一样)靠无机界生活,而人和动物相比越有普遍性,人赖以生活的无机界的范围就

①《马克思恩格斯全集》第 30 卷,北京:人民出版社 1995 年版,第 107 页。
②《马克思恩格斯文集》第 1 卷,北京:人民出版社 2009 年版,第 516 页。
③《马克思恩格斯文集》第 1 卷,北京:人民出版社 2009 年版,第 19 页。

越广阔。从理论领域来说，植物、动物、石头、空气、光等等，一方面作为自然科学的对象，一方面作为艺术的对象，都是人的意识的一部分，是人的精神的无机界，是人必须事先进行加工以便享用和消化的精神食粮；同样，从实践领域来说，这些东西也是人的生活和人的活动的一部分。人在肉体上只有靠这些自然产品才能生活，不管这些产品是以食物、燃料、衣着的形式还是以住房等等的形式表现出来。在实践上，人的普遍性正是表现为这样的普遍性，它把整个自然界——首先是作为人的直接的生活资料，其次作为生命活动的对象（材料）和工具——变成人的**无机**的身体。自然界，就它自身不是人的身体而言，是人的**无机的身体**。人靠自然界**生活**。这就是说，自然界是人为了不致死亡而必须与之处于持续不断的交互作用过程的、人的**身体**。所谓人的肉体生活和精神生活同自然界相联系，不外是说自然界同自身相联系，因为人是自然界的一部分。①

他还说：

自然科学却通过工业日益**在实践上**进入人的生活，改造人的生活，并为人的解放做准备，尽管它不得不直接地使非人化充分发展。**工业**是自然界对人，因而也是自然科学对人的**现实的**历史关系。因此，如果把工业看成人的**本质力量**的公开的展示，那么自然界的**人的**本质，或者人的**自然的**本质，也就可以理解了；因此，自然科学将抛弃它的抽象物质方向，或者更确切地说，是抛弃唯心主义方向，从而成为人的科学的基础，正像它现在已经——尽管以异化的形式——成了真正人的生活的基础一样；说生活还有别的什么基础，**科学**还有别的什么基础，这根本就是谎言。//在人类历史中既在人类社会的形成过程中生成的自然界，是人的**现实的**自然界；因此，通过工业——尽管以**异化**的形式——形成的自然界，是真正的、**人本学**的自然界。②

马克思又说：

只是由于人的本质客观地展开的丰富性，主体的、**人的**感性的丰富性，如有音乐感的耳朵、能感受形式美的眼睛，总之，那些能成为人的享受的感觉，即确证自己是**人的本质力量的感觉**，才一部分发展起来，一部分产生出来。因为，不仅五官感觉，而且连所谓精神感觉、实践感觉（意志、爱等等），一句话，**人的感觉**、感觉的人性，都是由于**它的**对象的存在，由于**人化的**自然界，才产生出来。

---

① 《马克思恩格斯文集》第 1 卷，北京：人民出版社 2009 年版，第 191 页。
② 《马克思恩格斯文集》第 1 卷，北京：人民出版社 2009 年版，第 193 页。

五官感觉的**形成**是迄今为止全部世界历史的产物。

自然界在人的形成过程中的重要作用,它在人的历史中的作用,已经被马克思说得十分清楚,无须解释了。

应该特别指出的是,马克思曾在前面引文中说:"在实践上,人的普遍性正是表现为这样的普遍性,它把整个自然界——首先是作为人的直接的生活资料,其次作为生命活动的对象(材料)和工具——变成人的无机的身体。"把工具包括在自然界之中,意义重大。人所共知,生产力是决定生产关系从而决定全部社会生活的最主要的因素,而劳动工具是生产力的主要标志,有了一定的劳动工具,才有相应的劳动分工和生产关系。人类社会从旧石器时代最原始的石器工具开始,都是人的劳动实践活动的产物。马克思把劳动工具列入自然界,是因为它一旦在制造工具的劳动活动中产生,便与山川树木等自然存在物一样具有了客观实在性,尽管是人化的自然。马克思把劳动工具归入自然界,意味着人类社会生活中起决定作用的是作为自然界的存在物的工具,人类社会与自然界,社会历史和自然史是无法分割的整体;自然界和自然史,与社会和社会史以及人和人的历史一样,是唯物史观不可或缺的组成部分;自然史包括了生产工具的历史、生产力的历史,离开自然史不可能理解社会史。以往我们理解的唯物史观局限于社会史,是残缺的,不完整的。

被劳动实践活动所改变、创造的人化自然,除了劳动工具,还包括交通、通讯、体育、文化娱乐、居住、饮食、医药保健等等众多与人的生活密切相关的工具、设备、材料,它们的变化直接影响、改变人的行为方式、生活方式、思维习惯和心理特征,直接改变人。

如果把唯物史观的对象局限于人类社会,人本身以及自然界都被程度不同地遮蔽了;一旦像马克思一样把揭示人的发展规律、解放道路作为唯物史观的宗旨,自然界的作用立即凸现出来。唯物史观的视域得到极大拓展,内容得到极大丰富。

第三点认识尤其重要。由于把人和人的发展作为唯物史观的主要研究对象,马克思才有可能看到人与环境的相互作用,找到历史发展的动力,进而看到劳动实践活动在唯物史观中的基础地位、核心地位。

早在《1844 年经济学哲学手稿》中,马克思就提出劳动是人的生命活动、类活动,在《德意志意识形态》中他又强调:"全部人类历史的第一个前提无疑是有生命的个人的存在。因此,第一个需要确认的事实就是这些个人的肉体组织以及由此产生的个人对其他自然的关系。……当人开始生产自己的生活资料,即迈出由他们的肉体组织所决定的这一步的时候,人本身就开始把自己和动物区别开来。人们生产自己的生活资料,同时间接地生产着自己的物质生活本身。"①物质生产劳动是人的肉体组织决定的人不得不永不停歇地从事的实践活动。

---

① 《马克思恩格斯文集》第 1 卷,北京:人民出版社 2009 年版,第 519 页。

人的生理构造、肉体组织决定了从事劳动实践活动是人的生命活动,是他的本质特征,而劳动实践活动是对外部世界的改造,所以一旦把人作为唯物史观的研究对象,立即就会遇到人的劳动实践活动与外部环境、与历史的关系问题,就会看到人的主体性、能动性及其价值,就会从人出发审视外部世界和历史,从人的劳动实践活动出发理解人和人的环境(自然界、人类社会)的历史。

事物的变化和发展是历史的基本内容。把唯物史观仅仅理解为社会历史观,不可能获得对社会历史的科学的唯物主义的解释。人类社会在不断地变化发展之中,变化的根源、动力是什么? 唯心主义者把它归结为神的意志或者杰出人物的思想观念。这样做能够对社会历史作出合乎逻辑的说明:各种观念和制度规范着人们的行为,构成人类社会的基本结构;制度是人制订的,因此归根到底是神、神一样的精神存在,以及杰出人物的思想观念,决定社会生活。即使承认物质生产力在社会生活中的决定作用,唯心主义也可以用杰出人物头脑中的科学技术创新,解释生产力的主要内容生产工具的发展,来对社会发展作出合乎逻辑的说明。自古以来唯物主义者在社会历史领域都会滑入唯心主义。马克思恩格斯曾经说:"当费尔巴哈是一个唯物主义者的时候,历史在他的视野之外;当他去探讨历史的时候,他不是一个唯物主义者。在他那里,唯物主义和历史是彼此完全脱离的。"①因为费尔巴哈,以及马克思以前的一切唯物主义者,无法站在唯物主义立场说明那些在人们制定社会制度时起了决定作用的思想观念,以及它们的变化,是从何而来的,只能求助于人的天性或者"类特性"。

由于马克思是从思考人的本质为什么会发生异化在头脑中形成宗教意识开始探寻历史奥秘的思想历程的,所以他把人和人的发展作为主要研究对象;由于把人和人的发展作为主要研究对象,马克思才会回到"人是环境的产物"这一 18 世纪法国唯物主义的重要命题上,进而思考人与环境的关系;由于集中思考人与环境的关系,马克思才能吸取黑格尔的辩证法思想,从人的劳动实践活动出发考察历史,看到人与环境的相互作用:人改变环境,被改变的环境改变人。正是因为把人和人的劳动实践活动作为研究历史问题的出发点,马克思才超越了 18 世纪法国唯物主义,不仅看到它关于人的基本观点"人是环境的产物"的合理性,而且能够进一步思考这一观点的理论得失,从而发现,在人的问题上,18 世纪法国唯物主义仍然没有跳出唯心主义泥潭——他们主张人是环境的产物,变化了的环境造成人的变化,但是他们"忘记了:环境是由人来改变的,而教育者本人一定是受教育的。因此,这种学说必然会把社会分成两部分,其中一部分凌驾于社会之上"。② 怎样走出 18 世纪法国唯物主义的这种理论困境? 马克思沿着这条思路认识到:环境的改变和人的活动或自我改变的一致,只能被看做是并合理地理解为革命的实践。

---

① 《马克思恩格斯文集》第 1 卷,北京:人民出版社 2009 年版,第 530 页。
② 《马克思恩格斯文集》第 1 卷,北京:人民出版社 2009 年版,第 500 页。

费尔巴哈以及18世纪法国唯物主义,或者只看到环境(费尔巴哈看到的主要是自然界,18世纪法国唯物主义看到的主要是社会环境)对人的作用,看不到环境的变化,从而也看不到人的变化,因而历史落在他们的视野之外;或者看到了环境的变化,但看不到变化的真正原因,把这一变化解释为天才人物思维创造的产物,落入历史唯心主义。马克思的结论"环境的改变和人的活动或自我改变的一致,只能被看做是并合理地理解为革命的实践",克服了旧唯物主义在历史问题上的"两难处境",从而成功地对历史做出了唯物主义的解释。

马克思的上述结论,在历史上第一次建立了彻底的唯物主义的历史观:人是环境的产物,环境是人的实践活动的产物;人的实践活动改变了环境,被改变了的环境又改变人;在实践的基础上,人和环境,即自然界和社会,相互作用协同发展。人的实践活动充分体现了人的意识的能动性、创造性;同时,因为只有当实践活动的方案和方案背后的思想、观念与客观实际相符合时,实践本身才能取得成功,所以用实践活动解释历史又与唯物主义原则完全一致。唯物史观的"经典表述"只有建立在劳动实践的基础上,才能成为真正的唯物主义理论。马克思说:

> 我们首先应当确定一切人类生存的第一个前提,也就是一切历史的第一个前提,这个前提是:人们为了能够"创造历史",必须能够生活。但是为了生活,首先就需要吃喝住穿以及其他一些东西。因此第一个历史活动就是生产满足这些需要的资料,即生产物质生活本身,而且,这是人们从几千年前直到今天单是为了维持生活就必须每日每时从事的历史活动,是一切历史的基本条件。……因此任何历史观的第一件事情就是必须注意上述基本事实的全部意义和全部范围,并给予应有的重视。①

我们在前面曾经提到,紧接"经典表述",马克思说他和恩格斯对唯物史观从哲学角度的初次表述是在《德意志意识形态》中。在《德意志意识形态》的费尔巴哈章,我们可以找到在词句和内容上"最具经典意味的"对唯物史观的表述,即:

> 由此可见,这种历史观就在于:从直接生活的物质生产出发阐述现实的生产过程,把同这种生产方式相联系的、它所产生的交往形式即各个不同阶段上的市民社会理解为整个历史的基础,从市民社会作为国家的活动描述市民社会,同时从市民社会出发阐明意识的所有各种不同理论的产物和形式,如宗教、哲学、道德等等,而

---

① 《马克思恩格斯文集》第1卷,北京:人民出版社2009年版,第531页。在《德意志意识形态》中,马克思恩格斯在批判施蒂纳时还说:"所谓客观的历史编纂学正是脱离活动来考察历史关系。反动的性质。"(《马克思恩格斯文集》第1卷,北京:人民出版社2009年版,第546页)

且追溯它们产生的过程。这样当然也能够完整地描述事物(因而也能够描述事物的这些不同方面之间的相互作用)。这种历史观和唯心主义历史观不同,它不是在每个时代中寻找某种范畴,而是始终站在现实历史的基础上,不是从观念出发来解释实践,而是从物质实践出发来解释各种观念形态,由此还可以得出下述结论:意识的一切形式和产物不是可以通过精神的批判来消灭的,不是可以通过把它们消融在"自我意识"中或化为"怪影"、"幽灵"、"怪想"等等来消灭的,而只有通过实际地推翻这一切唯心主义谬论所由产生的现实的社会关系,才能把它们消灭;历史的动力以及宗教、哲学和任何其他理论的动力是革命,而不是批判。这种观点表明:历史不是作为"源于精神的精神"消融在"自我意识中"而告终的,而是历史的每一阶段都遇到一定的物质结果,一定的生产力总和,人对自然以及个人之间历史地形成的关系,都遇到前一代传给后一代的大量生产力、资金和环境,尽管一方面这些生产力、资金和环境为新的一代所改变,但另一方面,它们也预先规定新的一代本身的生活条件,使它得到一定的发展和具有特殊的性质。由此可见,这种观点表明:人创造环境,同样,环境也创造人。每个个人和每一代所遇到的现成的东西:生产力、资金和社会交往形式的总和,是哲学家们想象为"实体"和"人的本质"的东西的现实基础,是他们加以神化并与之斗争的东西的现实基础,这种基础尽管遭到以"自我意识"和"唯一者"的身份出现的哲学家们的反抗,但它对人们的发展所起的作用和影响却丝毫也不因此而受到干扰。各代所遇到的这些生活条件还决定着这样的情况:历史上周期性地重演的革命动荡是否强大到足以摧毁现存一切的基础;如果还没有具备这些实行全面变革的物质因素,就是说,一方面还没有一定的生产力,另一方面还没有形成不仅反抗旧社会的个别条件,而且反抗旧的"生活生产本身"、反抗旧社会所依据的"总和活动"的革命群众,那么,正如共产主义的历史所证明的,尽管这种变革的观念已经表述过千百次,但这对于实际发展没有任何意义。①

　　这一表述一开始有"由此可见"四个字,通过追溯前面的内容,我们知道,这四个字所概括的是马克思关于人如何在历史中不断发展的论述,它表明下面所说的历史观是关于人的发展历史的理论。值得注意的是,这一表述使用了"这种历史观就在于"、"这种历史观和唯心主义历史观不同"等说法,显然马克思是在有意识地从哲学角度正面阐述刚刚创立的唯物史观。从内容看,它与"经典表述"一样强调社会存在决定社会意识,不同之处在于:其一,它把劳动实践放在全部历史观的基础和核心地位;其二,在讲到劳动实践的作用时,它强调"这种观点表明:人创造环境,同样,环境也创造人"。关于环境,其中明确指出包括生产力、资金和社会交往。生产力有三个要素:劳动者、劳动

---

① 《马克思恩格斯文集》第1卷,北京:人民出版社2009年版,第544—545页。

工具和劳动对象。可见马克思所讲的环境,既包括自在自然,也包括人化自然(主要是劳动工具)。这完全是《提纲》第三条的思想,只是比《提纲》讲得更具体了:每一代都受到上一代实践活动创造的环境的制约、决定,同时他们自己的实践活动再次改造环境,被他们改造的环境则成为制约、决定他们自己的后代的因素。如此每一代人的实践活动都在改变环境,环境由此不断改变,不断改变的环境又回过头来不断改变人,由此形成历史。

上面这段具有唯物史观"经典表述"意味的论述,用语不够准确,叙述不够完整,但它是马克思恩格斯唯一的对唯物史观思想的深刻、全面的阐述,是马克思哲学思想形成过程两次转折获得的宝贵成果。

它告诉我们,马克思的唯物史观的基本思想是用物质生产活动,人的劳动实践,解释历史,所谓:"从直接生活的物质生产出发阐述现实的生产过程,把同这种生产方式相联系的、它所产生的交往形式即各个不同阶段上的市民社会理解为整个历史的基础,从市民社会作为国家的活动描述市民社会,同时从市民社会出发阐明意识的所有各种不同理论的产物和形式,如宗教、哲学、道德等等,而且追溯它们产生的过程。这样当然也能够完整地描述事物(因而也能够描述事物的这些不同方面之间的相互作用)。这种历史观和唯心主义历史观不同,它不是在每个时代中寻找某种范畴,而是始终站在现实历史的基础上,不是从观念出发来解释实践,而是从物质实践出发来解释各种观念形态。"在这里,马克思不仅用劳动实践活动解释生产关系和人与人的其他社会交往形式,而且直接用它解释人们的思想观念。

它告诉我们,唯物史观的关键思想,是在劳动实践活动的基础上人与环境的相互作用协同发展,即所谓"人创造环境,同样,环境也创造人"。马克思指出,这里所说的环境包括"生产力、资金和社会交往形式的总和",实际上就是人改造过的因而是现实的自然界(包括生产工具以及人的其他生产、生活、交往设备)和社会关系。劳动实践活动是对自然界的改造,劳动实践活动中形成了人化自然。人化自然是人的生存环境的重要内容,是人的现实的自然环境。一方面它的变化直接影响人在科学、艺术等诸多方面人的个性的发展,影响人的整个精神世界;另一方面它的变化意味着人的劳动工具在不断发展,劳动工具是物质生产力的重要内容,它的改变会改变人的劳动分工,进而改变人的生产关系、上层建筑,就是说,改变整个社会,改变人的社会环境。人改变环境,自然环境、社会环境的改变发展是人的劳动实践活动的产物,但是变化一经产生,变化了的自然环境、社会环境就作为不以人的意志为转移的客观存在,决定了人本身必然发生相应的变化与发展;马克思说:"已经得到满足的第一个需要本身、满足需要的活动和已经获得的为满足需要而用的工具又引起新的需要,而这种新的需要的产生是第一个历史活动";①新的需要会产生新的实践活动,新的实践活动再一次改造自然界,形成

---

① 《马克思恩格斯文集》第 1 卷,北京:人民出版社 2009 年版,第 531—532 页。

新的人化自然并引发更新一轮的生产力、生产关系、经济基础、上层建筑的发展和社会的发展。

劳动实践活动是人的肉体特征、生理构造决定的人永远不能停歇的生命活动,因而人对自然环境、社会环境的改变永远不会中断,被改变的环境反过来对人的作用同样会永远继续。人和环境的连续不断的相互作用造成它们的协同发展,构成了历史。

这就是马克思创建并在《德意志意识形态》中所要表述的唯物主义历史观。

马克思创建的唯物史观,描绘的是人、自然界、人类社会在劳动实践的基础上相互作用协同发展的辩证过程,也就是历史的辩证法。人、自然界、人类社会构成一个相互联系的有机的、辩证发展的系统:人出于自己的需要对自然界的自觉改造引发了自然界的发展;自然界的发展通过生产工具和其他生活交往设备的变化又导致了各种社会关系的发展;自然界和社会关系的发展又反过来引起人的发展。

关于劳动实践活动及其作用的思想是唯物史观的关键思想。首先它是人一刻都不能中断的生命活动,是人的本质特征的体现,是人的生存和人的历史的基础;其次它是历史的动力之源,是它引发了人与环境的相互作用,形成历史的辩证法;最后,它为唯物史观的唯物主义性质奠定了可靠的基础。自然界及社会的变化开始于人的实践活动的改造,实践活动取决于改造世界的实践方案和人的实践意志,而实践方案的制定是思维创造的产物。只有在实践活动的基础上,作为思维创造活动产物的实践方案才能受到检验从而有可能与客观世界及其规律相一致,实践活动本身以及由它推动的自然界、社会和人的发展,才获得唯物主义性质。整个唯物史观都是建立在劳动实践基础上的。

五、重新理解的唯物史观是新时代中国马克思主义哲学

明确了我们重新理解的唯物史观的研究对象与基本内容以后,有两个问题必须回答。第一个是重新理解的马克思的唯物史观与唯物史观的"经典表述"的关系问题,第二个是如何评价重新理解的唯物史观。

先看第一个问题。

必须肯定,"经典表述"阐述的思想是正确的,迄今为止人类历史一再证明"社会存在决定社会意识"这一论断具有真理性。问题是,尽管它迄今为止被证明具有真理性,但把它与马克思的唯物史观画上等号则是不正确的。下面提出两条理由。

首先,"经典表述"涉及的仅仅是人类社会,是人类社会诸要素之间的关系,而马克思的唯物史观首先关注的是人和人的发展与解放。一旦把人的发展作为唯物史观的焦点问题,唯物史观立即超出社会的局限,把人和自然界纳入自己的视野。把社会存在决定社会意识等同于唯物史观,这样的唯物史观不足以涵盖马克思唯物史观思想的全部内容。劳动实践活动提供了历史发展的动力,人和环境的相互作用是历史发展的具体机制。历史就是由人和环境相互作用形成的人、自然界、人类社会不断变化的辩证过

程。社会存在决定社会意识无疑是唯物史观的基本观点,但是它仅仅说明了人类社会如何决定人,然而人类社会只是环境改变人、创造人这一环节中与自然界一道发挥作用的两个因素中的一个。社会存在决定社会意识只是马克思唯物史观思想的一个部分,一个片段。

社会存在决定社会意识和环境决定人都是唯物主义观点,社会存在决定社会意识包含在"环境改变人"这一论断之中。"环境改变人"所说的环境不仅包括社会环境,还包括自然环境,在人的存在与发展问题上,它比社会存在决定社会意识涵盖的范围更广,更科学。因为社会存在决定社会意识无法反映自在自然作为科学研究对象和审美对象等等对人的作用,更不能反映人化自然通过生产工具对人类社会和人本身的作用,也不能反映交通、运输、教育、医疗、通讯等方面的工具和设施在人的生活方式、生产方式中的作用,以及这些人化自然的改变对人的发展的重要影响。

其次,本文一再强调,人的劳动实践活动以及由它引发的人、自然界、社会的相互作用协同发展构成我们的现实的历史。离开实践活动无法解释自然界何以能够变化发展。具体而言,无法说明自在自然的变化发展;无法解释作为人化自然组成部分的生产工具以及人生活中的其他工具与设施的变化发展。也就是说,由于只强调社会存在决定社会意识,看不到劳动实践活动的意义,所以人们既不能解释何以人类社会以及人能够有变化、历史,也无法保证对历史的解释具有唯物主义性质,包括不能解释社会存在决定社会意识为什么是唯物主义理论。

总之,社会存在决定社会意识是正确的,但它只是马克思唯物史观思想的一个组成部分,是对劳动实践活动引发的人、自然界、人类社会相互作用中人类社会对人的作用的具体说明。把它与唯物史观等同起来,既以偏概全,更忽略了马克思唯物史观思想中最重要的内容——劳动实践活动以及由它引发的人与环境的相互作用协同发展。

本文的这一结论能在马克思恩格斯的著作中找到实际材料的支持吗?

在马克思的著作中,这样的材料比比皆是。特别是在《德意志意识形态》中,马克思说他的唯物史观思想最初的哲学表述就是在这部著作之中。尤其是前面所引用的《德意志意识形态》中那两大段近似于唯物史观"经典表述"的论述,对马克思的唯物史观思想做了比较全面系统的阐述。此外《提纲》也包含有十分重要的唯物史观思想。本文所说的马克思的唯物史观思想,对唯物史观的重新解读,就是建立在马克思的上述文本之上的。

在恩格斯那里,情况稍微复杂一些。本文一开始便指出恩格斯对唯物史观有两种不同的表述,这两种表述似乎是无法统一、相互矛盾的。实际上恩格斯对唯物史观的理解中并不存在矛盾,而且与马克思完全一致。

恩格斯曾说他在《反杜林论》和《费尔巴哈论》中对唯物史观做了到当时为止最为详尽的阐述。我们以《费尔巴哈论》为例来看恩格斯究竟是如何理解唯物史观的。

必须肯定,《费尔巴哈论》是有用劳动实践活动及其引发的人、自然界、人类社会的相互作用协同发展来解释历史的唯物史观思想的。

大家知道,恩格斯从 19 世纪 50 年代起便开始了对自然辩证法的研究,19 世纪 70 年代初"退出商界"后,他立即集中力量研究自然辩证法,写了大量的笔记、札记、论文,其中非常重要的一篇论文是《论劳动在从猿到人转变过程中的作用》。从标题看,文章就是在论述劳动实践活动对人的发展的作用,属于马克思唯物史观思想的范围。他在文章中详细论述了劳动实践活动怎样改变了人的劳动工具与生存环境,它们的变化又怎样反过来引起人的机体与生理的改变;劳动实践活动怎样破坏了人的自然环境,被破坏的自然环境又如何反过来影响人,对他的生存、生产造成不利影响。这里生动地体现了人、自然界、人类社会在劳动实践基础上的相互作用协同发展。《反杜林论》、《费尔巴哈论》都是恩格斯在自然辩证法的研究基础上写作的。《反杜林论》的"旧序"被恩格斯与自然辩证法研究的其他成果捆扎在一起保存,《反杜林论》和《费尔巴哈论》都使用了对 19 世纪自然科学三大发现及其意义的分析,而 19 世纪自然科学三大发现是自然辩证法研究的重要内容。由此可见,在写作《反杜林论》、《费尔巴哈论》时,恩格斯坚持自然辩证法研究中形成的观点的,包括《劳动在从猿到人转变过程中的作用》的上述观点,也就是说他是了解和接受本文所分析的马克思的唯物史观思想的。

《费尔巴哈论》对唯物史观的阐述主要是围绕社会存在决定社会意识展开的,但是在该书第三章,恩格斯说:"费尔巴哈不能找到从他自己所极端憎恶的抽象王国通向活生生的现实的道路。……要从费尔巴哈的抽象的人转到现实的、活生生的人,就必须把这些人作为在历史中行动的人去考察。"①他在第四章又说:"无论历史的结局如何,人们总是通过每一个人追求他自己的、自觉预期的目的来创造他们的历史,而这许多按不同方向活动的愿望及其对外部世界的各种各样作用的合力,就是历史。"②这是对本文重新阐释的马克思唯物史观思想的直接运用。

《费尔巴哈论》第四章,通过许多具体事例论述了社会存在决定社会意识的原理,但是,这些论述都是围绕人的行动的动机展开的,是为了说明人的行动是一定动机的产物,而这些行动的动机背后实际上还有动机,这就是由生产力和生产关系决定的经济原因。可见恩格斯在这里对社会存在决定社会意识原理的阐述,实际上是对社会环境决定人这一马克思唯物史观思想的具体说明。

当然,我们不能忘记,正是在《费尔巴哈论》中,恩格斯把他和马克思称作"在劳动发展史中找到了理解全部社会史的锁钥的新派别"。

总之,在恩格斯的思想中,对唯物史观两种表述的相关思想同时存在,二者并不矛盾,只是他没有对它们的关系做详细的论述而已。

既然如此,为什么《反杜林论》、《费尔巴哈论》以及马克思恩格斯的其他著作,一再

---

① 《马克思恩格斯选集》第 3 卷,北京:人民出版社 2012 年版,第 247 页。
② 《马克思恩格斯选集》第 3 卷,北京:人民出版社 2012 年版,第 255 页。

把社会存在决定社会意识作为唯物史观的核心思想来阐述?

这是因为,不论马克思还是恩格斯,虽然有大量自己独创的哲学思想,却从来没有对这些思想做过全面的系统的阐述。因为他们无意于成为职业哲学家,研究哲学只是为了锻造认识和改造世界的工具。唯物史观是马克思恩格斯锻造的最锐利的思想武器,一经获得,他们立即把它用于自己对政治经济学和科学社会主义问题的研究之中,而不是把它作为学术成果公诸于世。他们对自己哲学思想的论述,散见于他们的各种论战性著作以及笔记、未完成著作的手稿、书信以及其他著作的序言、导言、正文片段之中。对唯物史观的论述便是如此。

上述情况造成两种后果,其一是他们对唯物史观的正面论述很零散,而且长期不为人所知。马克思最重要的哲学著作《1844年经济学哲学手稿》、《关于费尔巴哈的提纲》、《德意志意识形态》不仅因为只是手稿和提纲性质的作品而难于理解,而且都是在马克思去世以后,有的是半个世纪以后,才得以发表的原因。其二是他们把哲学看做研究和解决实际问题的理论工具,因而往往是从实际需要的角度出发阐发唯物史观。唯物史观形成以后,马克思恩格斯最重要的哲学著作有《哲学的贫困》、《反杜林论》、《路德维希·费尔巴哈和德国古典哲学的终结》。它们都是论战性的著作,面对的都是历史观上的唯心主义理论。这些理论共同特点是主张思想观念,或者人的抽象本质,决定社会的政治、法律、道德以及经济制度等等,这一特点决定了马克思恩格斯对它们的批驳和对唯物史观的阐述必然要集中强调社会存在决定社会意识。马克思恩格斯对阐述唯物史观具有重要意义的著作还有《共产党宣言》、《资本论》及其手稿,包括《〈政治经济学批判〉序言》。《共产党宣言》主要是科学社会主义著作。这一领域存在激烈的思想斗争,斗争的焦点是:社会历史是由人的思想观念和意志决定的,还是由某种客观规律决定的?因为只有承认客观规律的存在,才能为资本主义必然灭亡和共产主义必然胜利奠定理论基础,所以在这个领域,对马克思恩格斯以及列宁而言,最重要的是说明并且宣传:社会历史发展是有客观规律的,共产主义取代资本主义是历史发展的必然趋势,不以人的意志为转移;无产阶级的阶级斗争和社会革命是历史规律的体现,必将取得胜利;在社会主义制度下实行计划经济,即实现人对经济生活的科学管理,是完全可能的。这里涉及的主要还是社会存在与社会意识的关系问题。《资本论》等政治经济学著作,如本文在前面分析的,其哲学方法论的基础是社会存在决定社会意识的原理。马克思恩格斯,尤其是在他们之后的列宁和其他马克思主义者,理论研究和革命实践都和社会革命、政治经济学问题有关,因此对他们而言,历史观问题上最重要的任务是坚持、捍卫与宣传社会存在决定社会意识这一基本原理,以说明社会发展和自然界一样,是一个"自然历史过程",无产阶级革命和社会主义共产主义的实现,具有客观的历史必然性。他们没有必要,也没有可能,以哲学家的身份从学术的角度出发,通过劳动实践活动描绘人、自然界、人类社会的相互作用协同发展,以及人的解放、人的全面发展。回顾一百多年马克思主义哲学的发展历史,可以很清楚地看到,正是这种情况,决定了集中阐述社会存在决定社会意识这一基本原理的《〈政治经济学批判〉序言》被当作唯物史观的"经典表述"广泛流行。简言之,它被作为唯物史观的"经典表述"是由马克思主义者的实践需要决定的。

如何评价重新理解的马克思唯物史观思想,是需要讨论的第二个问题。

我们评价马克思唯物史观思想新解读的依据是什么? 是现实的社会生活的变化。这一变化引发了马克思主义者实践需要的变化。

理论是时代的产物,发展了的理论是发展了的时代的产物,因为时代和时代的发展是社会和社会发展的体现。从前面的论述中我们知道,社会存在决定社会意识的思想最早形成于 1843 年。这时的德国还是封建主义社会,地主阶级拥有政治上的统治权,意识形态领域则处在基督教的严密控制之下。反封建是德国社会现代化进程中首先需要完成的任务。马克思在《莱茵报》时期的著作中大声呼吁人的自由与社会民主,抨击德国的书报检查制度,回应 1789 年的法国资产阶级革命。《莱茵报》被查封后,他通过批判黑格尔法哲学得出的结论"市民社会决定国家和法而不是相反",是他对"社会存在决定社会意识"思想的最初表述,包含了对物质生产力发展引起德国社会冲破封建束缚实行资本主义工业化和资产阶级社会改造的期待,高度肯定了物质的肉体的人对物质利益的追求所具有的重大历史意义。它弘扬科学理性,直接否定了封建地主阶级和教会在思想观念领域的主导权,否定了封建制度得自神的意志的合理性、永恒性。从总体上看,这些思想是在用资产阶级的思想观念抨击德国的封建主义思想和制度,服务于德国资产阶级革命的需要。

1843 年 10 月马克思从封建德国来到法国巴黎,而法国早在半个世纪以前已经完成资产阶级社会革命,19 世纪 40 年代工业革命如火如荼:1820 年法国使用了 65 台蒸汽机,到 1848 年蒸汽机数量增加到 5000 台;1832 年法国建成第一条铁路,39 公里长,40 年代末铁路里程达到 3000 公里……随着工业化的迅速发展,工人阶级数量急剧增长,作为独立力量登上政治舞台。法国与德国,社会发展处在不同历史阶段,犹如处在不同的时代。在德国,主要任务是消灭封建统治,弘扬科学理性,开展工业革命,确立经济在社会生活中的决定作用,建立资产阶级对社会的全面统治。在法国,反封建的任务早已完成,社会面临的突出问题是工业革命、生产力的迅速发展和资产阶级民主制度及其在思想领域的统治带来的新问题。归结起来看,这些新问题首先是,机器的使用、物质生产力的发展带来人的本质异化,出现物对人的全面支配;是资产阶级民主背后人与人事实上的不平等,是以新形式出现的人对人的剥削奴役。也可以说,是人道主义理想的失落。简言之,马克思在德国遇到的是完成资产阶级革命、迅速发展生产力使国家走上现代化道路的任务,在法国遇到的是资产阶级革命已经完成,生产力已经得到迅速发展,国家走上现代化道路以后带来的问题。它们是处于不同发展阶段的社会(或者说时代)的产物。正是在法国遇到的新问题,让马克思看到推翻封建统治后建立的资本主义制度并不能实现人的解放,而是使人陷入新的苦难,从而抛弃对资产阶级革命的向往与憧憬，阶级立场由农民转向工人，提出以人类解放为目标的无产阶级革命和共产主义理想；促使他投身对经济学特别是英国古典经济学的研究，认识到劳动实践活动在历史中的重大意义进而深刻理解了黑格尔关于劳动的哲学思想。在这些思想的共同作用下，马克思的历史观必然超出资产阶级一味追求生产力发展、物质财富增加和政治民主的狭隘眼界，转而从人出发，依据劳动实践活动探求人类解放之路。我们所阐述的马克思的唯物史观思想与"经典表述"强调的社会存在决定社会意识这一唯物主义社会学理论的区别，是法国与德国社会发展阶段不同的反映。

"经典表述"所阐述的唯物史观在历史上起了巨大的作用。依据社会存在决定社会意识的基本原理，共产主义的历史必然性、无产阶级的阶级斗争以及各个国家社会革命的合理性和必然成功，得到有力的理论证明，极大地鼓舞与推动了无产阶级和各国劳动人民的解放斗争。生产力决定生产关系进而决定上层建筑的原理，为社会主义国家的社会主义建设，为中国和其他社会主义国家的改革事业，提供了科学的理论指导。社会存在决定社会意识的基本原理还为人们对上层建筑——政治法律制度、道德，以及宗教、哲学、历史学、社会学、文学、艺术等众多人文社会科学学科——的研究，提供了科学的理论指导和方法论原则，使它们在人类历史上首次成为科学，或者摆脱了研究者的主观随意性，使相关理论与科学理性一致起来，成为具有客观性的可靠理论。但是一百多年的历史也证明，生产力的发展在有力推动社会进步的同时，也带来前所未有的甚至是十分严重的问题。

问题主要有两个方面。其一，从20世纪下半叶起，人的劳动实践活动，科学技术和物质生产力的发展，在带来物质财富急剧增加的同时，造成前所未有的资源、环境、气候等方面的灾难性后果。地球开始"变小"，不堪生产力急剧发展的重负，人类的发展不可持续。这是对《劳动在从猿到人转变过程中的作用》中恩格斯向人类提出的预警的证实。人改变环境，被改变的环境也要改变人。人的劳动实践活动破坏了自然环境，自然界开始报复人了。

其二，物质生产力发展了，但是人的发展、人的解放，与生产力发展并不是线性关系，反而随着生产力的发展遇到新的更深层的问题。早在1844年，马克思就对资本主义制度一方面促进了生产力的发展，另一方面造成劳动异化，人的发展、人的自由遭到遏制，提出尖锐批判。进入20世纪，随着科学技术的革命性发展，物质生产力有了长足进步，但是资本主义国家不仅人的异化依然存在，而且科学理性成为对人的新的主宰，物化现象日益严重。西方世界兴起"西方马克思主义"运动，把反对人的"单向度化"，争取人的尊严、自由、全面发展，作为一面旗帜高高举起。如何把生产力的发展，社会在某些方面的进步，转变为人的发展，成为西方国家马克思主义者面临的重大挑战。哈贝马斯提出"重建历史唯物主义"就是对这一挑战的回应。

上述两个方面问题的出现，集中反映了人与环境矛盾关系的新情况，反映了生产力的发展，从而社会的发展以及相应的自然界的变化，与人的需要、人的发展产生了新的矛盾。这些矛盾如何解决？"经典表述"完全不可能提供有益的思路，因为它强调只有生产力才是社会进步的决定性因素，然而这些问题的出现，恰恰是生产力的片面发展造成的。解决的道路只能在本文阐释的马克思真正的唯物史观理论去寻找。因为这一理论没有落入生产力决定论，它把历史作为基于物质生产实践的人、人类社会、自然界相互作用协同发展的过程，并且把人、人的发展，而不是物质生产力，置于全部历史理论的中心。把人作为历史理论的中心，事实上为评价社会和自然界的变化发展提供了合理的依据或标准。对科学技术和生产力的发展，对社会结构、社会关系的演化，对自然界在人的作用下的改变，马克思的唯物史观思想不抱自由主义态度，而是以人的需要为尺度加以积极的评价、取舍、修订。

从历史唯物主义来考察巴塔耶的卑微唯物主义

杨　威*

内容提要：巴塔耶提出的卑微唯物主义为其后来的思想发展奠定了一个基本方向。通过向诺斯替主义回溯，巴塔耶自认为完成了对"辩证唯物主义"的超越，但是对比马克思哲学不难发现，卑微唯物主义并没有超出广义历史唯物主义的视域。卑微唯物主义与历史唯物主义都关注基础性事实，在视域上有所重叠，但在思想路径上则体现出鲜明差异。如果说马克思运用了一种基于社会现实向"上"的抽象力，那么巴塔耶则倚重一种基于生命体验向"外"的僭越力。巴塔耶的卑微唯物主义思想涉及对西方哲学传统的总体反思，尽管有所偏失，却也具有一定的思想启发意义。

关键词：卑微唯物主义；历史唯物主义；哲学方法论；巴塔耶；马克思

法国哲学家巴塔耶（Georges Bataille，1897—1962）在哲学思想上深受马克思主义的影响，正如哈贝马斯曾指出，巴塔耶在 20 世纪 30 年代"是个十足的马克思主义者"。① 这种影响体现思想内容上，就是巴塔耶与马克思的重要概念形成了一系列的呼应关系：马克思以"生产"为社会形态发展的线索，巴塔耶则把"耗费"作为文明类型更迭的主轴；马克思以物质财富极大丰富和无产阶级革命来描绘未来，巴塔耶则把"过剩"作为本来状态，并以此强调拒绝奴性劳动，放弃理性谋划，达到超然物外的自主状态。从哲学方法论角度看待这些思想内容的差别，可以认为巴塔耶和马克思一样注重对现实的描述，克服形而上学框架的束缚，而相比于历史唯物主义视域下的政治经济学批判，巴塔耶则提出了独特的卑微唯物主义（le bas matérialisme，也译作"卑微的唯物主义""卑俗物质主义"）思想，为其后来的思想发展奠定了一个基本方向。

一、卑微唯物主义对"辩证唯物主义"的超越

巴塔耶通过分析辩证唯物主义与本体论唯物主义、绝对唯心主义之间的关系，对辩

＊　杨威（1982—　），男，河南淮阳人，哲学博士，海军军医大学基础医学院政治理论教研室副教授，主要研究方向为当代国外马克思主义与法国哲学。本文为上海市哲学社会科学规划一般课题"巴塔耶与马克思经济哲学思想比较研究"（2018BKS008）的阶段性成果。

① ［德］哈贝马斯：《现代性的哲学话语》，曹卫东等译，南京：译林出版社 2004 年版，第 254 页。

证唯物主义形成了一种有限的肯定态度。在巴塔耶看来,辩证唯物主义一方面超出了本体论唯物主义,另一方面却不够彻底,还没有摆脱绝对唯心主义的影响。本体论唯物主义强调世界的物质本原,贯穿着以物质为出发点的本体论立场,而辩证唯物主义则更加强调物质世界运动的辩证特性。辩证唯物主义的物质范畴不再是静止、抽象的概念,而是处于矛盾运动之中,这种矛盾运动成为物质世界发展过程的重要环节。这是辩证唯物主义超越本体论唯物主义的地方。同时,巴塔耶误认为,辩证唯物主义取代黑格尔唯心主义的方式只是赋予物质以思想的地位,或者说,只是在同样的逻辑框架下用物质置换了思想,把理念的生发演化转换成了物质的矛盾运动。他由此得出结论,辩证唯物主义仍然没有摆脱唯心主义的窠臼,"值得注意的是,迄今在其发展过程中唯一逃脱了系统抽象的唯物主义,即辩证唯物主义,在至少不弱于本体论唯物主义的程度上,是把黑格尔形式的绝对唯心主义作为出发点的。"[1]巴塔耶对辩证唯物主义的认识,几乎等同于"结合论"的观点,即认为辩证唯物主义就是把费尔巴哈式的唯物主义与黑格尔式的辩证法结合了起来。这使巴塔耶形成了本体论唯物主义和辩证唯物主义都没摆脱绝对唯心主义的误判。基于这一误判,巴塔耶越过辩证唯物主义,进一步探讨黑格尔哲学及其形而上学的源头了。

在向古代形而上学追溯的过程中,巴塔耶把唯物主义与诺斯(la gnose)联系起来进行了研究。巴塔耶断言,黑格尔哲学以至古典哲学都是从古老的形而上学观念发展而来的,而这些形而上学观念的一个重要源头就是诺斯替教派(les gnostiques)。值得注意的是,在诺斯替主义(le gnosticisme)中,低等因素占有本质性的地位。诺斯替主义是一种松散的宗教与哲学运动,但在各式各样的教诲中却包含一些共同的信条,例如认为这个由物质宇宙构成的世界是更高等宇宙的神在创世之初出错而造成的结果,而尘世的人虽然自认为是真正的存在,其实却是分有神性、本质上无知的造物。诺斯替主义者把尘世作为错误和无知的产物,认为人类灵魂渴望回到那个更高等的世界,但具有超越性的神无法通过尘世观念得到认识,因此,对于被造物来说,关乎拯救的隐秘智慧只能是"诺斯",一种精神直观的灵知,可以连接神性而具有隐秘性、启示性。如果说逻各斯意味着清晰的智慧,那么诺斯则包含超出尘世、返回神性的神秘智慧。诺斯替主义这种神性与尘世、低等与高等的二元宇宙论,与把一切纳入理性之下的一元论体系迥然相异,构成了对人性的一种新理解。巴塔耶认为,诺斯替主义给古代经典的理念和秩序带来了富有意义的冲击。它从埃及传统、波斯二元论、东方犹太教异端等思想舶来了与已有精神秩序最不一致的要素,为希腊罗马时期的观念体系引入了不洁的酵母,并最终调和进了新兴的基督教神学和希腊化时期的形而上学。[2] 诺斯替主义神学家的著述基本上被正统基督教徒销毁了,他们的观点只能从其受到的抨击和被刻画的粗鄙神话中得

---

① Georges Bataille. *Œuvres Complètes*. Ⅰ. Paris：Éditions Gallimard，1970，p.220.
② Georges Bataille. *Œuvres Complètes*. Ⅰ. Paris：Éditions Gallimard，1970，p.222.

知,但仍然可以确定,诺斯替主义是以祆教二元论(le dualismezoroastrien)为基础的①,而且没有因为适应社会的需要而被阉割,是一种虽然被丑化却依然很深刻的二元论。

巴塔耶认为,诺斯替主义的核心是具有永恒自主性的、作为一种积极性原则的物质概念。物质犹如"黑暗"或"邪恶",但是,黑暗并不是缺少光,而是由于缺少光才显现的可怕执政者(archonotes),邪恶也不是缺少善,而是一种创造性的行动。② 这种物质概念与希腊化精神结构显得格格不入,后者的主流倾向是把物质视为从更高的原则降级而来,不具有独立的地位。从希腊化精神结构来看,把创世归于一种失当的行为或过错是过度悲观了,而与这种悲观相对立的,就是诉诸神性。人类精神需要信靠神性,应当把神性树立起来并使之得到普遍显现。但是,在诺斯替主义看来,光辉卓越的神性却显得无足轻重。它公然抛弃了唯心主义的观点,不打算让物质屈从于精神、理性等更高权威。在诺斯替主义的沉思中,有一种对打破法则的邪恶力量的迷恋,而面对这种具有暴虐野蛮特质的迷恋,唯心主义的理性观念反倒显得窘迫无措了。

巴塔耶从辩证唯物主义开始讨论,越过绝对唯心主义、古代形而上学而追溯到诺斯替主义,这一理论努力旨在提出新的唯物主义视野。巴塔耶自称对神秘主义哲学只有一种诊断性兴趣,因此不是关心的重点,而他真正想要把握的是时代性问题。在他看来,从基督教开端至今贯穿始终的社会原则已经失效了,社会需要一种自我怀疑和翻转以重现动力。相对于传统上对神的信仰,巴塔耶以一种比喻性的说法提倡对"驴头神"(un dieu àtête d'âne)的崇拜。这个"驴头神"的嘶鸣犹如太阳在源源不断发光发热,代表着对唯物主义最强烈的宣示,"叫声滑稽可笑,又撕心裂肺,象征着对强势的唯心主义的无耻反叛"。③ 巴塔耶的策略是直接把唯物主义从观念论框架中挣脱出来,不再作为黑格尔式绝对唯心主义的反证,也不遵循那种以概念的运动来把握事物的辩证法,而是以太阳所象征的宇宙能量的释放和"阿塞法尔"(Acéphale)所代表的无理性统一性的形象,来描绘这个喧腾不息的物质世界。

巴塔耶援引诺斯替主义而形成了卑微唯物主义概念。相比于物质本体论或理性一元论体系下处于从属性的物质概念,这包含着一种对于物质与精神之间高低贵贱之分的倒转。"同样,对于因其存在于自我和观念之外而必须称之为物质的东西,我完全服从,并且,在这个意义上,我不接受把我的理性作为我所说的东西的界限";"基础物质是外在于、迥异于人类的理想愿望的,并且拒绝让自己被归结到由这种愿望而产生的庞大的本体论机器"。④ 正如诺斯替主义对古代经典理念和秩序的冲击,卑微唯物主义也要让理性精神在基础物质面前陷入窘迫,让人认识到高等原则的无能为力,从而能够从

---

① 祆教,又称琐罗亚斯德教、火祆教、拜火教,基督教诞生之前在中东最有影响的宗教,信奉火神,祭祀仪式烦琐,教义包含创世论、因果相报、二元论等,创始人琐罗亚斯德(Zarathustra),又译作"查拉图斯特拉"。

② Cf.Bataille. *Œuvres Complètes*. Ⅰ, p.223.

③ Bataille. *Œuvres Complètes*. Ⅰ, p.221.

④ Bataille. *Œuvres Complètes*. Ⅰ, p.225.

唯心主义的束缚中真正挣脱出来。

这种卑微唯物主义使巴塔耶获得了一种更为彻底的视角,也超越了他所误认的辩证唯物主义。"在他看来,唯物主义思想(无论是马克思主义的,还是其他类型的唯物主义)迄今为止还不够唯物主义。"①在突破绝对唯心主义束缚的意义上,巴塔耶通过一番辩证唯物主义与黑格尔主义同构翻转、诺斯替主义与古代形而上学异质对立的思想演绎,确实提出了更为宽阔深远的视野。在巴塔耶看来,站在彻底的唯物主义立场上,与其一边强调客观物质,一边却在客观世界的秩序建构和意义赋予中仍然落入唯心主义的窠臼,不如突显一种完全异质性的"他者",即那些无法纳入理性谋划和经济体系的生命活动,那些在清醒理智和社会规范的抑制下仍然持续涌现的能量耗费。这就要求抛弃对任何理想形式的追寻,不再试图构建观念体系,而只是以一种特定的、富有意义的语言进行描述性的表达。

二、卑微唯物主义与历史唯物主义的视域重叠

巴塔耶试图摆脱理性一元论的束缚,没有寻求对立面的统一,而是直面基础性的事实并以此寻求对理性知识的颠覆。尽管巴塔耶在批判性地反思本体论唯物主义、绝对唯心主义甚至辩证唯物主义的过程中作出了努力,但是,如果从历史唯物主义的视角来看,这一思想探索仍有需要加以辨析之处。

巴塔耶对于辩证唯物主义和历史唯物主义的认识,受到 20 世纪上半叶欧洲思想氛围的影响。他曾在 1930 年直接阅读了马克思恩格斯的著作,但从上述对于辩证唯物主义的评价可以看出,他其实把苏联正统马克思主义和法国共产党人的思想当作了理解马克思主义的参照蓝本。这种对马克思主义的传统理解,是把世界整体图景抽象地分割成了自然、社会、思维三大块,以辩证唯物主义对应"自然"部分,历史唯物主义对应"社会"部分,抽象的辩证法把握思维的一般规律。然而,无论是巴塔耶还是这种对马克思主义的传统理解,似乎都忽略了马克思论述的完整世界图景。马克思说:"整个所谓世界历史不外是人通过人的劳动而诞生的过程,是自然界对人说来的生成过程。"②在马克思那里,社会概念是蕴含自然、人和人的思维活动在内的,由此,应当形成一种广义的历史唯物主义视域。从这种广义的历史唯物主义出发,自然本身具有历史性,辩证唯物主义也应当是历史唯物主义的同义语。然而,正如我们国内学者指出的,在马克思主义的传播过程中,"马克思的广义历史唯物主义变成了被教科书加以固定和传播的恩格斯和列宁主义意义上的狭义的历史唯物主义"。③ 如果能走出这一传播过程的局

---

① [美]斯图尔特·肯德尔:《巴塔耶》,姚峰译,北京:北京大学出版社 2018 年版,第 110 页。
② 《马克思恩格斯文集》第 1 卷,北京:人民出版社 2009 年版,第 196 页。
③ 宫敬才:《马克思经济哲学研究》,北京:人民出版社 2014 年版,第 270 页。

限性,则可以认为,马克思并没有创立过历史唯物主义以外的任何其他的哲学,马克思哲学就是历史唯物主义。① 从广义上的历史唯物主义视域来看,人的生存实践活动中所展现出来的整个世界都应成为考察的对象,而马克思投入一生大部分时间和精力进行的政治经济学研究,则可以看做是这种视域下持续展开的学术实践。相比而言,巴塔耶通过向远古时期追溯而打破善恶等级体系,试图还原一个没有伪装的真实世界,这一努力在历史唯物主义参照下则表现出具有启发意义的视域重叠。

马克思提出一种"描述人们的实践活动和实际发展过程的真正实证的科学",强调"对现实的描述";②与此相近,巴塔耶也对人类生活进行了多方面的细致观察和描述。诸如排泄等不可控的身体行为、以"笑"为代表的失控性情绪爆发、人类学研究的夸富宴(potlatch)现象和现代社会的狂欢庆典活动等,都是他讨论的对象。这些对人类活动的经验观察以及对其内在精神机制的分析,促成了巴塔耶一系列逐步深入的理论思考。在此过程中,巴塔耶总是试图以描述的方式勾勒生命存在的诸多现象,把握诸多细节性事实构成的经验整体。巴塔耶指出:"一种要首先进行的基本的分类,必须被一种对生活各个方面的有一定方法的描述所替代。"③他直接描述或记录了极端的生命体验,探讨了人类精神在禁忌与违犯之间充满张力的往复运动。这既体现在他的诸多文学作品中,也比较集中地体现在《被诅咒的部分》(La part maudite)、《色情》(L'érotisme)等著作的理论阐述中。其中,色情是巴塔耶揭示人类生存秘密的一个重要切入口。它构成了人类最切身的生命经验,污秽与优雅杂陈其间,在延迟与放纵之间进行的生命自我消耗从中得以体现。巴塔耶既深受黑格尔精神现象学的影响,也接触和关注了弗洛伊德主义的精神分析学,而在糅合这两种思想资源的基础上,他表现出一种直面真相、对人类生命活动坦诚观察的勇气,撕破粉饰伪装,不惜颠覆规范伦常。由此,巴塔耶揭示了人类的欲望冲动与理智排斥的矛盾、个体生命经验与宏观能量循环的张力,建构起一套以宇宙间生命能量运行为考察对象的独特的普遍经济学。可以说,观察、描述和生命体验等,在巴塔耶的哲学方法论中占据了主要地位,并与传统的概念式逻辑推演和知识体系构建形成了鲜明差异。

在彻底的唯物主义立场的基础上,巴塔耶以"耗费"为主轴重构了社会历史发展叙事,这可以看做是对历史唯物主义"生产"线索的一种回应。马克思采取的是一种"符合现实生活的考察方法",这种考察方法从"现实的前提"出发,这个前提是"处在现实的、可以通过经验观察到的、在一定条件下进行的发展过程中的人"。④ 对于这样的人来说,首先要面对的是他们自己的肉体组织及其与自然界的联系。马克思指出,正是人们所依赖的生活资料以及生产这些生活资料的过程,决定着人们的生活方式。"个人

① 参见俞吾金:《论两种不同的历史唯物主义概念》,《中国社会科学》1995年第6期。
② 《马克思恩格斯文集》第1卷,北京:人民出版社2009年版,第526页。
③ Georges Bataille. Œuvres Complètes. Ⅶ. Paris: Éditions Gallimard, 1976, p.22.
④ 《马克思恩格斯文集》第1卷,北京:人民出版社2009年版,第525页。

怎样表现他们自己的生命,他们自己就是怎样。因此,他们是什么样的,这同他们的生产是一致的——既和他们生产什么一致,又和他们怎样生产一致。"①这样就从现实生活"需要"开始,过渡到对于社会"生产"的关注。"生产"由此成为历史唯物主义考察社会历史、判别社会形态的一个重要维度。与此相比,巴塔耶虽然注重现实描述,但侧重点不是从人自身的视角看待肉体与自然的依赖关系,而是从自然的视角看待肉体本身具有的自然性质及其表现,揭示了不受理性控制的生命能量活动的现象。巴塔耶改写了社会生活中生产活动具有的重要地位,将其倒转为耗费活动在牵引和塑造着生产。在他看来,主动的失去才是人类活动的根本目的,生产和攫取都只是在为耗费和失去做准备。"交换这样的攫取方式,它可能的根源不是其如今要满足的获取的欲求,而是相反的破坏和失去的欲求。"②进而,与马克思主义以生产方式演进划分社会形态相对应,巴塔耶以消耗社会(例如阿兹特克人的献祭和战争、美洲西北部印第安人的夸富宴)、企业社会(例如伊斯兰教阿拉伯人的军事征服)、工业社会(例如欧洲宗教改革后的资本主义世界、苏联的工业化)等社会类型,建构了一套新的历史叙事。这种对历史叙事的重构,在视域上与历史唯物主义基本保持一致,都是从事实观察和现实描述出发勾勒人类历史发展的基本轮廓,在观点上则相互对应,以"耗费"来解释和涵盖"生产"。巴塔耶做出的这种思想演进,也可以理解为是对进入 20 世纪以后西方社会发展由生产主导开始转变为消费主导这一变化趋势的反映。

就理论背景而言,巴塔耶的考察方法与历史唯物主义都体现出了对形而上学传统的自觉批判。马克思主要针对的是当时德国的观念论传统及其呈现出来的意识形态纷争。马克思强调:"对现实的描述会使独立的哲学失去生存环境,能够取而代之的充其量不过是从对人类历史发展的考察中抽象出来的最一般的结果的概括。"③马克思所说的"对现实的描述",虽然看似平白浅显,却是奠基在德国古典哲学的基础上,特别是通过批判黑格尔的思辨哲学而得以完成的。与此类似,巴塔耶的卑微唯物主义则针对整个西方文化的理性传统进行了批判。哈贝马斯指出,巴塔耶继承尼采开创的理性批判并探讨了比理性更为本源的力量,"巴塔耶称之为反理性因素的大爆炸和失去界限的自我的迷狂行为"。④ 正如马克思不是从"观念"而是从"现实"出发一样,巴塔耶也不是从学院派的"知识"体系而是从"经验"出发的。这种经验涵盖了整体性的生存体验和普遍性的经验观察,以此为基础,巴塔耶进一步提出了"非知"、"反哲学"等特殊话语,表达了对理性、知识以至语言在哲学上的传统地位的颠覆。

尽管巴塔耶和马克思在与各自知识传统的关系上有类似的颠覆关系,但两者的思想内容毕竟具有鲜明的反差。马克思关注的是现实的人的"需要",巴塔耶则主要关注

① 《马克思恩格斯文集》第 1 卷,北京:人民出版社 2009 年版,第 520 页。
② Bataille. Œuvres Complètes. I , p.308.
③ 《马克思恩格斯文集》第 1 卷,北京:人民出版社 2009 年版,第 526 页。
④ [德]哈贝马斯:《现代性的哲学话语》,曹卫东等译,南京:译林出版社 2004 年版,第 116 页。

宇宙间生命能量的运行及其相对于有限个体的普遍"过剩";巴塔耶没有像马克思那样着眼于"生产"看待社会历史发展,而认为"耗费"比生产更为根本,是不同的耗费形式塑造了社会文明类型。巴塔耶虽然也进行长期的政治经济学研究,与马克思的《资本论》类似而写出了三卷本的《被诅咒的部分》,但他并没有像马克思那样,对商品、劳动、分工、再生产、利润等问题作出具体的分析,对劳动时间、剩余价值率等数据进行细致的计算,而是更多地进行了文学、人类学、社会心理学等方面的探索,对人的生命体验和生存方式进行了持续的反思。这些思想内容的明显差别,反映的是巴塔耶和马克思在思想路径上渐行渐远的微妙分歧。

三、卑微唯物主义与历史唯物主义的路径差异

马克思之所以能够从对现实的描述开始,揭示社会关系的隐藏秘密和社会历史的发展规律,凭借的是一种"抽象力"。马克思的考察方法并不是朴素的经验主义,而是在经验观察基础上运用抽象力去揭示那隐藏于"物"背后的社会关系。在《资本论》序言中,马克思做过清晰说明:政治经济学的研究方法不同于物理、化学的研究方法,"既不能用显微镜,也不能用化学试剂。二者必须用抽象力来代替。"[①]马克思能够意识到资本才是解开现代社会秘密的钥匙,应当在他的整个分析和阐述过程中占有最重要地位,显然不是依赖纯粹经验的方法,而必须依靠卓越的抽象力才能提炼形成。这种能从经验观察之物中脱离并把握其总体的抽象力,包含着一番从具体到抽象、从抽象到具体的过程。事实上,我们对于经验层面的个别事物也不可能就其自身进行理解,而只有置于一个处境之中,通过概念的网络加以把握,才能真正领会该事物的意义。商品、劳动、价值、货币、资本等概念,都是经过抽象得来的,这些概念作为抽象的结果又被运用于对资本主义社会的分析,才得出以剩余价值学说为核心的总体性判断。借助抽象力,才能形成这些概念以及概念织成的网络,并用这张概念之网来把握通过纯粹经验的方法得来的社会现实。这种从经验出发进行抽象再到达具体的过程,构成了马克思哲学方法论的主要环节。从事马克思研究的诺曼·莱文(Norman Levine)也正是在这个意义上指出:马克思是反经验主义的。[②] 这种抽象力,也意味着马克思与以往的哲学之间并不是隔绝关系,而是扬弃关系,其中包含着对黑格尔思辨哲学的批判性吸收。马克思受益于黑格尔,但马克思的创举在于,他将这种基于思辨体系的抽象力,运用于把握与黑格尔哲学不同的对象了,这个新的对象就是以纯粹经验方法得来的社会现实。

马克思通过抽象力揭示了经验观察物背后的社会关系,突出了对"社会性"和"物

---

① 《马克思恩格斯文集》第 5 卷,北京:人民出版社 2009 年版,第 8 页。

② [美]莱文:《不同的路径:马克思主义与恩格斯主义中的黑格尔》,臧峰宇译,北京:北京师范大学出版社 2009 年版,第 67 页。

象化"的关注。社会性体现了事物的社会本质。正如马克思所言:"黑人就是黑人。只有在一定的关系下,他才成为奴隶。纺纱机是纺棉花的机器。只有在一定的关系下,它才成为资本。"①资本实质上意味着一种社会生产关系,脱离了这种关系,资本就不成其为资本了。资本不仅包括生活资料、劳动工具和原料等具体有形的物,而还包括抽象的交换价值,包括透过物体现的、凝结在物之中的社会关系。马克思关注"社会性"的结果,就是不仅探讨物化(Verdinglichung),更揭示了物象化(Versachlichung)的秘密。物象化,指的是物获得了一种独立性、自动性的外观,成为人的标识,而人的存在则表象为物的存在,人与人之间的一定的社会关系,在人们面前采取了物与物之间关系的虚幻形式。物象化不同于物化,"物化只是表达人由物来呈现、表达的事实;而物象化则表明有形有状的物(Ding)只是表象,真实的本质隐藏在表象的背后,与无形无状之社会物(Sache)相关"。② 物象化意味着不仅认识到物化的客观事实,更进一步表明了已经批判性地看透了这种事实,不仅追求物的增长与丰富,而且更关注通过物的丰富来实现人的自由王国。可见,历史唯物主义并非停留在对现实的描述上,而是要求在看待经验之物的同时达到物象化的层面,在考察人与物的关系的同时深入到社会关系领域,从而看到内在于其中的社会历史发展趋势。

巴塔耶和马克思一致,也自觉批判形而上学、关注基础性事实,但是,他由此出发却通往了不同的理论方向。如果说马克思运用的是一种基于社会现实而向"上"的抽象力,那么,巴塔耶的思想努力则是一种基于生命体验而向"外"的僭越力。

在自称为"一部政治经济学著作"的《被诅咒的部分》中,巴塔耶对自己的思想方法进行了概要介绍。他强调不能"只见树木,不见森林",而要保持一种总体的视角,从这样的视角看来,整个世界上的生命都是融为一体的,任何事物都与宇宙具有难以真正分隔的联系。在此基础上,我们才能获得心灵的真正自由,而不必被恐惧和焦虑等强制性状态所拘束。③ 在这里,巴塔耶其实试图提供一种不受限制的视野,完成对传统经济学有限视野的突破,避免重复传统经济学家的工作,转而去关注作为整体的地球表面的能量运动。此外,针对以理性为根基的科学,巴塔耶指出,科学概念实际上无法把握鲜活的生命过程,总是落后于要把握的对象,因此,要展现一条新的思考路径。这一思考路径会保持与科学同样的严格性,并一以贯之地体现在那穷尽全部可能性的思想系统中,能够直面恐怖而不会土崩瓦解,能够探究可能性的极限而不会偷偷溜走。④ 这里的"直面恐怖"、"探究可能性的极限"等表述,清晰地表明了主导巴塔耶思想路径的向"外"的僭越力。巴塔耶最终想要达成的,是一种拥有自主性(souveraineté)的奇妙瞬间。这样的自主性不是知识的对象,而是让我们哭泣、抽噎、大哭的状态。它从根本上说是奇迹

---

① 《马克思恩格斯文集》第 1 卷,北京:人民出版社 2009 年版,第 723 页。
② 刘森林:《物、物化、物象化:马克思物论的新认识》,《高校理论战线》2012 年第 7 期。
③ Cf.Bataille.*Œuvres Complètes*.Ⅶ.1976,pp.22-23.
④ Cf.Georges Bataille.*Œuvres Complètes*.Ⅷ.Paris:Éditions Gallimard,1976,p.10.

(miracle)，是"不可能发生的事却发生了"，在奇迹中，我们的期望也落空了，但这恰好使我们得以从期望中解脱出来，而弃绝知识、不再期望的"非知"(nonsavoir)则成为巴塔耶通达自主性的重要方法。① 这些讨论，层层递进地展示了巴塔耶思想的僭越性。他依次突破了传统经济学、科学和知识的疆界，不再追求个体的自我持存和同一性，也不再像逻辑推演那样在时间、在话语中展开，而是不断地僭越规范，回归生命的丰盈和存在的连续性，直至达到了一种无预设前提的神秘体验。

四、结语：从卑微唯物主义到普遍经济学

"卑微唯物主义"是巴塔耶在 1930 年发表于《文献》(Documents)杂志上的一篇文章中提出的，文章的标题是《卑微唯物主义与诺斯》(Le bas materialism et la gnose)从这个标题不难看出，巴塔耶把思想的触角和资源引向了在西方精神传统上处于被压制地位的诺斯替主义。有学者指出，在巴塔耶早期的多篇文章中，都涉及对柏拉图以来西方哲学中一种倾向的挑战，这种倾向就是把善与"精神"相联系，把恶与"物质"相联系。② 通过从"诺斯"中汲取超越性的智慧，巴塔耶在尼采之后继续颠覆西方的道德谱系，进行价值重估和拓展，并进而形成了一种对物质宇宙的宏观运行规律的独特把握。

从卑微唯物主义出发，巴塔耶更多关注了人类自身的生存状态，特别是那些充满矛盾和迷狂的临界经验，并在追溯远古、放眼宇宙的宏阔视野中揭示了现代社会功利主义经济理性的有限性。巴塔耶最终展现了一种普遍经济学的理论构想，把恣肆汪洋的生存经验和宇宙间的生命能量循环作为连续整体，而把资本主义经济体系反衬为局部和特例。巴塔耶的卑微唯物主义追求一种直面基础物质的彻底性，这使他能够从物质宇宙浑然一体的生命能量出发，把理性、谋划和劳动解释为欲望的延迟和从自然连续性中暂时分划出来的片段。从卑微唯物主义到普遍经济学，巴塔耶修改了传统经济学关于资源稀缺的前提共识，扩展了经济学的含义，使之能够涵盖更为根本的人类和自然之间的物质冲突，也使我们能更加自觉地追求一种生命共同体意识和生态学理想，关注人类与其他生命、与自然的协调发展。

当然，从政治经济学的角度来看，这种普遍经济学的构想具有明显的局限性。其中最突出的问题，就在于它无法提供一种具有现实意义的批判策略和指导方案。"普遍经济提议一种正确的行动：美国的财富无偿向印度转移。"③但是，这种提议的可行性却很令人怀疑。即便拿历史上最接近普遍经济原则的马歇尔计划来说，美国之所以能将

① Bataille. *Œuvres Complètes*. Ⅷ, pp.256-258.

② Peter Tracey Connor. *Georges Bataille and the Mysticism of Sin*. Baltimore and London：The Johns Hopkins University Press, 2000, p.27.

③ ［法］乔治·巴塔耶：《被诅咒的部分》，刘云虹、胡陈尧译，南京：南京大学出版社 2019 年版，第 85 页。

产品赠送给欧洲,也与当时两极对立格局下的世界紧张局势密切相关。事实上,巴塔耶没有能够像历史唯物主义阐述历史规律和无产阶级革命那样,指出推动有限经济向普遍经济转换的客观趋势和真实力量,而他关于耗费和自主性的思想却反而在资本主义后现代发展阶段的消费主义、享乐主义那里很容易得到呼应。正如丹麦学者索文森所说:"他自认是极端的左派,但普遍经济学却并不如他期望的那样,可以提供一种可代替原则上有限的资本主义经济学的新理论。恰恰相反,资本主义要超越其意识形态的矛盾和限制而扩展,其所需要的原则正好是普遍经济学的诸种原则。"①这也许是巴塔耶始料未及的理论效应。

　　总体来看,相比于历史唯物主义对于社会关系的"物象化"分析,巴塔耶的卑微唯物主义并没有对物的社会性给予足够关注,也没有着力于进行现实社会关系批判,而是更直接地关系到"人的生存方式"这样的基本问题。巴塔耶借助法国社会学家和人类学家关于原始部落的研究,也曾认识到"礼物"是共同体精神纽带的承载,但是,这一认识却越过了对物的社会性分析而导向了精神性分析,成为对理性和生产进行批判的重要资源。这种精神批判的结果就是在"物化"层面上拆解资本主义经济背后以理性和功利性为主旨的精神结构,从人对于物的占有所导致的人受制于"物的秩序"的状态,还原到物我两忘的超然境界。巴塔耶建构了一种宏观的社会历史视域,但其主要目的却不是总结社会规律、变革社会结构,而是追求在生存状态上重获自主、不再奴性。相比于历史唯物主义指明人类历史的发展规律和无产阶级的历史使命,巴塔耶则走向了对人性自身的考察和对生存体验的探索,而其最终归宿则是带有空想色彩的以"自主性的瞬间"为标志的玄妙状态。

---

① ［丹］阿斯格·索文森:《论巴塔耶的普遍经济学》,李剑译,《国外理论动态》2012 年第 2 期。

当代中国哲学的现状与发展趋势

——从马克思主义哲学的观点看

吴 宁 孙 鲁①

内容提要：当代中国哲学主要包含马克思主义哲学、中国传统哲学和西方哲学，当代中国哲学在发展的过程中取得了一些成果，但也产生了三大部分之间的屏障、缺乏独特的话语体系和研究急功近利等问题。在巩固当代中国哲学成果的同时，必须着力解决哲学研究和社会现实中的突出问题，建构"马魂中体西用"三分归一的哲学理论体系，主动贴近生活实际，坚持问题导向，形成具有中国特色的标识性概念和范畴，推动当代中国哲学走向世界，走向更为深远的未来。

关键词：马克思主义哲学；中国传统哲学；西方哲学

当代中国哲学不是狭义上的当代中国哲学，而是存在于当代中国的哲学，是广义上的在当代中国的哲学。当代中国哲学大体上马（马克思主义哲学）、中（中国传统哲学）、西（西方哲学）三足鼎立，把当代中国哲学划分为马克思主义哲学、中国传统哲学、西方哲学，这样的划分很容易制造学科壁垒并把三者理解为竞争甚至对立的关系。三分归一是"马魂中体西用"的延伸，建构"马魂中体西用"三分归一的当代中国哲学体系已成为当今时代向中国提出的重大命题②。

一、当代中国需要哲学

中华民族的生存、发展和强盛离不开哲学，尤其当代中国正处于由富起来到强起来的新时代，社会发展也处于重要的战略变革期，当代中国哲学能够为个人幸福、国家富

---

① 吴宁（1966— ），女，安徽桐城人，上海师范大学马克思主义学院教授、博士生导师、哲学博士，研究方向：马克思主义基本理论。孙鲁（1992— ），男，山东济宁人，上海师范大学马克思主义学院硕士生，研究方向：国外马克思主义研究。

② 编者按："马魂、中体、西用"论是方克立先生于2006年提出的，其基本表述为"马学为魂，中学为体，西学为用，三流合一，综合创新"，旨在把马克思主义的指导思想地位、中国文化的主体地位和外来文化的"他山之石"地位三者有机地统一起来。详见方克立等著，谢青松编：《马魂中体西用——中国文化发展的现实道路》（北京：人民出版社2015年版）。

强和民族振兴指点迷津,具有灯塔式的指导性意义。在当代中国的发展趋势和社会背景之下,马克思主义哲学、中国传统哲学和西方哲学在社会传播与实践中既交锋又交流、交融,丰富了当代中国哲学宝库,也推动了中华民族和中国社会的发展。

中国传统哲学博大精深,给世界哲学添彩,但自宋明以后每况愈下,直至近代,西风东渐,我国学术先驱和仁人志士将目光转向国外,希望在西方哲学中找到中国问题的解决方案。中国传统哲学在近代被质疑甚至被"否定"的根本原因是近代以来中国综合国力衰弱,这种态度随着综合国力增强而逐渐消失。中国传统哲学肇始远古、自成体系,独树一帜于世界哲学之林,不仅能够自我修复、具有内生动力,而且兼容并蓄,彰显着顽强的生命力。孔子的"随心所欲而不逾矩"道出了古典"自由"之精髓,"克己复礼"之道和"理欲"之辨都强调节制私欲;中国传统哲学强调"一分为二"与"合二为一"的相互包含,西方哲学的"二元对立"却终难统一;中国传统哲学重视现实世界,而西方哲学重视区分此岸与彼岸。中国传统哲学造就了高度的民族文化认同,形成了强大的凝聚力;在当代,从道路自信、制度自信和理论自信到更为根本的文化自信,都折射出中国传统哲学的凝聚力、创造力。当代中国哲学要在世界舞台上赢得自己不可替代的重要位置,就不能脱离自己的文化传统和精神土壤。

在当代,中国传统哲学和马克思主义哲学相互补充,有可能实现同质同构、异质互补的视域融合。譬如,中国传统哲学重视人治而忽视法治,马克思主义哲学中的科学、民主、法治等精神很大程度上也正是中国传统哲学所欠缺的,按孔孟之道修养成的"内圣"开不出民主、法治的新"外王"。马克思主义哲学中国化不仅不能绕开中国传统哲学,而且要更加自觉地吸取中国传统哲学的精华。马克思主义哲学能够引领中国传统哲学源于马克思主义哲学的先进性,而中国传统哲学需要马克思主义哲学的当代引领源于中国传统哲学的创造性转化、创新性发展。马克思主义哲学与中国传统哲学的融合不是平起平坐的,这种不同地位的形成是历史选择和人民选择的结果。马克思主义哲学是中国共产党的世界观和方法论,毛泽东为我们党掌握和运用中国特色的马克思主义哲学树立了光辉典范,其中苏联哲学教科书体系既有历史局限性也发挥了积极作用。

建立具有世界意义的原创性的当代中国哲学,需要对博大精深、源远流长的西方哲学进行取长补短、去粗取精。西方哲学在中国的译介和研究也促进了中国的马克思主义哲学和中国传统哲学,正是通过对西方哲学的学习、研究、吸收、回应乃至批评,中国的马克思主义哲学和中国传统哲学不仅话语更丰富了,而且有了更强的适应性。当代中国哲学不是向西方哲学谋取合法性而是已经成为世界哲学的风向标,从合法性到风向标的转变表明当代中国哲学已经在对世界哲学作贡献了。

当代中国解决现代化过程中出现的时代难题需要哲学,确立正确的思维方法需要哲学,当代中国期望哲学引导思维方法变革和理论思路创新。现代化的核心是人的现代化,充分显示人的素质教育的重要性,而素质教育必须以哲学素养教育为核心,人的素质教育需要哲学。当代人面临重建精神家园的问题,重建人类精神家园需要哲学。伴随着中国国力增强、国际地位逐步提高,当代中国哲学在世界舞台上影响越来越突出,传播越来越广泛,21 世纪将成为当代中国哲学的世纪。

二、当代中国哲学的现状

当代中国哲学虽然已经取得不小的进步和成绩,但同时也存在一些问题和不足。当代中国哲学是在坎坷中前进的,20 世纪 50、60 年代,中国的哲学著述除了在个别部分有丰富、发展外,在体例、结构以及表述上基本上是苏联哲学,没有形成当代中国哲学的体系。苏联哲学教科书体系既有历史局限性,也发挥了积极作用。改革开放使中国迎来了哲学的春天,近年来在党和政府的正确引导下、在全体哲学工作者的奋发努力下,是当代中国哲学大发展的时期,当代中国哲学研究进入一个新的发展阶段。近年来当代中国哲学研究表现出了三大特点:首先,当代中国哲学研究向现实生活复归。当代中国哲学从高高在上的、由概念和原理推演而成的"象牙之塔"回到了现实生活,当代中国哲学的生命和现实生活连在一起。研究当代中国哲学的人充满责任感和使命感。其次,不同哲学之间的对话、交流与融合为当代中国哲学研究增添了新的活力。马克思主义哲学、中国传统哲学与西方哲学之间的对话使哲学研究的问题域大大拓展;哲学与其他人文社会科学、自然科学的对话孕育了一些新的理论生长点,如政治哲学、经济哲学、法哲学、管理哲学、生态哲学等。最后,对哲学的自我定位会对当代中国哲学产生重大影响。当代中国哲学总体上的现状是令人鼓舞的,当代中国哲学的对外传播已经取得了不小的进步和成绩,但不能仅仅看到当代中国哲学所取得的成绩,仅看到当代中国哲学所取得的成绩只会导致继续发展的动力缺乏以及"不进则退"的国际地位丧失。

当代中国哲学也存在一些问题和不足:第一,目前当代中国哲学的"马中西"格局的对话的过程和结果并不令人满意,对话更多的是浅表层而不是深层的,更多的是自说自话甚至形式大于内容。第二,当代中国哲学因画地为牢而形成马克思主义哲学、中国传统哲学、西方哲学三足鼎立的学科壁垒,导致了研究者眼界狭隘、思想僵化甚至在某些共同问题上缺少共同的话语。第三,当代中国哲学缺乏独特的哲学话语系统。时下流行的中国哲学研究有两种弊端:一种是用生搬硬套西方哲学概念范畴系统去附会中国传统哲学;另一种是不结合当代中国和世界的现实状况的考据式研究。有些中国哲学研究停留在以贩卖西方的新潮哲学流派的思想为荣、成为西方哲学思想的跑马场,而不能结合中国的时代语境和现实状况吸收其合理的养分,在"西强我弱"的话语格局中失去了"主心骨",成了西方哲学和价值观的"传声筒",实质上就是"丢了魂",这种状况值得警惕。在与西方哲学交流交融交锋过程中,"西方中心论"话语体系对我国学术界产生较大影响,致使一些人过分依赖西方哲学、耕了西方地荒了中国田,对当代中国发展的现实逻辑与中国问题缺乏全面深入系统的研究,没有真正形成当代中国哲学的概念范畴体系、话语体系和学术体系,没有真正构建起当代中国哲学的具有原创性、标识性的核心理论。我们有让世界知道的"舌尖上的中国",却没有让世界知道的"哲学上的中国"。第四,在市场经济浪潮的冲击下,人们把精力和时间更多地用在经济活动上,很多人离开了哲学阵地。当下中国人的急功近利的心态表现在当代中国哲学力图满足现实和吸引眼球,以急功近利的心态从事哲学研究,理论联系实际成了满足某个现实的目的,这是有害于当代中国哲学研究的。

三、当代中国哲学的发展趋势

当代中国哲学现状中存在的问题和不足需要探寻解决的方法、制定相应的对策,推动当代中国哲学的发展趋势从马中西三足鼎立转向三分归一为"马魂中体西用",马克思主义哲学是魂、中国传统哲学是体、西方哲学是用,以马克思主义哲学为灵魂、以中国传统哲学为主体、以西方哲学为我所用。突出马克思主义的指导地位和作用,即在世界观和方法论、在政治立场和价值导向上,要凸显马克思主义哲学对人文社会科学学科的领航作用,在思想方法和价值取向的深层次上体现马克思主义哲学的指导作用,这叫做以"马克思主义哲学为魂"。坚守中华文化立场,植根中国本土实践,弘扬中华民族主体性,其方法论原则就是"中国传统哲学为体(根)"。真正做到以中国传统哲学为体,就要立足中国本土实践,建立体现中国风格、中国气派、中国特色的话语方式、话语体系、学科学术体系和课程教材体系等,从而真正能够解释中国社会,推动中国社会健康发展、切实增进中国人民的福祉、巩固共产党的领导和执政地位、推动中国社会主义事业的兴旺发达。通过"中""西""马"三种哲学资源的比较与融通,以哲学自信来支撑理论自信、文化自信、道路自信和制度自信。马克思主义哲学、西方哲学对中国传统哲学的创造性转化、创新性发展作出了积极贡献,特别是对中国传统哲学的世界化、现代化产生了积极影响。"世界的哲学化同时也就是哲学的世界化,哲学的实现同时也就是它的丧失。"①在会通马克思主义哲学、中国传统哲学、西方哲学的基础上才可以谈论当代中国哲学的理论创造,进行马(马克思主义哲学)、中(中国传统哲学)、西(西方哲学)的深度对话才有可能建构当代中国哲学独特的话语系统和理论体系,融通古今中外,在中外交流中互补、在古今对话中共进,才能构建具有中国特色又能与世界对话的当代中国哲学学科体系、学术体系和话语体系。

中国社会的巨大变革呼唤新的当代中国哲学形态,新的当代中国哲学形态从中国五千年文明的发展史和马克思主义发展史以及现代欧美资本主义经济、政治、文化发展史中汲取很多有价值的思想资源。高素质的专业哲学队伍推动当代中国哲学的发展,从事马克思主义哲学、中国传统哲学与西方哲学的学者三支主力在近十几年来开始自

---

① 《马克思恩格斯全集》第 1 卷,北京:人民出版社 1995 年版,第 76 页。

觉地打破学科壁垒,把融通马中西作为历史赋予当代中国哲学的使命,逐步形成一支无论在水平还是在数量上都堪称世界一流的兼通"马中西"的专家队伍。进入 21 世纪后,马中西哲学从分立转变为三者的视域融合,充分地把握这一视域融合的优势,形成当代中国哲学独特的话语系统和理论体系是可以期待的。当代中国哲学创新必须融通好马克思主义哲学、中国传统哲学和西方哲学学术资源,构建有中国特色的哲学理论体系。在让西方哲学讲汉语的过程中,也在同时构建自己对哲学的时代性理解。当代中国哲学与西方哲学之间的对话越来越具有相互平视的特点,西方哲学不再被奉为圭臬或是"洋教条",而是成为当代中国哲学研究的必要参考性资源。

马克思主义走进当代中国面临的三个挑战:第一,马克思主义是科学,所以不存在中西之分,也不存在作为外来文化的马克思主义在本土文化发展起来之后如何继续存在的问题;第二,马克思主义是批判精神与建设原则的统一,既可以指导中国革命,也能够指导中国的实践和当今的现代化建设;第三,马克思主义既可以宏观指导国家发展,也可以成为每个人身体力行的基本指南。马克思主义要真正走进当代中国,不仅要把握世界趋势而且要立足于中国的现实国情。马克思主义的中国化、时代化、大众化要求用马克思主义的基本原理为指导解决时代的、中国的和人民大众面临的重大问题,这是马克思主义走进当代中国的最根本途径。马克思主义不仅是科学的真理,而且成为当代中国社会不可或缺的精神支柱或灵魂。习近平总书记在哲学社会科学工作会议上的讲话中引用《庄子·人间世》"夫道不欲杂,杂则多,多则扰,扰则忧,忧而不救",强调马克思主义是哲学社会科学必须坚持的大道,绝不能动摇其指导地位,否则哲学社会科学就会迷失方向,最终也不能发挥应有的作用。

马克思主义哲学在当代中国哲学中作为精神压舱石的作用会越来越重要,中国传统哲学、西方哲学、马克思主义哲学之间开放式对话以马克思主义哲学为指导,在对话中开掘理论资源,在问题自觉与理论自觉中破解社会主义市场经济中蕴含的自由、平等、公正、法治等现代性的问题。如果认为只有西方才有哲学,那是屈服于西方哲学的话语霸权。当代中国哲学研究不仅要直接回应和反驳西方哲学的批评和挑战,还要在与西方哲学的各种理论的对话和竞争中吸取其有益成果。几乎所有在西方有一定影响的哲学家都被马克思主义哲学方向的研究者加以专题讨论。但与西方哲学专业不同,马克思主义哲学专业的学位论文在讨论现代西方哲学家时,都有基于马克思主义哲学的评论。分析哲学和分析的马克思主义为当代中国哲学研究带来了更为精细的论证方式和说话方式,现象学和现象学的马克思主义给当代中国哲学带来了面向事情本身和本质直观的现象学方法,存在哲学和存在主义的马克思主义使当代中国哲学更加关注人的自由选择和生存论的优先地位,后现代主义哲学和后现代主义的马克思主义帮助当代中国哲学深入反思现代性的弊端及其超越路径,后形而上学思想有助于当代中国哲学更准确理解马克思哲学革命的现代意义,警惕绝对主义的思想独断和非此即彼的形而上学的思想恐怖,后马克思主义使当代中国哲学看到微观政治和生活政治的意义,当代欧洲左翼对金融资本、技术统治的批判以及对否定辩证法、启蒙辩证法的阐发使当代中国哲学从不同侧面看到马克思主义哲学的批判精神在当代的强大生命力。当代中国哲学研究最重要的贡献就是积极介入和引导社会思潮,用发展的理论引导人们坚持马克思主义的世界观和方法论,参与构筑中国人的精神家园,有力地支持了社会稳定,为我们党保持战略定力、坚持底线思维和生态文明建设提供了理论支撑。总之,当代中国哲学一方面坚持马克思主义哲学的基本原理和正确思想方向,另一方面在与现代西方哲学、中国传统哲学的对话和论争中不断充实与发展自身,从而为回答和解决中国社会主义现代化建设的现实问题提供了坚实的理论支撑。

习近平总书记 2016 年 5 月 17 日在哲学社会科学工作座谈会上的讲话和 2017 年 9 月 29 日在主持中共十八届中央政治局第四十三次集体学习时的讲话为当代中国哲学提供了根本遵循:

> 对国外的理论、概念、话语、方法,要有分析、有鉴别,适用的就拿来用,不适用的就不要生搬硬套。哲学社会科学要有批判精神,这是马克思主义最可贵的精神品质。①
>
> 对国外马克思主义研究新成果,我们要密切关注和研究,有分析、有鉴别,既不能采取一概排斥的态度,也不能搞全盘照搬。②

当代中国哲学要把哲学从哲学家的书斋里、课堂上解放出来,与民众的情感、生活相结合,变成人民群众的理论武器。如何处理群众与精英的关系是当代中国哲学发展的关键,群众迫切需要贴近生活实际的大众哲学。当代中国哲学虽然从与政治的密切联姻逐渐回归到了学术本位,但应该有助于经济发展、政治民主和文化进步,应该为政权建设和党的发展服务。只有理论联系实际、坚持问题导向,不断发现问题、分析问题、解答问题,才能在借鉴国内外研究成果的基础上不断推进当代哲学中国化、时代化、大众化。当代中国哲学要在哲学的现实性与超越性之间保持适度的张力,引导时代精神,关注现实问题并回答重大现实问题。

当代中国哲学必须提炼和形成具有中国特色的标识性概念和范畴,构建中国特色的哲学体系和话语体系。标识性概念和范畴构成了当代中国哲学话语走向世界的重要符号,是为国家代言、替百姓说话,是对实践经验沉淀、总结和升华的结果,是重大理论创新的突破口。习近平总书记在 2016 年 5 月 17 日的哲学社会科学座谈会上指出:

> 发挥我国哲学社会科学作用,要注意加强话语体系建设。

---

① 《习近平谈治国理政》第二卷,北京:外文出版社 2017 年版,第 341 页。
② 《习近平谈治国理政》第二卷,北京:外文出版社 2017 年版,第 67 页。

要善于提炼标识性概念,打造易于为国际社会所理解和接受的新概念、新范畴、新表述。①

推进国家治理体系和治理能力现代化,发展社会主义市场经济,发展社会主义民主政治,发展社会主义协商民主,建设中国特色社会主义法治体系,发展社会主义先进文化,培育和践行社会主义核心价值观,建设社会主义和谐社会,建设生态文明,构建开放型经济新体制,实施总体国家安全观,建设人类命运共同体,推进'一带一路'建设,坚持正确义利观,加强党的执政能力建设,坚持走中国特色强军之路、实现党在新形势下的强军目标等等,都是我们提出的具有原创性、时代性的概念和理论。②

当代中国哲学必须"不忘本来、吸收外来、面向未来",在与其他民族和国家的哲学交往与联系中不断发展,把中国视野和世界眼光有机地统一起来,既有中华文化的特殊性也有人类文化共有的普遍性,为中国问题与全球问题、中华文化与世界文化、中国马克思主义研究和国外马克思主义研究的对话、交流和合作创造积极条件。当代中国哲学要从中国的实践经验中提炼出规律性的系统化理论,融通中外、借鉴西方、立足中国,为更多的发展中国家发展和未来世界的发展提出中国方案、贡献中国价值和中国智慧。当代中国哲学要在时代发展中起到理论和思想的引领作用,关键是提高其理论的洞察力与预测力。凡事预则立,不预则废。预才会有理论自信、制度自信、道路自信和文化自信! 中国道路具有世界意义,是人间正道、是全人类的康庄大道,我们已经用行动证明它的科学性,我们还要用当代中国哲学向世界说明中国特色社会主义对人类文明多样性的独特贡献,用当代中国哲学回答中国问题,用中国话语解读中国道路、中国实践。

问题是创新的起点和动力,坚持问题导向应是当代中国哲学的鲜明特点。认真研究解决重大而紧迫的问题,紧密联系时代问题为纽带的学科融合为打通马克思主义哲学、中国传统哲学和西方哲学提供了可能。当代中国哲学要对新时代的新问题保持高度的敏锐性和深刻的感知力,把相关的思想资源挖掘出来,进行深入的研究,这样才能为新时代中国和人类社会的发展提供精神食粮、智慧启迪、方向引导和行为规约,从而创造真正属于新时代的中国文明,为世界增添积极能量,为人类开辟光明前景,提出具有主体性、原创性的理论观点,构建具有自身特质的学科体系、学术体系、话语体系,形成自己的特色和优势。深入分析和科学回答当代中国的重大实践与理论问题是发展当代中国哲学的必由之路。中国问题离不开世界问题,当代中国哲学必须具有全球胸怀,立足时代前沿,从全球问题出发考察中国问题,凸显中国问题的特殊性并在解决中国问题中生成当代中国哲学的世界意义。当代中国哲学应立足于中国实际问题,把自己的

---

① 《习近平谈治国理政》第二卷,北京:外文出版社 2017 年版,第 346 页。
② 《习近平谈治国理政》第二卷,北京:外文出版社 2017 年版,第 343 页。

眼光聚焦到新时代的问题上来,既面向新时代的中国和世界的历史发展,立足于中国和世界的现实;又面向中国和世界的未来,对这些问题进行深度研究和阐发,使之不仅具有中国价值,更向世界贡献中国智慧和中国方案。

当代中国哲学的世界化取决于其当代性、现实性与世界性,取决于能否帮助我们解决个体、家庭、组织、社会在日常中遇到的鲜活问题,取决于能否应对在现代化、市场化、网络化、全球化转型过程中的挑战,取决于能否认识自己的社会使命和责任就体现在中国特色社会主义伟大事业中。当代中国哲学必须聆听时代的声音、回应时代的呼唤。任何真正的哲学都是自己时代精神的精华,而哲学只有通过话语来表达自身思想内涵、反思时代发展,才能够成为时代精神的精华。对中国特色社会主义发展起指导性作用的马克思主义哲学更应当通过话语体系的建构,对当代的理论与实践予以反思阐释,为中国特色哲学社会科学发展指引方向,并在国际化的思想学术交流中,发出具有中国气派、中国风格的马克思主义"哲学好声音"。当代中国哲学会继续"走出去"与"请进来",不忘本来、吸收外来、开创未来、综合创新,在理论建设上突出"中国学派",在战略研究上彰显"中国意识",在社会引领上凸显"中国话语",在政策建言上形成"中国方案"。

参考文献:

[1]吴根友:《中国哲学的现状和发展趋势》,《福建日报》2016年第11期。

[2]邓惟佳:《中国哲学社会科学成果在国际核心期刊中的学术传播:现状与发展》,《品牌(下半月)》2015年第2期。

[3]谢地坤:《对话、融通与当代中国的哲学新开展》,《中国社会科学》2008年第5期。

[4]李荣海:《中国哲学的现状与发展趋势》,《许昌师专学报》1996年第3期。

[5]尉迟衡、刘军:《浅析中国哲学研究的现状及发展方向》,《中共长春市委党校学报》2005年第4期。

[6]陈伟礼:《当代中国哲学发展的大趋势》,《复旦学报》1989年第3期。

恩格斯嵌入式社会管理思想探析

[澳]罗兰·博尔（Roland Boer）/文　史海默/译*

内容提要：在恩格斯看来，国家是建立在阶级斗争基础上的分离的公共权力，在通过暴力推翻政权之后，还必须使用暴力来镇压反革命运动，并改变现有的生产方式和生产关系，然后国家权力的消亡才有可能发生。但在国家消亡之后，恩格斯提出的适当的社会管理方式是怎样的呢？本文将从恩格斯关于公共权力问题的论述入手，探究其失去政治性质后转为对物的管理和对经济发展的领导的过程。在此基础上，讨论"站在社会之中"的社会管理形式何以实现的问题，这就需要考察阶级斗争出现之前基础共产主义时期的社会运作方式及其辩证转化的可行性，进而理解恩格斯就社会管理问题所提出的可行性方案。

关键词：社会管理；公共权力；共产主义；基础共产主义

恩格斯（Friedrich Engels, 1820—1895）在 1888 年英文版的序言中提到，人类历史是一部阶级斗争的历史，但同时这句话也有一个重要的限定说明："因此人类的全部历史（从土地公有的原始氏族社会解体以来）都是阶级斗争的历史，即剥削阶级和被剥削阶级之间、统治阶级和被压迫阶级之间斗争的历史"[1]。换言之，在阶级斗争开始之前，有很长一段时间的基础共产主义（Baseline Communism）时期需要被瓦解[2]。如果没有阶级斗争，就不会有恩格斯所定义的国家，因此国家是建立在阶级斗争的基础之上的。在论述了国家消亡的必然性之后，恩格斯试图为无产阶级政权的社会管理寻找可行性方案。本文详细地研究恩格斯对于社会管理问题的每一项提议，但很明显无论管理以何种形式实现，都不会是恩格斯所定义的那种国家——一种分离的"公共权力（öffentlicheGewalt）"。它将是一种非政治化的社会和经济管理形式并致力于维护所有人的共同利益。

＊　罗兰·博尔（Roland Boer），澳大利亚纽卡斯尔大学教授。史海默，中国人民大学博士生。本文以中文翻译的形式首次发表。

① 《马克思恩格斯文集》第 2 卷，北京：人民出版社 2009 年版，第 14 页；Friedrich Engels, "Preface to the English Edition of the 'Manifesto of the Communist Party'". MEGA I.31, p.120.

② 在笔者看来，基础共产主义是一个比"原始"共产主义更恰当的术语。

一、公共权力、政治性质和对物的管理

恩格斯关于公共权力问题的论述所涉及的重要文本是《共产党宣言》。在文中我们能找到这样一段话："当阶级差别在发展进程中已经消失而全部生产集中在联合起来的个人的手里的时候，公共权力就失去政治性质。"①这里需要指出的第一点是，恩格斯将国家定义为"分离的公共权力"。这其中的关键问题在于什么是分离的，什么不是。根据恩格斯的定义，国家是由它与社会的分离所决定的。

第二点公共权力显然也可以是未分离的。在这个问题上，马克思在《哥达纲领批判》中的表述与此略有不同——恩格斯确保了这个文本在与德国社会民主党温和派的斗争期间顺利出版。马克思在那里提到，"在共产主义社会中国家制度会发生怎样的变化呢？换句话说，那时有哪些同现在的国家职能相类似的社会职能保留下来呢？"②显然，社会职能将继续存在，还有那些与我们熟悉的职能相类似的职能也将被保留。③ 事实上，这就是恩格斯在几年前曾说过的"公共职能"失去了他们的"政治性质"④。显然，社会职能、公共职能或公共权力将继续存在。那么如何存在呢？ 在实行无产阶级专政的初级阶段它们不会起太多的作用，这一阶段的主要目标是镇压反革命，促使社会经济结构发生重大变革，但这些职能的作用将在高级阶段开始显现，那时必要的初步任务已经完成，阶级斗争已经消失。正是在这个时候，公共权力或者社会职能将作为整体而非分离的来发挥作用。这一点，我将会在下面关于管理职能需"站在社会之中"的论述中详细分析。

第三点让我们回到恩格斯对国家的定义。到目前为止，我们提到了国家被界定为一种分离的公共权力以及建立一种未分离的公共权力的可能性。但是，正如这些逻辑紧密的论述所表明的那样，国家是由其政治性质所决定的。关于这一点最清晰的表述出现在恩格斯的关键著作《论权威》中，这本书最初是在与无政府主义者们（他们在意大利很受欢迎）及他们推行"反权威主义"的斗争中以意大利语出版的。恩格斯在文中指出："所有的社会主义者都认为，政治国家以及政治权威将由于未来的社会革命而消失，这就是说，公共职能将失去其政治性质。"⑤国家，确切地说，是"政治国家"，其定义

---

① 《马克思恩格斯文集》第 2 卷，北京：人民出版社 2009 年版，第 53 页；参见 Marx, Karl, and Friedrich Engels. 1848d¹. 'Debatte über die bisherige Ablösungsgesetzgebung'. MEW 5, p.482; 1848e¹. 'The Manifesto of the Communist Party'. MECW 6, p.505.

② 《马克思恩格斯文集》第 3 卷，北京：人民出版社 2009 年版，第 444—445 页；Marx, Karl. 1875e. 'Kritik des Gothaer Programms'. MEGA I.25, 21-22; 1875f. 'Critique of the Gotha Programme'. MECW 24, p.95.

③ 马克思继续解释，他（和恩格斯）拒绝提供更多有关未来共产主义的细节的原因是在他们看来这个问题"只能用科学的方法来回答"。

④ 参见《马克思恩格斯文集》第 3 卷，北京：人民出版社 2009 年版，第 338 页。

⑤ 《马克思恩格斯文集》第 3 卷，北京：人民出版社 2009 年版，第 338 页；Friedrich Engels. 1873c. 'Dell'Autorità'. MEGA I.24, p.86; 1873e 'On Authority'. MECW 23, p.425.

不仅在于它与社会的分离,还在于它的政治权威,或者如恩格斯重新表述的那样,在于它的政治性质。然而,与公共权力不同的是,没有国家,政治性质就不复存在;它与国家紧密相连。但是,究竟什么是政治性质?

答案很简单:恩格斯和马克思①所说的政治性质,都是指阶级斗争这样一种现实状况及其在国家中的表现。因此,他们在《共产党宣言》中提到国家这个公共权力的政治特性时,指出:"原来意义上的政治权力,是一个阶级用以压迫另一个阶级的有组织的暴力。"②因此,如果公共权力失去了它的政治特性,它就不再是阶级斗争的表现形式和工具,也就不再是压迫的工具。显然,公共权力并不是一定要与社会相分离,因为它可以采取其他形式。

这一论述看似简单,但却具有深远的影响。至少在这个问题上,马克思提供了一些线索,在《法兰西内战》的定稿中,他用英语写道,警察被"免除了政治职能,而变为公社的承担责任的、随时可以罢免的工作人员",并且"其他各行政部门的官员也是一样"。③ 关于这一问题马克思并没再多赘述,但鉴于政治性质(这里指"属性")会导致阶级斗争的出现,那么我们可以这样理解,即警察不再是一个压迫阶级的工具,不再执行那个阶级所制定的法律。最重要的是,警察和其他所有必要的官员将继续留在公社,但他们并没有上述的"政治属性"。马克思继续指出,"不仅城市的管理,而且连先前由国家行使的全部创议权也都转归公社"④,恩格斯在 1891 年为《法兰西内战》所写的导言中,对这些观点做了进一步的论述。在他看来,这些措施——和其他措施一起——有效地去掉了旧的国家一些职能,是无产阶级专政的明显表现。当然,这些早期的尝试性措施无论如何都不会一直持续下去。⑤

马克思提供的第二个线索更加耐人寻味。他在对巴枯宁《国家制度和无政府状态》所做的晦涩的摘要中,提到了一种非政治性的选举。但这何以可能呢?选举本身不就是带有政治性的吗?对于那些受到西方自由主义传统灌输的人来说的确如此。在西方自由主义传统中,选举是资产阶级国家用以缓和阶级冲突的措施。所以,让我们来看看马克思关于这一问题非常简略的论述,他首先指出,选举的性质取决于"经济基础(ökonomischenGrundlage)",取决于"选民之间的经济联系(ökonomischen-

----

① 在笔者看来,恩格斯在对这些问题的论述上非常重要,因此本文把人们通常谈论到他们的合著时所提及两人名字的顺序做了颠倒,将"马克思和恩格斯"改为"恩格斯和马克思"。

② 《马克思恩格斯文集》第 3 卷,北京:人民出版社 2009 年版,第 53 页;参见 Karl Marx and Friedrich Engels. 1848d¹. 'Manifest der KommunistischenPartei'. MEW 4, p.482; 1848e¹ 'The Manifesto of the Communist Party'. MECW 6, p.505.

③ 《马克思恩格斯文集》第 3 卷,北京:人民出版社 2009 年版,第 154 页;Karl Marx. 1871c. 'The Civil War in France(Third Draft)'. MEGA I.22, p.139.

④ 《马克思恩格斯文集》第 3 卷,北京:人民出版社 2009 年版,第 155 页;Karl Marx. 1871c. 'The Civil War in France(Third Draft)'. MEGA I.22, p140.

⑤ 参见《马克思恩格斯选集》第 3 卷,北京:人民出版社 2012 年版,第 54—56 页。

Zusammenhängen)"，也就是说，如果经济关系是对立的，如果阶级已经形成，并且正在进行阶级斗争，那么选举就是"政治性的"。如果这种情况不适用，经济关系不是对立的，情况会是怎样的呢？"职能不再是政治职能"。然后，马克思详细说明了他使用"政治"的意义，或者更确切地说，政治缺失的意义。第一，"政府职能便不再存在了"。这里使用的是"ruling"这个术语，它包含在"Regierung（统治）"这个较强的语义场之中，而没有使用"government"或者"administration"这种语意较弱的术语，因为它们不能很好地体现马克思的原意。第二，"一般职能的分配便具有了事务性质（Geschäftssache）并且不会产生任何统治（keineHerrschaft）"，这里马克思所指的不是无产阶级专政初期，而是对抗性矛盾消除以后的时期。现在我们来看第三点，他说："选举将完全丧失它目前的政治性质。"①如果政治性质意味着资产阶级国家及其选举制度所特有的对抗性经济关系和阶级冲突，那么没有这样的限制，选举将会失去其政治性质——这一举措不仅在马克思时代中那些西欧的资产阶级国家中逐步贯彻实施，世界其他受西方自由主义传统影响的地方也是如此——无论是欧洲还是它们的前殖民地。

鉴于国家权力逐渐失去其政治性质，那么它变为对物的管理和对生产领导的这种观点则非常清晰。然而，与之前的论述相比，恩格斯对"物的管理"这个术语的使用相对较晚，它出现在1870年以后。例如，在《所谓国际内部的分裂》中，恩格斯和马克思指出："政府职能就会变成简单的管理职能"②。而最著名和最有影响力的论述出现在恩格斯的《反杜林论》中："国家政权对社会关系的干预在各个领域中将先后成为多余的事情而自行停止下来。那时，对人的统治（der RegierungüberMenschen）将由对物的管理和对生产过程的领导所代替"③。再一次，我们可以注意到"Regierung"这个词被翻译为"统治"而非"管理"，因为这个德语"Regierung"——包括统治和命令——比听起来更中立的"管理"具有着更强硬的语意。这一强硬的语意是由"über"这个词语（有"高于……或在……之上"的意思）体现的。因此，在恩格斯看来，未来的社会治理是用对"物"的管理，特别是对生产过程或经济基础的领导取代了国家的"统治"。

这里有段话——"对人的统治将由对物的管理和对生产过程的领导所代替"——的历史背景需要我们注意。在1822年，年轻的奥古斯特·孔德（Auguste Comte）曾说

① 参见《马克思恩格斯文集》第3卷，北京：人民出版社2009年版，第406页；Karl Marx. 1875a. 'Konspekt von Bakunins Buch "Staatlichkeit und Anarchie"'. MEW 18, p.635; 1875b 'Notes on Bakunin's Book Statehood and Anarchy'. MECW 24, pp.519-520.

② 《马克思恩格斯全集》第18卷，北京：人民出版社1964年版，第53页；参见Friedrich Engels. 1872a. 'Briefeaus London I；Der Streik der englischenLandarbeiter'. MEW 18, pp.49-50; 1872b. 'Letters from London I: The English Agricultural Labourers' Strike'. MECW 23, p.121.

③ 《马克思恩格斯文集》第9卷，北京：人民出版社2009年版，第297页；参见Friedrich Engels. 1894c. 'Herrn Eugen DühringsUmwälzung der Wissenschaft. 3. Auflage'. MEGA I. 27, p.535; 1878b. 'Anti-Dühring: Herr Eugen Dühring's Revolution in Science'. MECW 25, p.268.

过，"对人的管理将代之以对物的管理"。虽然这句话常被认为是出自孔德的老师克劳德·昂利·圣西门（Henri de Saint-Simon）之口，但这种简明的语句的确是孔德的风格。圣西门也表达了同样的思想，但措辞并不像孔德那样简洁，他最著名论述出现在《给一个美国人的信》中："政治学就是关于生产的科学，也就是目的在于建立最有利于各种生产的事物秩序的科学"①。孔德认为，圣西门的提议构成了真正的主权法律，因为这源于人类组织的本性并最终克服了君权神授的专断性。圣西门在其论述中主张重视实业家的核心作用，因为他们能更好地对财政和社会生活提供最有效的管理。事实上，对圣西门来说，"生产的科学"最符合人类共同存在的现实。只有将政府管理和政治权力集中起来采取必要行动，用以促进工业发展，满足工人的需求，才能建立一个真正自由的社会。他继续指出，我们唯一的愿望就是促进和阐明"事物的必然进程（la marchenécessaire des choses）"②。

这里需要强调的是，以上观点是由圣西门而非孔德提出的。因此，恩格斯在《反杜林论》中提到了圣西门，尤其是《给一个美国人的信》中的内容：

> 在1816年，圣西门宣布政治是关于生产的科学，并且预言政治将完全融化在经济中。如果说经济状况是政治制度的基础这样的认识在这里仅仅以萌芽状态表现出来，那么对人的政治统治应当变成对物的管理（Verwaltung）和对生产过程的领导（Leitung）这种思想。③

值得注意的是，恩格斯在这里谨慎地指出圣西门提倡"生产的科学"，而没有提到"物的管理"。但是圣西门提供了关于这一思想的雏形或"种子"。在恩格斯那里，关于这一问题有了更完整的表述——由于公共权力失去了它的政治特性转而变成对物的管理（因此国家政权对于社会关系的干预将"自行停止下来"）。如前所述，德语中"Regierung"的语意更强，它带有统治和命令的意味；因此恩格斯没用这个词来表示对物（Sachen）或事物（Dingen）的管理，而是用语意更倾向于管理和经营的"Verwaltung"这个术语。至于"Sachen"和"Dingen"，即生活的必需品，或与人类生存有关的事情或事物

---

① 《圣西门选集》上卷，北京：商务印书馆1962年版，第211页；Saint-Simon, Henri de. 1816. 'Correspondance politique et philosophique. Lettres de H. Saint-Simon a un Américain'. In OEuvres de Saint-Simon, Vol. 2, p. 189.

② 参见《圣西门选集》上卷，北京：商务印书馆1962年版，第199—200页；Saint-Simon, Henri de. 1816. 'Correspondance politique et philosophique. Lettres de H. Saint-Simon a un Américain'. In OEuvres de Saint-Simon, Vol. 2, p. 166.

③ 《马克思恩格斯文集》第9卷，北京：人民出版社2009年版，第275页；参见 Friedrich Engels. 1878a. 'Herrn Eugen Dührings Umwälzung der Wissenschaft (Anti-Dühring)'. MEGA I. 27, p. 428; 1878b 'Anti-Dühring: Herr Eugen Dühring's Revolution in Science'. MECW 25, pp. 246-247.

问题,自由主义者们——无论是保守派、中间派或马克思主义者们①——已经迫不及待地在这其中去探究"极权主义"思想的起源。在恩格斯、马克思、列宁等人的著作中,他们谴责所谓的专家治国论,即把人变成"物"(物化)的治理形式,而"斯大林主义"就是这种治理形式的终极象征。但是,通过政治的方式来关注人们的生活不是更好吗?即使这样的政治性质从根本上是与人相对立的。这种质疑基于对恩格斯所拥护的这句话的蓄意误读:它不是把人当作"物"来管理,而是为了"真正社会利益"来管理生活中的各项事务。我们可以在恩格斯的《论权威》一书中找到这句话:

> 有的社会主义者认为,政治国家以及政治权威将由于未来的社会革命而消失,这就是说,公共职能将失去其政治性质,而变为维护真正社会利益的简单的管理职能。②

可以看出,恩格斯所强调的是关注和捍卫真正的社会利益,后来的德文版本是:"die wahrensozialenInteressenhüten"③。这便是对物的管理和对生产过程的领导的意义。除了意大利语、德语和英语的版本之外,汉语将其翻译为:"维护社会利益。"恩格斯所论述的公共权力其意义在于维护社会利益。它与另一个中文术语密切相关,即"共同体服务",为社会和共同体服务。"共同体"这个词是根据恩格斯和马克思的著作翻译过来的。这个概念在《德意志意识形态》中体现得尤为明显。"共同体"是对"Gemein-schaft"和"Gemeinwesen"这两个术语的中文翻译。但是这其中的关键是"服务",它意味着为整个社会或集体服务。对于恩格斯和马克思来说,这正是去政治化的含义,公共权力没有了政治性质:它便为集体的公共利益服务。

下面我将举出两个例子:在资产阶级国家或自由主义国家中,由西方自由主义的对抗性政治传统所决定的社会和经济生活的大部分特征都被政治化了。想想这些国家中的教育、气候政策、难民、社会救济(如果不考虑移民本身的问题)、健康或经济政策等问题,这样的例子不胜枚举,但每个政党都会有不同的政策,这些问题也一直被他们当做"政治足球"。在执政党发生变化后,继任者会花大量时间来撤销前执政党的一系列

---

① 这里我借用了伊曼纽尔·莫里斯·沃勒斯坦(Immanuel Maurice Wallerstein)的划分方式,他指出,随着"中间派自由主义"在相对较小但占主导地位的西方世界取得胜利,保守派、自由派本身和西方社会主义者都在自由主义范式下从事研究。

② 《马克思恩格斯文集》第 3 卷,北京:人民出版社 2009 年版,第 338 页;参见 Friedrich Engels.1873c.'Dell' Autorità'.MEGA I.24,p.86;1873e.'On Authority'.MECW 23,p.425. 原文是:All socialists are agreed that the political state [Stato politico],and with it political authority [l'autoritàpolitica],will disappear [scompariranno] as a result of the coming social revolution,that is,that public functions [funzionipubbliche] will lose their political character [carattere politico] and be transformed into the simple administrative functions of watching over the true interests of society [semplicifunzioniamministrative, veglianti ai veriinteressisociali].

③ Friedrich Engels.1873d.'Von der Autorität'.MEW 18,p.308.

政治举措,其结果是不断地在一些政策上改来改去,而在根本性的问题上不作为。但如果社会和经济生活失去了它们的政治,如果社会中各个领域的考察是根据实际和详细的科学研究来进行的,即充分考虑所有人的利益,制定适当的政策,并根据之后的实际情况对政策加以调整,那么社会将会发生怎样的变化?下面的例子是我在中国观察到的情况。首先是中国全面的扶贫计划,这个计划已实施 40 多年。根据 2018 年世界银行发布的分析报告显示,超过 8.5 亿的中国人摆脱了贫困,中国对全球减贫的贡献率超过 70%。我写这篇文章的时候,该计划的目标是在 2020 年底消除绝对贫困。我的第二个例子是中国对 55 个少数民族的优惠政策。从经济发展到文化和语言的教育的政策制定都是基于这样一个理念,即民族区域自治的特性是中国统一的基础。这些事例充分地说明,恩格斯和马克思提出的建议是切实可行的。

二、立足于社会之中

这部分我们主要讨论恩格斯所说的社会管理需要"站在社会之中(stehteben mitten in der Gesellschaft)"这一问题。对这一概念的理解,需要重点考察恩格斯后期的著作,从历史人类学的角度提取其关键的哲学见解。但我将先从对《反杜林论》的考察中开始我的论述。在《反杜林论》中,恩格斯论述了阶级冲突和压迫的终结,无政府主义的终结以及导致这些冲突的生产矛盾。在这里,恩格斯指出,国家这种特殊的镇压力量不再需要了。这其中有两句话值得我们注意:他提到,国家所采取的"最后一个独立行动"是占有生产资料,然后,国家政权对社会关系的干预将成为多余的事情而"自行停止下来(schläftdann von selbstein)"①。在这个简明而有力的论述中,国家的独立性正在衰退,越来越不能干涉或干预社会。在这种描述的背后,是恩格斯关于国家这个分离的公共权力的整个理论;作为这样一个"独立"的权力,它唯一的介入方式就是"干预"——就像我们今天在资产阶级国家中发现的那样,国家始终在干预经济或"公民社会"。然而,这里的重点是在恩格斯的叙述中,我们看到了这种分离的结束,但最终呈现出来的未来社会样态并不是一个未分离的国家,因为对于国家这样一个实体来说——用恩格斯的话来说——"未分离的国家"是一种矛盾的说法。那未来的社会形态会是怎样的呢?

为了回答这个问题,我将恩格斯对称之为"前国家"的社会形态做详细分析,在《家庭、私有制和国家的起源》中,他的结论简明扼要。在这种社会组织形式中,"氏族制度的机关(Organe der Gentilverfassung)"和"氏族社会的全部机构(Organe der Gentilgesell-

---

① 参见《马克思恩格斯文集》第 9 卷,北京:人民出版社 2009 年版,第 297—298 页;Friedrich Engels. 1894c.'Herrn Eugen Dührings Umwälzung der Wissenschaft.3. Auflage'.MEGA I.27,pp.534-535.

schaft)"都是"站在社会之中"的。① 恩格斯所说的"氏族",也可以理解为是部落或是亲属关系。恩格斯得到这个结论需要更多的工作,但我不想再重复恩格斯文本的叙事结构,而是在恩格斯关于"前国家"的三个社会时期——易洛魁人②,古雅典和古罗马,然后是德国的情况。——对各项事务管理方式的论述中,确定这些社会组织的关键特征。

恩格斯试图寻找一种"非国家"的"社会组织"。这个"社会组织"经历了许多漫长的阶段,我稍后将讨论德国的情况,现在我先集中考察恩格斯关于易洛魁人,以及古希腊和古罗马的论述材料。这种社会组织是建立在氏族、胞族、部落和联盟之间的区别之上的,它有以下几个主要特征。③

第一,它具有多层级的议事会(Rat),在氏族的最低一级,该议事会是代议制,由较低级别的领导人组成。尽管由上级议事会作出最终决定,但在这里,氏族和部落的所有成员都能表达意见。然而,在希腊、罗马和德国,部落议会已经有了贵族的成分,但是它们还受制于人民大会,在那里他们拥有重要的决策权并且每个人都有权利在他所谓的"自然形成的民主制"中发言和投票。事实上,这种民主也可以被称为"基本民主",是人类历史上五种民主形式中最早的一种。

第二,举行选举。它们的选举在氏族层面上是直接的,在部落和联盟层面上是间接的(在希腊的部落层面上是直接的)。换句话说,从氏族选出的代表是为了反映氏族在部落理事会中的利益,间接选出的联盟理事会代表也是如此。举行选举主要是为了选出领导人,但也就一些其他事项进行投票。

第三,联盟的领导层不仅由选举决定,同时也可以被罢免。关于这一特征恩格斯在对易洛魁人的考察中得到了最完整的描述,在那里的氏族中会有一个"平时的首脑"或称为"酋长"(参照希腊执政官和罗马元首),一个"军事领袖"以及"信仰守护人"。对于较大的部落,可以选举一个临时的"酋帅",但他拥有有限的临时权力。而在联盟中,虽然恩格斯极力强调,"联盟没有一长制首长,即没有主掌执行权的首脑"④(否则它就太像一个国家了),但他也提到了联盟会选举两名"最高军事首长"。这与希腊的巴赛勒斯和罗马的勒克斯作为被选出的军事首长一样;他们行使祭司和司法职能,但没有统治或指挥的权力。最后作出决定的权力掌握在不同级别的相对民主的议事会手中,但是恩格斯注意到这样一种趋势——尤其是在德国——军事领袖通过不断增加常备军来积累权力,这将成为君主制的基础。

第四,各项职能的管理是由这些不同层级的"社会组织"承担的。除了战争和共同

---

① 参见《马克思恩格斯文集》第4卷,北京:人民出版社2009年版,第191页;Friedrich Engels.1892a. Der Ursprung der Familie,des Privateigentums und des Staats.MEGA I.29,p.265.

② 基于刘易斯·亨利·摩尔根(Lewis Henry Morgan)的研究。

③ 以下论述(包括引文)摘自《家庭、私有财产和国家的起源》中论述易洛魁人、希腊人、罗马人、凯尔特人和日耳曼人的相关章节。

④ 参见《马克思恩格斯文集》第4卷,北京:人民出版社2009年版,第109页。

守护部落或氏族免受侵略的职能外,还包括以下职能:通过分配和重新分配的机制共同管理土地;颁布道德准则和社会规范;使用包含"权利"的特定名称;制定公开演讲的规范(在议事会上);复杂的丧葬习俗;制定法和继承法;用更合适的方式通过调节来保护民众和制止不正当的报复行为;宗教的职能;以及文化活动。在这里要补充的是——在部落层面——领土完整问题,各个部落间有明显的中立地带,组成部落的各个氏族在语言上也存在共性。联盟也可以根据各部落的方言设定共同语言。

显然,这些"非国家"的社会形式拥有复杂的组织结构,包括直接和间接的选举、不同级别的议事会、选举产生的领导以及重要的行政任务。恩格斯谨慎地避免以任何方式将这些社会形式描述为一种"国家",一种脱离社会的权力,一种阶级斗争的表达和手段。但恩格斯在谈到氏族的议事会时曾指出,"总之,它是氏族的最高权力机关(sovereign power[souveräneGewalt])"①。针对这句话中的"最高权力机关",有人可能会提出异议:这难道不是国家的术语吗?如果我们关注恩格斯是如何论述"议事会(Rat)"的,我们就不会这样认为。它是一个具有各种职能的民主议会,其选出的领导人在部落和议会一级代表氏族。更重要的是,这种治理方式与人民是分不开的,是一种"自然形成的民主制(demokratischeVersammlung)"。在这里,没有分离,没有凌驾于人民之上的"公共权力"。

三、基础共产主义的扬弃

上述提到的这部历史著作所体现的哲学原则是:提及的这些社会组织形式都是"站在社会之中"的;这种社会组织以某种方式嵌入在集体之中,以至于"国家"和"社会"不能被视为两个相分离的实体。但恩格斯在19世纪80年代所做的这些研究其目的是什么呢?答案是恩格斯试图寻求一种"扬弃(Aufhebung)",一种对这种基础共产主义的辩证转化。简言之,恩格斯所设想的未来,建设共产主义社会和经济制度,并不需要毁灭旧世界和一个全新的开始(正如无政府主义者们常说的那样);相反,它将涉及人类历史早期阶段的辩证转化。这种扬弃并不是保守的乌托邦主义者和宗教梦想家所钟爱的神话般的黄金时代的复苏,而是彻底的否定并使其转化为一个全新的实体。

恩格斯的这种想法是源于他对19世纪80年代欧洲,尤其是德国历史的深入研究。恩格斯试图从最早期(罗马)的历史入手,对德国的历史展开历史唯物主义分析,他对前国家社会形式的形成或基础共产主义特别感兴趣。虽然关于这些问题的结论已出现在《家庭、私有制和国家的起源》这部著作中,但仍有很多工作并未完成,并以草稿和注释的形式存在。并非所有的这些材料都与我所要论述的问题相关,但这其中有一篇未

---

① 《马克思恩格斯文集》第4卷,北京:人民出版社2009年版,第102页;参见 Friedrich Engels.1892a. Der Ursprung der Familie,des Privateigentums und des Staats.MEGA I.29,p.198;1892b.The Origin of the Family, Private Property and the State.In the Light of the Researches by Lewis H.Morgan.MECW 26,p.194.

完成的手稿值得我们注意：恩格斯写于 1882 年的《马尔克》(The Mark)，它在同年被添加到《社会主义从空想到科学的发展》这本书中。

这部手稿的论述目的是提供一个"简短的历史梗概"以说明德国农民如何逐渐失去对其土地的集体主权，以及如何恢复这种主权。这部手稿对德国历史的考察从集体所有制时期开始，随着德国部落向东迁移，贯穿了罗马、中世纪（加洛林王朝）和早期现代资本主义时期。然而，这篇文章叙述风格绝不是一种线性的描述，不是在讲述一个不断陷入更大的奴役和剥削的故事。相反，这种描述有两个紧密相关的方面：一方面是私人财产的缓慢扩张、债务问题和农民权利的丧失；另一方面是马尔克的实践和设想在德国人的意识中根深蒂固，无法根除。恩格斯将改造这种实践当做自己的任务。

他首先确立了两个历史事实：民族按亲属关系的划分和土地公有制。前者决定生活方式，后者决定生产方式和生产关系。那么这意味着什么呢？让我们首先考察土地分配问题：由于土地共有，它的可耕地将根据土壤质量和各部族单位耕种土壤的能力定期（通常是每年）分配。根据从恩格斯那个年代以来的大量研究，我们现在知道，这样一个农业经济组织确实有一个古老的"血统"。这种分配方式是由社会决定的，关注的是劳动力，而不是土地，注重资源优化利用，为生存而规避风险，共同占有田间收益，乡村社区与亲属关系紧密相连，将经济重心集中在劳动力和产品的再分配上，而非为了利润而开采。虽然具体情况可能因当地的做法而有所不同，例如重新分配的时间范围和村社的规模，但它们具有的一致性是显著的。恩格斯根据已掌握的材料简要论述了这种实践探索，这其中包括对古老的苏维汇部落(Suevi tribal group)，19 世纪早期的莱茵普法尔茨(Rhine-Palatinate)，甚至是他所在的摩泽尔河沿岸(Moselle)和霍赫瓦尔德山区(Hochwald)的考察。在德国以外的地方，恩格斯把印度、俄国和爱尔兰也加入了他的这份名单之中。但根据后来的大量研究，这些实践也在中世纪的欧洲、17 世纪的北美、1873 年以前的日本、俄罗斯、马格里布、前奥斯曼帝国和奥斯曼帝国时期、1958 年革命前的伊拉克以及 20 世纪的大叙利亚和希腊等地被发现。

尽管如此，恩格斯特别感兴趣的还是德国的马尔克(Mark)，它似乎对最初的公共土地共享这种实践作出了修正。最初，他认为马尔克起源于"母村(Mutterdorf)"的公共土地上建立的村庄的集合，这些村庄共同组成了一个"马尔克公社(Markgenossenschaft)"。然而真正的马尔克诞生于个体的家庭中并逐渐演变为一种私有财产的形式。恩格斯把这种发展归因于自然条件（尤其是狭窄的山谷）和德国对罗马殖民地的重新征服，在那里，罗马的法律和实践对当地产生了重要的影响。但就这种共同占有而言：德国人会确保无论走到哪里，他们都将推行他们德意志人的"马尔克制度(mark system [Markverfassung])，连同森林和牧场的公共占有制，以及马尔克对已分土地的最高统治权"①。总之，他们没

---

① 《马克思恩格斯全集》第 25 卷，北京：人民出版社 2001 年版，第 572 页；参见 Friedrich Engels.1882a. 'Die Mark'.MEGA I.27,p.634；1882b.'The Mark'.MECW 24,p.445。

有放弃对公共土地的任何其他权利。这些权利包括：在犁头所能及的土壤中所发现的任何宝藏；一种三分模式的乡村作物种植模式，其中三分之一的土地一直处于休耕状态，并归公共占有，供整个公社当牧场使用；森林、牧场、荒地、荒野、河流、池塘、湖泊、道路和桥梁、狩猎场和渔场等所有其他土地的共同使用权（在 13 到 18 世纪收集和编纂的许多成文的法律或是"判例（Weisthümer）"主要涉及这些方面）。

现在我们的问题是，这一切是如何组织或管理的。请允许我完整地引用恩格斯的描述，因为它与我前面概述的恩格斯的发现相呼应：

> 马尔克社员拥有平等的土地份额和平等的使用权，同样，他们当初也都拥有平等的一份权力参与马尔克内部的立法、行政和司法。他们定期地或如有必要经常地举行露天集会，商定马尔克的事务，审判马尔克中的不法行为和纠纷。这是古老的德意志人的民众大会（Volksversammlung），只不过是雏形罢了，而民众大会当初也就是一个大规模的马尔克集会（Markversammlung）。制定法律（虽然只是在少有的十分必要的情况下），推举公职人员，检查公职人员执行职务的情形，但主要还是审判。主席只能提出问题，判决由到会的全体社员决定。①

这显然比"乡村民主"有更多的含义，因为"乡村民主"只是基础共产主义的民主，它采用的也是基础共产主义的方法来选出代表以及处理与行政和管辖有关的各种问题。而马尔克的这些机构处于或已融入社会之中，它们构成了一种——有效的——"公共权力（öffentlicheGewalt）"，甚至是一种"司法权（richterlicheGewalt）"。随后，恩格斯概述了这种做法可能会受到罗马征服者、封建制度下中世纪时期的强权、自私自利的神职人员、王子和贵族以及那些崛起并赶超村落的城镇的挑战，甚至到了将这些不成文的习惯法写入当时的"判例"的地步。但他坚信，拥有非凡适应能力的马尔克制度"在德意志人的全部生活里已经扎下了深根，我们在我们民族发展史中，到处都能看到它的痕迹"②。

恩格斯力图为共产主义事业寻求的正是这样一种类似于"马尔克"的制度，但这其中包含着两个辩证的转折。第一个转折与法国的三次革命（1789 年、1830 年和 1848 年）成果有关。受法国革命的影响，德国也爆发了革命，在这场革命中，所有的封建束缚仿佛一夜之间被抛到一边。农民又一次获得"自由"，"成了自己土地的主人"，但这是一个微不足道的结果——他们只占有马尔克留下来的缩小了的、荒芜的公有森林，而且还要受制于收税人、抵押放款的高利贷者以及资本主义和大规模农业经营的掠

---

① 《马克思恩格斯全集》第 25 卷，北京：人民出版社 2001 年版，第 574—575 页；参见 Friedrich Engels. 1882a. 'Die Mark'. MEGA I.27,636；1882b. 'The Mark'. MECW 24,p.447.

② 参见《马克思恩格斯全集》第 25 卷，北京：人民出版社 2001 年版，第 575 页。

夺——这种自由只意味着一件事:农民终于能够和工人一起改善自己的生活条件了。这一点为我们引出了下一个也是最后一个辩证转向:

> 但是怎样做呢? 采用恢复(Wiedergeburt)马尔克的方法,但不用其陈旧的过时的形式,而用更新了(verjüngten)的形式;采用这样一种更新(Erneuerung)土地公有制的方法,以便使这种公有制不但能保证小农社员得到大规模经营和采用农业机器的全部好处,而且能向他们提供资金除农业以外去经营利用蒸汽动力或水力的大工业,并且不用资本家,而依靠公社去经营大工业。①

这句话应该既可以消除任何关于恩格斯寻求世俗版本的"回到天堂"的想法,也能够回击他渴望一种"乡村社会主义(rural socialism)"这种试图让时光倒流回中世纪的观点。相反,他根据共产主义的原则对马尔克进行了全面的辩证转化。这将包括"土地公有制"的基本要素,或者更全面地说,包括公共土地所有权的基本要素,以及大型农业和提高产量的最新技术手段。我们还应该加上对——将行政、司法和治理机构立足于社会之中的——基础共产主义原则下的民主和治理方式的"扬弃"。但是为什么恩格斯在最后的结论中没有使用"扬弃"这个哲学术语,而是选择了恢复和更新这两个术语? 原因是他的作品需要面向广大读者,尤其是农民。他和他在德国社会民主党的同志们希望这些文章能够引起这些人的共鸣。这部手稿的开头以及结尾的几句话都明确地指明了这一目的。

最后我们可以将恩格斯关于社会管理的哲学观点总结如下。第一,在任何共产主义政权下的社会管理形式中,公共权力都不能与社会相分离。此外,公共权力继续存在,但它将会立足于社会并致力于维护所有人的共同利益。第二,公共权力继续存在,但它的政治性质消失了。第三,社会治理的本质变成了对生活中各项事务的管理,以及对经济生产和分配的管理。也就是说,正是通过去政治化的公共权力,才有可能使公共权力专注于公共利益,为社会服务。最后,根据恩格斯关于扬弃基础共产主义的提议,我们得出了一个很难用源自于西方自由主义传统的术语来表达的观点:国家和社会之间的差别开始逐渐消失,或者,正如马克思所言:"与社会相对立的政府或国家政权将不复存在!"②

---

① 《马克思恩格斯全集》第 25 卷,北京:人民出版社 2001 年版,第 102 页;Friedrich Engels.1891v.'Die Mark'.MEW 19,330;1882b.'The Mark'.MECW 24,p.456.

② 《马克思恩格斯文集》第 3 卷,北京:人民出版社 2009 年版,第 233 页;Marx,Karl.1872l.'Über die Nationalisierung des Grundes und Bodens'.MEW 18,p.62. 原文是:Dann wird es weder eine Regierung noch einen Staat geben,die im Gegensatz zur Gesellschaft selbst stehen!

【中国哲学研究
方法论】

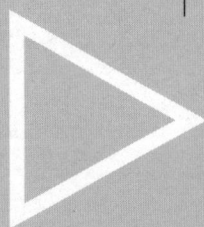

作为启蒙思想的近代中国阳明学

刘增光[*]

内容提要：阳明学在清末以降日益为当时知识分子所关注，形成了一种颇富现代性意涵的阳明学，成为契接自由、人权、平等等现代性价值的重要资源，我们可称之为"启蒙的阳明学"。孙中山的知难行易说从科学和进化论角度批评阳明学，认为阳明学无助于中国的进步，但他亦不能无视心性文明进步的问题。蔡元培和刘师培都看到了阳明学所蕴含的现代性价值，并不因其与自然科学无关便否定阳明学在促进伦理道德提升、社会进步、个体自由等方面的意义。即使新文化运动的领袖胡适也在道统传承的意识中将阳明学视为思想自由的典范。在这一近代语境中，阳明学并不仅仅是宋明理学的一部分，而具有了中国文明的代言者身份，阳明学也就真正成为"近代中国阳明学"。

关键词：阳明学；启蒙；自由；人权

现代新儒家贺麟曾在《五十年来的中国哲学》一书中谈及清末以降中国哲学的进步，认为最显著者即表现在：陆王之学的盛大发扬。① 此书初版于1945年8月，故其叙述最近五十年来从旧传统里发展出来的哲学思想是从清末康有为、梁启超开始。贺麟对民国中国哲学的这一观感并非孤例，与康、梁同时的刘师培在1907年发表的《王学释疑》中就说："近世以来论中国学术者，多知折中王学，其所以折中王学者则以王学尚直截，贵怀疑，均与宋儒学术不同。"②尚直截者，可促进人之行动；贵怀疑者，则可勉励人之自由。这两点正对应了近代中国的两大主题——启蒙与救亡。救亡需要刻不容缓的革命行动，而自由则意味着走出传统伦理纲常思想的束缚。在此意义上，重实践、崇自主的阳明学就吸引了很多知识分子，尤其是阳明学正是程朱理学的对立者这一身份更使其具有了反专制意识形态的色彩。由此，阳明学成了各种思潮的"最大公约数"。刘师培的这一说法其实也启发我们，近代阳明学的兴起是一个整体现象，是一种"思潮"。在这一思潮中，存在着一种颇富现代性意涵的阳明学，阳明学成了契接自由、民主等现

---

* 刘增光，男，山西襄汾人，哲学博士，现为中国人民大学哲学院副教授，主要研究宋明理学、经学史。

① 贺麟：《五十年来的中国哲学》，北京：商务印书馆2002年版，第3页。

② 刘师培：《刘申叔遗书》，南京：江苏古籍出版社1997年版，第1529页。此文只有上篇，刘师培本人并未写下篇。朱维铮在《阳明学在近代中国》一文中谈及康有为对阳明学的喜好也是因为阳明学"直截明诚，活泼有用"。见朱维铮：《走出中世纪》，上海：复旦大学出版社2009年版，第245页。

代性价值的重要资源,我们可称之为"启蒙的阳明学"。

一、心理建设与知难行易

在近代阳明学的发展中,对王阳明多做批评的孙中山恰恰有着重要地位,尤其是他提出的以"知难行易"为核心内容的心理建设思想。孙中山对知行关系的反思是在推翻满清而民国肇建之时,《心理建设》之序文即作于民国七年。据其自言,破坏之革命成功了,但是建设之革命却进行不下去,即使先前的同志也不在负此建设之责任,而他自己也感到心灰意冷,遂退总统之位。① 在他看来:"对于建设之革命,一般人民固未知之,而革命党亦莫名其妙也。夫革命事业莫难于破坏,而莫易于建设,今难者既成功,而易者反失败,其故又何也?"②这种反差令其开始反思建设之革命成功的基础问题,心理建设问题被他置于建国方略的首初地位。而他的反思正是回到了知行关系上,对传统知行关系学说进行了批评与修正。

孙中山在《行易知难》中三复其意的一大命题即是国家为人心之积结:

> 夫国者人之积也,人者心之器也,而国事者,一人群心理之现象也。是故政治之隆污,系乎人心之振靡。吾心信其可行,则移山填海之难,终有成功之日;吾心信其不可行,则反掌折枝之易,亦无收效之期也。心之为用大矣哉! 夫心也者,万事之本源也。满清之颠覆者,此心成之也;民国之建设者,此心败之也。夫革命党之心理,于成功之始则被"知之非艰,行之惟艰"之说所奴,而视吾策为空言,遂放弃建设之责任。③

孙中山一再强调"一党心理之结合"、"一国心理之结合"。④ 他所批评的心理就是知易行难而不行或者畏行,故他将源出《尚书》的"知之非艰,行之惟艰"视为心理建设之大敌。在对儒家六经中最著名的知行说进行反省后⑤,他首先注意到的就是阳明的知行合一说。他谈道:"继思有以打破此难关,以达吾建设之目的,于是以阳明'知行合一'之说,以励同人。"但是,"惟久而久之,终觉奋勉之气不胜畏难之心,举国趋势皆如是也。予乃废然而返,专从事于'知易行难'一问题,以研求其究竟。"⑥最后他认定知易

---

① 关于此,可见黄彦主编:《孙文选集》上册,广州:广东人民出版社2006年版,第2、64页等。
② 《孙文选集》上册,广州:广东人民出版社2006年版,第64页。
③ 《孙文选集》上册,广州:广东人民出版社2006年版,第3页。
④ 《孙文选集》上册,广州:广东人民出版社2006年版,第65页。
⑤ 孙中山对知难行易说的不满,据学界研究,当可上溯至他求学期间的1885年,当时指导孙中山学习中文的陈仲尧在讲解"知之非艰,行之惟艰"时,孙中山就表示不同意见。参看陈锡祺主编:《孙中山年谱长编》,北京:中华书局1991年版,第43页。
⑥ 黄彦主编:《孙文选集》上册,广州:广东人民出版社2006年版,第4页。

行难之书为似是而非之说,并举十种例证以说明知难行易,比如饮食、医药、工程建设等。但无一例外的都是在知识或认识论层面上说,并不涉及道德。这意味着一心救亡的孙中山基本上摆脱了传统儒学重德轻知的态度。

而且孙中山认为自己为知易行难说找到了一个科学的基础,那就是"生元有知"说。他将西方生物学家所言之细胞译为"生元":

> 生元者何物也?曰:其为物也,精矣、微矣、神矣、妙矣,不可思议者矣!按今日科学所能窥者,则生元之为物也,乃有知觉灵明者也,乃有动作思为者也,乃有主意计划者也。人身结构之精妙神奇者,生元为之也;人性之聪明知觉者,生元发之也;动植物状态之奇奇怪怪不可思议者,生元之构造物也。生元之构造人类及万物也,亦犹乎人类之构造屋宇、舟车、城市、桥梁等物也。空中之飞鸟,即生元所造之飞行机也;水中之鳞介,即生元所造之潜航艇也。孟子所谓"良知良能"者非他,即生元之知、生元之能而已。①

可以看到,这一思想糅合了西方的自然科学与孟子思想。而他对人之知觉灵明的认识显然有将人夷平为舟车、桥梁等的倾向,混淆了非生物与生物之界限,这一点正是受了进化论的影响。更重要的是,孙中山认为生元有知可以解决哲学家、科学家、进化论、心理学多不能解释的问题。② 故可以毫无疑问地断定,在孙中山的思想中,"生元"或良知良能其实相当于是"本体"。

孙中山对孟子的借重是显而易见的,其知难行易说中提到的先知先觉、后知后觉无一不受孟子影响。当然,他也并非仅借重孟子,如他说,孔子所言"民可使由之,不可使知之"就证明了"不知亦能行"的正确性。③ 这也意味着,虽然他欲摆脱传统知行论的束缚,但是也仍然不能不从理学推崇的《四书》讲起。故而孙中山也不能不在中西文明之比较视域中指出中国古代的心性文明是必须珍惜的,据此言之,"心性文明"的进步④也就是他所说的"心理建设"。而言及心性,又怎能忽视宋明理学呢? 而孙中山的辩解是,知难行易不仅涵盖物质文明的建设,亦涵盖了心性文明的塑造:

> 或曰:"行易知难之十证,于事功上诚无间言,而于心性上之知行,恐非尽然也。"吾于此请以孟子之说证之。《孟子》"尽心"章曰:"行之而不著焉,习矣而不察焉,终身由之而不知其道者,众也。"此正指心性而言也。由是而知"行易知难"实为宇宙间之真理,施之于事功,施之于心性,莫不皆然也。若夫阳明"知行合一"

---

① 黄彦主编:《孙文选集》上册,广州:广东人民出版社 2006 年版,第 8 页。
② 黄彦主编:《孙文选集》上册,广州:广东人民出版社 2006 年版,第 9 页。
③ 黄彦主编:《孙文选集》上册,广州:广东人民出版社 2006 年版,第 47 页。
④ 黄彦主编:《孙文选集》上册,广州:广东人民出版社 2006 年版,第 27 页。

之说，即所以勉人为善者也。推其意，彼亦以为"知之非艰"而"行之惟艰"也，惟以人之上进，必当努力实行，虽难有所不畏，既知之则当行之，故勉人以为其难。遂倡为"知行合一"之说曰："即知即行，知而不行，是为不知。"其勉人为善之心，诚为良苦。①

这段话的表述无疑有些暧昧甚至矛盾，因为就在这段文字之前他说的是：经过自己的举例证明，"则'知之非艰，行之惟艰'之古说，与阳明'知行合一'之格言，皆可从根本上而推翻之矣。"②但是在这里他却又在回护阳明，认为知行合一说有着勉人向善的良苦用心。显然，这就凸显出了孙中山知难行易说与王阳明知行合一说之间的冲突。因为二者都是承接以孟子为代表的儒家道统而来，但同样是出于对孟子的理解，孙中山却得出了知难行易的结论；而从这一迥异前人的解释，亦可以看出孙中山先生承接孔孟道统的自觉性。③ 但是，孙中山想要赋予中国文明以科学的内容，正如他所说的："我们现在要学欧洲，是要学中国没有的东西。中国没有的东西是科学。"④

孙中山从进化论角度将知行理论发展为三阶段说：草昧时期的"不知而行"时期，文明时期的"行而后知"时期，科学发明之后的"知而后行"时期。⑤ 显而易见，其进化论的核心内容就是"科学"之知。他直言："夫科学者，统系之学也，条理之学也。凡真知特识，必从科学而来也。舍科学而外之所谓知识者，多非真知识也。如中国之识，习为自然，无复有知其非者，然若以科学按之以考其实，则有大谬不然者也。"在他看来，中国人所谓"知之非艰，其所知者大都类于天圆地方、天动地静、螟蛉为子之事耳"。⑥如果依此演绎，则中国古代文明就只能算是"前科学时代"了。同理，"阳明知行合一之说，不合于实践之科学也。"⑦孙中山这一求新、求进化的知识论倾向或科学主义倾向还是比较明显的。正如民国时的研究者所概括的："总理所著的知难行易学说，便是以二十世纪的科学时代为背景。"⑧他所说的"真知识"就是指科学知识而言。正是这种科

---

① 黄彦主编：《孙文选集》上册，广州：广东人民出版社 2006 年版，第 48 页。
② 黄彦主编：《孙文选集》上册，广州：广东人民出版社 2006 年版，第 48 页。
③ 学界研究成果多重在探讨孙中山后期思想对于儒家道统的承接，如姜义华：《对辜鸿铭〈中国人的精神〉的接续与超越——孙中山晚年褒扬儒学理路试释》，《史林》2009 年第 4 期；黄明同、张冰、张树旺等：《孙中山的儒学情结——中国文化的承传与超越》，北京：社会科学文献出版社 2010 年版；姚中秋：《论孙中山之道统自觉》，《现代哲学》2015 年第 2 期。但专门对其心理建设与儒家关联进行探究者罕有。
④ 孙中山：《民族主义》，见黄彦主编：《孙文选集》上册，广州：广东人民出版社 2006 年版，第 455 页。
⑤ 孙中山：《民族主义》，见黄彦主编：《孙文选集》上册，广州：广东人民出版社 2006 年版，第 51 页。
⑥ 孙中山：《民族主义》，见黄彦主编：《孙文选集》上册，广州：广东人民出版社 2006 年版，第 51、52 页。
⑦ 黄彦主编：《孙文选集》上册，广州：广东人民出版社 2006 年版，第 48—49 页。张崑将教授言："革命家孙文，也认为明治维新是受到阳明知行合一哲学的影响。"这一论断是值得推敲的。见张崑将：《近代中日阳明学的发展及其形象比较》，见《东亚文明研究学刊》2008 年第 5 卷第 2 期。
⑧ 轶尘：《知难行易说的意义与价值》，《认识》1931 年第 10 期，第 12 页。可参见宋志明：《中国近现代哲学四论》，北京：中国社会科学出版社 2012 年版，第 113—114 页。

学主义的态度使得他截然否定阳明学与日本明治维新的关联，认为"阳明知行合一之说，不过不能阻朝气方新之日本耳，未尝有以助之也；而施之暮气既深之中国，则适足以害之矣。"①此不啻于认为阳明学是落后的，因为其不可学。若回到阳明学以及宋明理学的整体框架中来看的话，则孙中山的"真知识"只能属于"见闻之知"的层面，而非王阳明所重视的"德性之知"。阳明认为"真知必能行"，孙中山也说："天下事惟患于不能知耳，倘能由科学之理则以求得其真知，则行之决无所难。"②但是前者所言"真知"却是德性之知，而后者则是科学知识。这是两种截然不同的"真知"，分属于不同领域，一目了然。因为，孙中山所说的先知先觉者云云亦是就科学家、发明家而言③，而非人类精神、人类道德的启迪者，与孟子所说"先知先觉"自然不同。他所说的人异于物的"觉悟"④当然也绝对不是宋明理学所言对于道的"觉"和"悟"。

据此，我们可以清晰地观察到孙中山知难行易说所内含的问题。当他在论证知难行易时，基本是在科学知识、闻见之知的层面上说；但是当他谈及人类知的本体时，"生元有知"说则涉及"良知良能"的道德之知，而他并没有清晰地谈及这两个层面的关系。也正如其知行学说中存在着两种"真知"的分歧一样，他一再强调的"国民心理"问题中所指涉的"心理"显然也并非阳明学"心即理""本心"意义上的心之理，这是两种不同的"心"、两种不同的"理"。这些问题都是孙中山的"心理建设"思想中未解决的问题。孙中山对阳明学的批评并不像清初人那样说阳明学是清谈误国，他的批评完全从由科学以发展文明的角度立论，以知行分任为据指出知行合一之不适于中国之现代化。孙中山的知行观突破了传统知行观的道德伦理意涵，极大地扩展了知行的范围，这是其贡献所在。知难行易说既有着追求科学现代性的内容，也有着救亡的意图，不过却有着忽视道德建设的倾向。

二、心理与伦理

上文指出，孙中山知难行易说中的"知"并非孟子、阳明意义上的良知、本心，而是闻见之知意义上的认知心。而近代知识分子都不约而同地借助于心理学，则充分说明了他们注意到了心理与文明进化之关联，孙中山以进化论来分疏知行观念正是明证，此外梁启超、梁漱溟亦复如是。如梁启超在《中国历史研究法》中就说：

> 吾以为历史之一大秘密，乃在一个人之个性何以能扩充为一时代一集团之共性，与夫一时代一集团之共性何以能寄现于一个人之个性？申言之，则有所谓民族

① 黄彦主编：《孙文选集》上册，广州：广东人民出版社 2006 年版，第 49 页。
② 黄彦主编：《孙文选集》上册，广州：广东人民出版社 2006 年版，第 55 页。
③ 黄彦主编：《孙文选集》上册，广州：广东人民出版社 2006 年版，第 55 页。
④ 黄彦主编：《孙文选集》上册，广州：广东人民出版社 2006 年版，第 52 页。

心理或社会心理者,其物实为个人心理之扩大化合品,而复借个人之行动以为之表现。史家最要之职务,在觑出此社会心理之实体。①

其所隐含的观念即是历史是由人类之心力所造成。孙中山一再说"国事者,一人群心理之现象",亦显系此种观念之反映。关于这一点,不能忽视清末西方心理学的传入对于国人之影响,心理学在当时是一种普遍的知识背景。② 对中国近代知识分子最有影响的第一部心理学著作大概是时任京师大学堂教习的服部宇之吉所作《心理学讲义》,③此书讲义凡例中明言:

> 中国古来学术与心理学相发明者不少,但语而不详者多,又不合于心理学之理者,亦往往而有,譬如性说,古来聚讼,学者至今犹不知所折中,今由心理学之理观之,则性之为物自明。又如公孙龙之坚白论,由知觉之理观之,则其论不驳而自破。凡此类能随时说明之,或疏证之……可以助学术之发达。④

这反映出他有着以心理学梳理中国古来学术的想法。虽然服部宇之吉一再强调,"心理学之题目曰心,心理学者就心之发动作用,考求其理法者也。"但"至于论心之本体,则别有形而上学"。心理学与物理学、化学等是形而下学,二者不同。但据书中内容以及上引段落来看,服部宇之吉显然并未止于不谈伦理道德。或许正如他所说的,伦理学也是研究心,也关涉知、情、意三者。且服部对于四书以及宋明理学十分了解,如他以心之未发、已发来说明伦理学与心理学之差别:"物有动静,心亦有动静,道、释二氏之教,欲就心不动之时以认心之本体,《中庸》亦曰:'未发之中'。心理学则不然。盖心一动则千态万状,随之而生,心理学者就发动之迹考求其理法,故凡所谓未发之中,与不动之前,皆非心理学者所与知也。"⑤此书之结尾则言既然人性是综合知、情、意三者而成,凡性格必具统一、恒固两种性质,那么知情意一致就意味着人"必于所知所悦及所欲皆善者,方见之。故性格必以所谓至诚为其本义,但至诚为学者之理想,而思诚则为学者之要务也"。⑥ 此皆就《四书》以立论者。心理学与讲究心性理气的理学的关联定然是近

---

① 梁启超:《中国历史研究法》,上海:华东师范大学出版社1995年版,第156页。可参看陈其泰、宋学勤:《梁启超与心理史学》,《天津社会科学》2005年第5期。

② 关于此,可参考钟年:《近代学人视野中的心理学》,武汉大学历史学博士学位论文,2010年。尤其是此文第五章。

③ 此书本是他的讲义,之后于1904年在日本东京印行。笔者所见为东京东亚公司出版。书名的作者介绍为"日本东京帝国大学文科大学教授、清国北京大学堂教习"。清末传入中国的西方人文社会科学中最重要的就是伦理学和心理学二者。服部宇之吉当时在京师大学堂任教,主要做的工作就是撰写和教授伦理学与心理学二科。

④ 服部宇之吉:《心理学讲义》,第1页。

⑤ 服部宇之吉:《心理学讲义》,第1、5、2页。

⑥ 服部宇之吉:《心理学讲义》,第238—239页。

代知识分子需要关心的课题,王阳明的心学自不能外。① 刘师培《伦理教科书》中即认为宋明理学言伦理,兼言心理,旁及政治教育。② 后来的梁启超、梁漱溟亦无不以知情意三分法来解释阳明学。

孙中山的心理建设思想的形成与此一大背景不无关系,这就不难理解当时人为何会将知难行易说与心理学联系起来,如轶尘言:"知难行易学说,既又名为心理建设,那么,它与心理学有关系,不问可知。"③具体说来,他认为美国心理学家 Fohn B. Watson④主张身心一元,将意识也视为一种可以客观观察的行为,人之行为的发生都是由刺激所造成的。而孙中山的"心理建设的作用,便是在利用这种刺激的方法,以促起人类心理的反应,变更人类的行为。人类的心理,本来是很无定的,环境的影响……故心理建设,就是变更心理,变更心理,就是心理革命;所以心理建设,同时也就是心理革命,心理革命。"总之,这一思想是科学的,不是以玄想的心理学说为论据,"知难行易说是关于行为主义的心理学说"。⑤ 这一论断即是以实证的科学和玄想的哲学为分判。科学强调人类心理的变动,而阳明学却强调的是心本体。此文中说,孙中山的知难行易说从纵的方面来看是由"知之非艰,行之惟艰"、阳明知行合一说演进而来,但是在横的方面则"可说是接受欧美人努力求知的精神,而为中国学术上开一新纪元"。⑥ 这无异于说,横的方面才是实质。此求知就是追求科学真理,正如此文所言:"知行合一说的性质,是以仁义道德为根据,以社会中各个人为单位。而知难行易说的特质,则在以科学为根据,以社会人群为单位。"⑦一者是道德,一者是科学。而前者是阻碍中国社会进化的学说。这一判分大概比孙中山本人走得更远。因为他为知难行易说从西方找了一件行为心理学的外衣。但孙中山本人则十分看重儒家的道德传统,尤其是《大学》的三纲八目。在西学的传入渐趋广泛时,对于孙中山思想的阐发愈来愈西化,这大概是势所必至。而其中所凸显出的一个问题就是如何理解"心",是从科学的角度还是从哲学、伦理学的角度。这一问题也是在新文化运动中逐渐凸显出的问题。科学与人生观乱战中的争论之核心亦不外于此。

---

① 比如严复曾以"心学"来翻译 psychology。我国心理学家汪敬熙于 1933 年发表《中国心理学的将来》中说:"心理学最初能得国人注意,是因为理学的余风使我们喜欢谈心说性。老辈的人喜欢看心理学之书皆是因为这个缘故。"载燕国材主编:《中国心理学史资料选编》第四卷,北京:人民教育出版社 1990 年版,第 165 页。

② 刘师培:《伦理教科书》,见《刘申叔遗书》,南京:江苏古籍出版社 1997 年版,第 2025 页。

③ 轶尘:《知难行易学说的意义与价值》,《认识》1931 年第 10 期。

④ 如《光华期刊》1929 年第 4 期刊登了姚兆胜的译文《行为主义与知识论》,其中即主要介绍 watson 的心理学思想。

⑤ 轶尘:《知难行易学说的意义与价值》,《认识》1931 年第 10 期。

⑥ 轶尘:《知难行易学说的意义与价值》,《认识》1931 年第 10 期。

⑦ 轶尘:《知难行易学说的意义与价值》,《认识》1931 年第 10 期。

对于这一问题,我们就不能不谈到蔡元培——中国心理学学科①以及伦理学学科的先行者。蔡元培在 1910 年时即写作出版了《中国伦理学史》,在当时新旧文化之争如火如荼的形势下,中国旧有的伦理道德政治思想恰恰成为争论的焦点,这正是当时学者关注伦理学、道德学的缘由所在,比如王国维就认为中国古代最为发达的就是伦理学,而蔡元培亦言:"我国以儒家为伦理学之大宗。而儒家,则一切精神界科学,悉以伦理为范围。……我国伦理学之范围,其广如此,则伦理学宜若为我国唯一发达之学术矣。"②蔡元培称当时为"伦理界怀疑时代",他说:"吾国夙重伦理学。而至今顾尚无伦理学史。迭际伦理界怀疑时代之托始,异方学说之分道而输入者,如檠如烛,几有互相冲突之势。苟不得吾族固有之思想系统以相为衡准,则益将旁皇于歧路。盖此事之亟如此。"③而在蔡元培的伦理学脉络论述中,他最重视的正是宋明理学,尤其是其中的阳明学,他以为朱子近荀子,而阳明则是承接了孟子,其尊崇阳明之态度已十分显然。④

首先,蔡元培清楚地判定,"阳明之所谓知,专以德性之智言之,与寻常所谓知识不同;而其所谓行,则就动机言之,如《大学》之所谓意。然则即知即行,良非虚言也。"故孔子、孟子、阳明之很多言论并不合于西方逻辑学,但是"彼所注意者,本不在是"。⑤ 这说明他对儒家思想的特质与西方哲学之差异有清楚的认识。其次,他认为"孔子所谓我欲仁斯仁至,孟子所谓人皆可以为尧舜焉者,得阳明之说而其理益明……苟寻其本义,则其所以矫朱学末流之弊,促思想之自由,而励实践之勇气者,其功固昭然不可掩也"。⑥ 阳明学是承接了孔孟之道统的,阳明学在思想自由和鼓励实践方面有着优长,也就意味着孔孟儒学也有着这方面的优长,提倡自由与鼓励实践是儒家道统之内含。这无疑是在契接传统与现代之价值观。相反,对于朱子学,他则认为"盖孔子之道,在董仲舒时代,不过具有宗教之形式。而至朱晦庵时代,始确立宗教之威权也。……独断过于怀疑,拘名义过于得实理,尊秩序过于求均衡,尚保守过于求革新,现在之和平过于未来之希望"。⑦ 故而容易为现实权力所利用,成为专制之意识形态。对于陆象山心学,他的评价与阳明近似,也以"思想之自由""人生观之平等""自求进步"赞之。⑧ 由阳明而下,黄宗羲、戴震则为"自由思想之先声"。⑨ 这是蔡元培所勾勒的儒家传统中的

① 蔡元培在德国莱比锡大学留学期间曾专攻实验心理学,而近代意义上科学心理学的诞生正是以冯特(W.Wundt)1879 年在该大学创立第一个心理学实验室为标志的。参见杨鑫辉:《中国现代心理学的先驱者蔡元培》,见《蔡元培研究集》,北京:北京大学出版社 1999 年版,第 406 页;钟年:《近代学人视野中的心理学》,武汉大学历史学博士学位论文,2010 年,第 75 页。

② 蔡元培:《中国伦理学史》,北京:商务印书馆 2000 年版,第 3 页。

③ 蔡元培:《中国伦理学史》,北京:商务印书馆 2000 年版,第 2 页。

④ 蔡元培:《中国伦理学史》,北京:商务印书馆 2000 年版,第 46 页。

⑤ 蔡元培:《中国伦理学史》,北京:商务印书馆 2000 年版,第 62 页。

⑥ 蔡元培:《中国伦理学史》,北京:商务印书馆 2000 年版,第 62—63 页。

⑦ 蔡元培:《中国伦理学史》,北京:商务印书馆 2000 年版,第 57 页。

⑧ 蔡元培:《中国伦理学史》,北京:商务印书馆 2000 年版,第 60 页。

⑨ 蔡元培:《中国伦理学史》,北京:商务印书馆 2000 年版,第 68 页。

自由平等之脉络。

而在 1912 年出版的《中学修身教科书》中，他以阳明学为基础对伦理学的阐发则更进一步，他对德性的基本看法就是："德性之基本，一言以蔽之曰：循良知。一举一动，循良知所指，而不挟一毫私意于其间，则庶乎无大过，而可以为有德之人矣。"①依蔡元培之《教科书》，下篇为理论伦理学，而上篇则为实践伦理学。他在下篇是一本于"良心"以立说，主张良心自作主宰，良心才是最高的、判断是非善恶的道德准则，"良心有无上之权力，以管辖吾人之感情。吾人于善且正者，常觉其不可不为，于恶且邪者，常觉其不可为。良心之命令，常若迫我以不能不从者，是则良心之特色，而为其他意识之所无者也。"②蔡元培留学德国，故此处论述即显示其受康德影响，这就形成了会通康德伦理学与阳明学的自觉。他以此批评当时的功利主义伦理学。在伦理界怀疑时代，蔡元培尊崇阳明学③，而并不以科学心理学进行分析，其研究可谓客观而具同情之了解者。蔡元培对伦理的重视，并不以科学主义和追求物质文明进步抹杀宋明理学的价值，转而阐发阳明学的自由、进步意涵。

三、宋明理学中的"自由人权"派

蔡元培伦理学史书写中所呈现的"启蒙阳明学"形象并非独见。在他之前，刘师培早在国学讲习所任教期间即于 1905 至 1906 年期间所出版的讲义中就有《伦理教科书》。有"东亚卢梭"之称的刘师培在书中出入中西二学，充分吸收当时流行的权利、平等、自由等启蒙理念，对阳明学之精义有充分阐发。正如蔡元培在《中学修身教科书》中专设"良心论"类似，刘师培也专设"说良知"上下两节，谓良知学有三善：一为良知说与西方的天赋权利说相同。"近世以来西人卢梭创天赋人权之说，以善良为人之本性，故欲人人真得意欲之公而众生悉归平等。此虽阳明所未言，然良知之说实与天赋人权之说相同，人之得于天者既同，则权利之所得当无不同，岂可限以自由而使之不复平等乎，是良知之说不独促愚民奋发有为之气，且足促平民竞争权利之心。如黄宗羲之流咸主王学，而排斥君权，即其证也。此良知学说之善也。"④并指出《大学》"明明德"，《中庸》"天命之谓性"，孟子之性善，《诗经》之"天生烝民，有物有则"皆含权利天赋之意。由天赋权利则可引出阳明学在政治领域中的排斥君权与反对专制行为。二为促进思想学说之改良，他认为阳明学派以怀疑标宗旨，不以古人之是非为是非，"以己心为标准，

---

① 蔡元培：《中学修身教科书》，北京：商务印书馆 2000 年版，第 79 页。
② 蔡元培：《中学修身教科书》，北京：商务印书馆 2000 年版，第 116 页。
③ 蔡元培本是绍兴人，为王阳明同乡。据笔者所见，学界罕有人注意蔡元培对阳明学的尊崇。但是，蔡元培去世时，《东方画刊》所载关于蔡元培先生逝世的报道，其中即言及蔡元培案头所摆放的就是"先生最爱读之《王阳明集》"。见《东方画刊》1940 年第 12 期。
④ 刘师培：《刘申叔遗书》，南京：江苏古籍出版社 1997 年版，第 2037 页。

则古今学术之纷纭悉得以己意为进退,而思想以生,以视前儒之墨守前言者,果孰为得而孰为失耶? 此亦良知学说之善也。"①此实是以思想自由赞阳明之学。三为振作士民之气节。因为阳明主张人人皆具良知,由此可以激发人之自信自励之心,故可革国民"依赖之习","亦不为威权所移。"他指出阳明学所培养出的多忠义之士,即使是与禅宗关系相近者亦大率如此,富有张载民胞物与之精神。他直言"良知者,非清净寂灭之谓,亦非放旷之谓也"。这其实就反驳了清儒对于阳明学亡国的批评。刘师培最后断言:"是处今日之中国,其足以矫正世俗之弊者,莫若良知学派之适用矣。"以阳明学为救国之思想学说。② 在这一点上,他还谈及阳明学在普及教育方面的平等特性。

在阐发阳明学的另一面,他则对程朱理学多所指摘,如关于思想自由,他说:"惟宋儒严克己断私,于一己之身裁制极严,不侵他人之权利,致并失一己之自由,即明儒邹南皋所谓后儒以己身为桎梏也。"古人之义德就是"乃于自由之中加以裁制,非因裁制己身之故而并失其身体自由之权也"。③ 这就意味着程朱理学对"义"的理解是不合于儒家真旨的,而阳明学才符合。关于变革进取之精神,他批评宋学的一大失即为主敬而以礼仪为桎梏,从而废弃了人之积极健动精神。他说:"后世之言恭者以礼仪为桎梏,束缚身体之自由,后世之言敬者,存心虚漠而与事物相忘,且恭训为拘,敬训为静,虽足收敛身心,使之不能自肆,然活泼之精神进取有为之志,咸为恭敬二字所拘,非趋天下之人于自废乎?"④这与他在稍晚发表的《王学释疑》一文中的说法是一贯的,皆富有伸张民权的浓厚启蒙色彩。

不过,刘师培对阳明学的理解也并非完全准确,比如他说良知仅仅是"未发之中",而无视已发之和的维度。⑤ 最重要的问题是,他也曾认为阳明的知行合一是在科学知识层面上说,可见孙中山将阳明知行合一说落在知识论层面上说,并非孤例,连褒奖阳明学甚厉的刘师培也如此,他说:"昔王阳明倡知行合一之说,以为能致良知即是实行,盖行者即本所知之事而躬行实践者也。天下有理论,然后有实用,有思想然后有实际,属于理论者为知,从思想而生者也。见于实用者为行,从实际而呈者也。""盖治格致之学,非吾心洞明物理,不能试制造之能。治政治之学,非吾心洞察利弊不能试改革之端。"⑥以良知洞明物理为治自然科学和政治科学的前提。这也说明,孙中山并非中国哲学史上第一位将中国传统知行观在智识论层面上进行革新的人物,至少刘师培要先于他十年左右。

需要指出的是,刘师培的这一说法有其良苦用心。《伦理教科书》的序言中开宗明

---

① 刘师培:《刘申叔遗书》,南京:江苏古籍出版社 2006 年版,第 2038 页。
② 刘师培:《刘申叔遗书》,南京:江苏古籍出版社 2006 年版,第 2038 页。
③ 刘师培:《刘申叔遗书》,南京:江苏古籍出版社 2006 年版,第 2039 页。
④ 刘师培:《刘申叔遗书》,南京:江苏古籍出版社 2006 年版,第 2039 页。
⑤ 刘师培:《刘申叔遗书》,南京:江苏古籍出版社 2006 年版,第 2038 页。
⑥ 刘师培:《刘申叔遗书》,南京:江苏古籍出版社 2006 年版,第 2037 页。

义说："夫伦理虽以实行为主,然必先知而后行,若昧于伦理之原理,徒以克己断私之说强人民以必从,殆《大学》所谓'拂人之性者矣。'今东西各国学校之中伦理一科视为至要,盖欲人人先知而后行也。"①从这样的角度考虑,则阳明之知行合一说自然是不适合伦理学科之需求的。但是,他却凸显了"知先行后"以反抗"强人民以必从"的暴政专制这一维度。这正是其撰述《伦理教科书》的意图所在。这一点在《伦理之起源》一节中体现得尤为明显:

> 盖有虞之时舜使商契敷五教,是为五伦之始,而有虞以前固无所谓人伦也。人伦既明,则每伦之中咸有秩序,此即所谓伦理矣。而陋儒不察,误以伦理为天所设,且谓生民之初即有伦理,无亦昧于进化之理与?使伦理为天所生,则生民之初何以无伦理,惟其以伦理为天所生,故由五伦之说易为三纲之说,以君为臣纲,父为子纲,夫为妻纲,为天定,而中国之伦理遂为束缚人民之具矣。②

可见,他反对的是"三纲天赋"说。伦理并非天设,非自然之理,而是后来教化的结果,甚至是专制政治的人为结果。从进化论的角度对三纲五常说进行了去魅化工作。无疑仍是为了激发国民之自由心理与变革诉求。他将中国古代伦理学二分为自修学派和交利学派也颇能说明此点,交利学派的说法显然是受西方功利主义之影响,他以张载、王阳明、戴震、颜元等为交利学派之代表。他认为修身学派的缺点就是将身仅仅视为"家族之身",而非"社会之身",故其"所谓修身者,盖仅为实践家族伦理之基耳"。但孔子的仁学则是"杀身成仁",主张"牺牲一己之生命而为社会图公益耳,盖以己身对社会,则社会为重,己身为轻,社会之事皆己身之事也"。然后他举出了张载的民胞物与说和阳明学的万物一体说。此即说明,刘师培欲以儒家固有的天下观念——在他这里是社会——去破除家族本位观念以及三纲五伦关系,试图将儒家的伦理学在个体与社会的框架中进行重新定位和描述。后来的孙中山在《三民主义》"民族主义"部分中所阐发者亦是此层道理。

刘师培是清末国粹派人物,代表了保守主义。而作为新文化运动领袖的胡适却也与刘师培有类似看法。胡适早期受实证主义影响,认为人类社会是要从哲学时代走向科学时代,故在梳理中国哲学史脉络的过程中看重的是清代的考证学,认为其中富有科学方法。至 20 世纪 30 年代他进一步认为清代考证学方法可以追溯至朱熹,尤其是朱子理学的格物致知论。③"'格物致知'的意义,原来正与近代的科学家理想相符",也

---

① 刘师培:《刘申叔遗书》,南京:江苏古籍出版社 2006 年版,第 2025 页。
② 刘师培:《刘申叔遗书》,南京:江苏古籍出版社 2006 年版,第 2026 页。
③ 参见胡适:《考证学方法的由来》,见《胡适文集》第 12 册,北京:北京大学出版社 2013 年版,第 95—96 页。

是一种积极的人生观。① 与此相反,他说阳明学的致良知说"以个人的知觉为做学问的出发点……思想方面这又回到了沉没错误的途上,宋哲所提倡那积极的人生观和'格物穷理'的道理,为了历史上从来没有研究的遗风,和科学的背景设备等,于是昙花一现,思想上又返到了过去的时代!"②在胡适看来,朱子学是注重实证的、有科学方法的、理性主义的,而"阳明的唯心哲学"则是"神秘主义的复活",阻碍了中国理性主义的发达。③ 胡适还曾比较同样重行的墨家与阳明的"知行合一"说,认为二者虽然相似,但是阳明说"尔那一点良知是尔自家的准则",但是"墨子却不然,他的是非的'准则',不是心内的良知,乃是心外的实用"。④ 即使是阳明的知行合一说,他也指斥说:"但空谈知行合一,不从实习实行里出来,那里会有知行合一! 如医生之诊病开方,疗伤止痛,那便是知行合一。"⑤以阳明之学为空谈。胡适从科学的知识论角度对阳明学的这一批评无疑与孙中山有着雷同处。

20 世纪 40 年代之后,胡适转而意识到了阳明学所体现的自由精神。⑥ 比如他说:"佛教衰落之后,在理学极盛时代,也曾有多少次批评正统思想或反抗正统思想的运动。王阳明的运动就是反抗朱子的正统思想的。李卓吾是为了反抗一切正宗而被拘捕下狱,他在监狱里自杀的……北方的颜李学派,也是反对正统的程朱思想的,当时,这个了不得的学派很受正统思想的压迫,甚至于不能公开的传授。这三百年的汉学运动,也是一种争取宗教自由思想自由的运动。"⑦这就不再是以清代考证学为上接朱子学了,而是以为清代考证学继承了阳明学反抗正统的程朱理学意识形态的精神,阳明学也就代表了中国古代思想自由的典范。他在这一时期的很多文字都一再强调中国以儒家、道家为主的传统的精神就是自由民主的、平等的、理智的。换言之,自由、平等等启蒙思想的价值是中国固有的,并非舶来品,自由就是"中国道统"的内容。这便与蔡元培、刘师培的说法相契合,阳明学成为了他们谈论自由、平等、人权等现代性价值的共同的古典资源。

四、结　语

孙中山从科学角度对阳明知行合一说的批评,显示出阳明学中的德性与知识之辨,延续到了近代,在某种程度上转变为了儒家伦理与科学知识或科学精神的关系问题。

---

① 胡适:《中国再生时期》,见《胡适文集》第 12 册,北京:北京大学出版社 2013 年版,第 102 页。
② 胡适:《中国再生时期》,见《胡适文集》第 12 册,北京:北京大学出版社 2013 年版,第 102 页。
③ 胡适:《中国再生时期》,见《胡适文集》第 12 册,北京:北京大学出版社 2013 年版,第 84 页。
④ 胡适:《墨家哲学》,见《胡适文集》第 12 册,北京:北京大学出版社 2013 年版,第 195 页。
⑤ 胡适:《几个反理学的思想家》,见《胡适文集》第 4 册,北京:北京大学出版社 2013 年版,第 67 页。
⑥ 周昌龙言:"胡适对中国自由传统作出积极肯定并予系统阐扬,主要是 20 世纪 40 年代以后的事,并主要以英文发表。"周昌龙:《超越西潮:胡适与中国传统》,北京:北京大学出版社 2011 年版,第 29 页。
⑦ 胡适:《自由主义》,见《胡适文集》第 12 册,北京:北京大学出版社 2013 年版,第 735 页。

这一关系在孙中山思想中显得非常紧张,但在蔡元培、刘师培和胡适思想中则可以看到另外一种显得更为协调的关系。阳明学意味着自由、人权、平等和进步,甚至还有着科学心理学的内涵,在孙中山那里不合于科学的阳明学转而变成了中国最为需要的思想促动力。也就是说,近代知识分子所念兹在兹的"德先生"和"赛先生"都可以阳明学作为路径来获得理解。在此意义上,阳明学才真正摆脱了明末清初以来加之于阳明学上的亡国污名。更为重要的是,即使孙中山也不能不在中国文明的道统传衍中去思考科学问题,正如蔡元培、胡适等人一样要在中国文明的道统中思考自由和人权一样。这也就意味着,阳明学在近代中国的身份变得更为特殊,不再仅仅是宋明理学视域中与程朱理学相对的另一学派,而是在世界文明的视域中为中国复兴和中国文明赓续做辩护的代言者。难怪后来的梁漱溟、熊十力等现代新儒家会认为阳明学所主张的心物合一、知行合一就是中国文化的核心。① 阳明学也就在近代世界和天下视域中,成了真正的"中国阳明学"。

---

① 参见熊十力:《十力语要》,长沙:岳麓书社 2013 年版,第 63、154 页。

把工夫论作为中国哲学研究的新范畴

蒋伟胜　　郝颖颖[*]

内容提要：把工夫论作为新的范畴引入哲学有望在依傍西方哲学建立起来的中国哲学本体论、认识论、伦理学等范畴之外拓展出一个具有中国哲学特色的哲学研究新领域。以工夫论的视角审视某些哲学问题，将为这些问题增添新的解释维度。确立工夫论的哲学地位，将是中国哲学贡献于世界哲学的一个独特范畴。对工夫论的研究内容有：参照西方哲学与宗教中的实践和实践哲学概念为工夫和工夫论作出清晰的意义界定，明确工夫的分类和特征，深化对中国哲学史上工夫现象的认识。

关键词：工夫；工夫论；实践哲学；哲学范畴

早在 20 世纪 20 年代，梁启超在《儒家哲学》一书中就说："儒家哲学范围广博……做修己的工夫，做到极致，就是内圣；做安人的工夫，做到极致，就是外王。"[①]他把修己安人的内圣外王工夫作为儒家哲学的内容做过讨论；50 年代唐君毅写作《中国哲学原论》之时，也把工夫论作为中国哲学研究的内容提出来，其门人霍韬晦在该书导读中提道："中国哲学之精神不离实践，明道之后必然成教，以使后人得入圣学之门。用哲学话语来说，也就是本体论之后，须有工夫论。"[②]但是，把工夫哲学作为新哲学范畴确立起来，开展对工夫论的哲学研究，推动"从功夫论到功夫哲学的转向"，实现"哲学的功夫转向"和"功夫的哲学转向"，[③]以此彰显中国哲学的实践特质，还需要认真分析把工夫论作为新的范畴引入哲学研究领域会给哲学和工夫论的研究分别带来什么样的影响。

一

哲学要追求理性智慧，也要面向生活、面向实践；哲学要对理性的对象开展智慧的

---

* 蒋伟胜，哲学博士，浙江工商大学马克思主义学院副教授；郝颖颖，浙江工商大学马克思主义业硕士研究生。本文系国家社科基金项目"南宋浙学研究"（14BZX044）的阶段性成果。

① 梁启超：《儒家哲学》，长春：吉林人民出版社 2013 年版，第 5 页。
② 唐君毅：《中国哲学原论原教篇》，台北：台湾学生书局 1984 年版，第 1 页。
③ 倪培民：《从工夫论到工夫哲学》，《哲学动态》2018 年第 7 期。

追寻,也要对生活实践中的非理性内容进行理性的思考,从中得出理性的智慧。工夫论作为人们在理想人格追求中为达到崇高生命境界所采取的实践手段和方法,尽管具有非理性的因素,但也应该成为哲学研究的对象,研究非理性的工夫非但不会影响哲学的理性品质,还可以进一步推动哲学的发展。

"哲学本一西洋名词。今欲讲中国哲学史,其主要工作之一,即就中国历史上各种学问中,将其可以西洋所谓哲学名之者,选出而叙述之。"①冯友兰的论述清楚地说明了中国哲学学科是如何出现的问题。过去几十年间,学者用西方哲学作为标尺和剪刀去衡量和剪裁中国传统学术,从古代典籍资料中寻章摘句、采撷奇异,参照西方哲学,将传统学术中的某种学问或某种学问的某种部分,认为具有哲学属性或价值,加以剪辑、整理,苦心建构中国哲学学科,如冯友兰有以本体论、知识论、伦理学等范式撰写的中国哲学史;胡适列举哲学的六个门类:宇宙论、名学及知识论、人生哲学、教育哲学、政治哲学、宗教哲学,撰写《中国哲学史大纲》;侯外庐发掘中国思想史唯物主义和反正统的异端思想传统,并论证马克思主义哲学和这些传统可以结合;任继愈把中国哲学史写成唯物主义与唯心主义、形而上学与辩证法的斗争史;当代海外新儒家把中国哲学视为"心性之学",并以之为中心开展中国哲学研究;刘笑敢针对"中哲西化"(格义与反向格义)的问题提出恢复国学传统,等等。"如此区别哲学与非哲学,实在是以西洋哲学为标准,在现代知识情形下,这是不得不然的。"②前贤的努力确立了具有西方哲学样子的中国哲学史学科,也为寻找中国哲学特质做了积极有益的探索,但是都没有把体现中国哲学实践特性的工夫论作为独立的哲学范畴对待,当然也就没能把中国哲学区别于西方哲学的特质体现出来。开展工夫论研究,在依傍西方哲学建立起来的中国哲学本体论、认识论、伦理学等范畴之外,拓展出一个具有中国哲学特点的哲学研究新领域,将极大地推动中国哲学研究的发展,此其一。

其二,开展工夫论研究,以工夫论的视角审视某些哲学问题,将为这些问题增添新的解释维度。苏子诗云:"横看成岭侧成峰,远近高低各不同",对同一对象采取不同的省察视角,会形成不同的认知。在以往的研究中,从西方哲学的范畴出发,对中国哲学的某些问题做认识论、本体论、伦理学等角度的考察,得出了一些结论,如果换成工夫论的研究视角,也许会有新的说法。比如宋明理学中朱熹与陆九渊的分歧,从本体论的角度看,是别解"无极而太极"而有天理与本心的差异;从认识论的角度看,是对"格物致知"认识有差导致"穷格在物之理"与"格除心中物欲"的不同;而从工夫论的角度看,则是在"为学之方"上对"尊德性"与"道问学"重视程度的差异,朱熹要求两种工夫并进不废,且应该侧重于道问学,但陆九渊则偏重"尊德性"而不甚重视"道问学"工夫。南宋浙东学派与朱陆心性之学间的不同也可做如是观。从本体论的角度看,浙学与心性

---

① 冯友兰:《中国哲学史》,上海:华东师范大学出版社2000年版,第3页。
② 张岱年:《中国哲学大纲·自序》,北京:中国社会科学出版社1982年版,第17—18页。

学是要不要进行心性形上学建构的分歧；从认识论的角度看，浙学坚持"习学"的认识路径，心性学则以"格物"为要务；但是，最根本的分歧应该是在工夫论领域，浙学从经世致用传统出发坚持外王工夫，以经济事功的外王实践为成圣路径，心性学则因兼收佛老之学而优长于内圣工夫，认定格致诚正是学者首务。诸如此类，工夫论将为许多哲学问题提供新的解释维度，从而使我们对这些问题有新的认识。哲学讨论应该是开放的，哲学思考不应该设定任何前提，要在多元性的争论中拓展思维的边界，推动哲学的发展。

其三，确立工夫论的哲学地位，将是中国哲学贡献于世界哲学的一个独特范畴。在中国哲学界最早提出"世界哲学"概念的是冯友兰，写作于1947年的《中国哲学简史》中专章讨论了"世界政治与世界哲学"的问题，书中虽然没有为"世界哲学"概念做具体的解释，但根据行文可以大致领会冯先生意思：古代中国人说天下就是世界，中国古代哲学家关心天下就是关心世界，因此他们的哲学具有世界哲学的性质，《大学》是中国哲学的国际性例证，"作者是为世界政治和世界和平着想……光是治好自己本国，并不是为政的最后目的，也不是修身的最后目的。"①1948年冯友兰又在美国的英文刊物《哲学评论》上发表了题为《中国哲学与未来世界哲学》的文章，认为在中西哲学和文化在平等的基础上，中国哲学可以贡献于世界哲学的有两点：一是哲学方法，二是改进人生。哲学方法就是他常说的"负的方法"和由此得到的神秘主义境界体验，未来世界哲学会比中国传统哲学更理性一些，比西方传统哲学更神秘主义一些，西方哲学的理性主义与中国哲学的神秘主义相互补充，相互统一，形成未来的世界哲学。就改进人生而言，冯友兰认为中国哲学比西方传统哲学更注意生活境界，西方哲学擅长知性和知识价值论，注重运用工具理性建立事实判断；中国哲学重视价值判断多于事实判断，不仅关注实然世界，更关注应然世界。"中国哲学若能对未来世界哲学做出贡献，那就是这个公开的秘密：就在日常生活内实现最高的价值，还加上经过否定理性以'越过界限'的方法。"②80年代冯友兰撰写《中国哲学史新编》第七册时，又提到了世界哲学的问题，把中国哲学和世界哲学的未来归结为"仇必和而解"和"太和"。③ 冯友兰明确以哲学方法论和人生境界论作为中国哲学可以贡献于世界哲学的要素，工夫论无疑符合他的期待，因为"否定理性以'越过界限'的方法"的中国哲学方法论只能是工夫论。

2010年，李泽厚出版了题为《该中国哲学登场了？》的谈话录，一方面承认中国哲学现在还未站在世界哲学舞台上，另一方面认为该是上场的时候了，其中提到了"'情本体'以中国传统为基础，却是一种世界性视角"，意思是说他多年前提出的"情本体"可以成

---

① 冯友兰：《中国哲学简史》，北京：北京大学出版社1996年版，第158页。

② 冯友兰：《中国哲学与未来世界哲学》，见《三松堂全集》第11卷，郑州：河南人民出版社2000年版，第597页。

③ 冯友兰：《中国哲学史新编》第七册，见《三松堂全集》第10卷，郑州：河南人民出版社2000年版，第660页。

为中国哲学贡献于世界哲学的范畴。但是张汝伦教授以为中国现在还没有"竞创新思,卓而成家"的哲学家,"情本论"在理论上异常单薄,既没有对情感本身的分析和规定,也没有把情感作为"最后的实体"的论证,因而只能算是"意见"。张汝伦教授认为从世界哲学的视野看,因为缺乏原创性的哲学思想,现代中国哲学还不能登场,原创性哲学的标准,一是看它是否以独特的方式提出了真正重要的普遍性问题;二是看它是否真正有所创见。①

原创性的哲学一时难以出现,以独特的方式提出真正重要的普遍性问题却可以期待,中国哲学的工夫论就是具有独特性和普遍性的哲学问题。就独特性而言,只有中国哲学有工夫论这个范畴,而且是一个涵盖了实践方法、修炼技艺、理论依据、形上本体、修养境界等众多哲学领域的范畴,在世界范围内大概难以找到一个含义如此丰富的哲学问题。就普遍性而言,西方哲学有历史悠久的道德实践论哲学传统,亚里士多德说的实践活动就是以最高的善为目标,包括了道德活动和政治活动在内的人际交往行为,后来的哲学家如沃尔夫、康德等人也基本在这个意义上使用实践范畴,他们讨论道德哲学和政治哲学,思考人类正确的生活方式,探索人类行为与思维方式与善的生活目标的关系,道德实践论哲学与中国哲学工夫论中理性主义成分一致。而工夫论中的非理性主义和神秘主义内容,世界上许多宗教修行实践中也有类似现象,信仰者依据教义运用一定的方法展开修行,常常会产生与信仰对象"合一"的外向体验或者感受到自我意识超越时空的内向体验,这些神秘的体验感是宗教哲学研究的内容。甚至以理性主义为特色的希腊哲学,也具有工夫论的成分,如苏格拉底在街头长时间伫立沉思,是借用萨满宗教灵魂出窍的精神锻炼法;柏拉图派的理想是提高精神生活,消除感官享乐,采取的"精神锻炼"方法是少食不眠以弱化身体而使物欲不起,等等。以至于现代法国哲学家皮埃尔·阿多认为:"古代哲学作品的撰写并不是为了展现一个体系,而是为了产生一种培育的效果:哲学家希望带动他的读者们或听众们进行精神劳作,让他们进入某一种情绪倾向(disposition)的状态。"②中国哲学的工夫范畴成为世界哲学的内容,运用工夫论对道德实践、修养境界、宗教体验等现象展开研究,可以让人们对西方哲学的道德实践论传统和宗教哲学获得新的见解。

二

工夫与工夫论是具有中国文化特点的实践方式与理论,当代新儒家代表人物徐复观曾以为:"对工夫一词的特性不显,亦即对中国文化的特性不显"③,把工夫上升到了

---

① 张汝伦:《中国哲学如何在场》,《中国社会科学评价》2018年第1期。
② 皮埃尔·阿多:《作为生活方式的哲学》,姜丹丹译,上海:上海译文出版社2014年版,第72页。
③ 徐复观:《徐复观文集》第三卷,武汉:湖北人民出版社2002年版,第410页。

中国文化特性的高度加以论述。对工夫问题开展哲学研究，推动工夫论的哲学化，无疑将加深人们对工夫问题的认识，工夫和工夫论也将在哲学思考中得到发展。但是，虽然工夫现象一直存在于中国文化之中，"工夫"成为汉语词汇也有千余年之久，宋明理学中已经形成系统的工夫论，近代中国哲学关注工夫问题也有半个多世纪，但是迄今为止没有形成对工夫和工夫论的清晰定义。

现在人们一般认为工夫与功夫同义，基本有三层意思：一是指工程和劳动力，二是指素养造诣，三是指做事所费的时间和精力。源于《辞源》的这个说明显然不是一种定义，只能算是解释了这个词集中了工夫主体、工夫境界、工夫时间与精力三层意思于一身，具有演变成为哲学范畴的内在根据。

徐复观重视工夫论，尝试区分"方法"与"工夫"的差别，认为工夫可以算是广义的方法，但又与一般的方法不同，方法是"对自身以外的客观事物的对象，为了达到某种目的而加以处理、操运"，工夫则不然，"以自身为对象，尤其是以自身内在的精神为对象，为了达到某种目的，在人性论，则是为了达到潜伏着的生命根源、道德根源的呈现——而加内在的精神以处理、操运的，这才可谓之工夫。"①徐复观对工夫的认识具有显明的心性论色彩，只有以内在精神为对象、显现人性内在的生命根源、道德根源的处理和操作才是"工夫"，而以自身之外的客观事物为对象的活动只能算一般的"方法"。揆之以儒家经典，他的定义透露着深刻的心性门户之见，与经典之间存在着明显的扞格。孔子只说"性相近也，习相远也"，未尝论及人性问题，《论语》中提到的洒扫应对、下学上达显现不是为人性内在的生命根源而设施，因而不具有工夫论的意义，这实在难以让人接受；《大学》八条目中，格致诚正修齐治平是"一条鞭法"的整体工夫，但是按照徐复观的定义，格物、致知、诚意、正心的内圣修养是工夫，修身介于内圣与外王之间勉强还能算工夫，齐家、治国、平天下的外王事业则显然只是"方法"而不具有工夫的属性，这也不能令人信服。

日本学者的研究也具有的同样问题，据藤井伦明教授介绍，日本学者认为工夫是："自身是不完全之存在——不是圣人——的此种严格性自觉上，所实行的极具'意识性'之行为。"②以圣人完美人格为标准，针对个人的局限性展开的"意识性"行为称为工夫，工夫被理解为个体性、精神性的活动，经济事功、典章制度等具有社会性质的物质活动被排除在工夫之外，这不仅有违《大学》宗旨，也不符合儒学具有的政治属性。

开展对工夫论的哲学研究，破除诸如"工夫论是个体身心状态的修养技术以及由此技术获得的经验的思考与讨论"、"工夫是在为达到某种精神性、理想性或超越性的精神目的所采取的方法手段"等流俗性的见解，参照西方哲学与宗教中的实践和实践哲学概念为工夫和工夫论作出清晰的意义界定，是哲学对工夫问题作出理性解释的基

---

①　徐复观：《徐复观文集》第三卷，武汉：湖北人民出版社 2002 年版，第 410 页。

②　杨儒宾、祝平次：《儒学的气论与工夫论》，上海：华东师范大学出版社 2008 年版，第 208 页。

本要求,将实质性地推动中国哲学工夫论研究的发展,此其一。

其二,开展工夫问题的哲学研究,将有利于明确工夫的分类和特征。近年来,越来越多的学者关注工夫论研究,除了试图探讨工夫的内涵与外延之外,也对工夫开展了一些分类工作,如倪培民教授把工夫分为实践智慧、技艺、行为主体的精神境界三个方面;①王正教授认为先秦儒者的工夫包括学、思、行三个层面,学是指学习儒家六艺,包括古典文献和使用技能,思包括认知理性和道德理性,以此来确定人的道德主体性,行是将学、思所得付诸实践、致用;②杜保瑞教授把工夫分为道家理论指导下的宇宙论进路的修炼论、儒家道德哲学指导下的本体论进路的修养论、佛家理论指导下包含宇宙论进路和本体论进路的修行论三种;③朱汉民教授、汪俐教授把工夫分为通往圣贤之路的"过程"、成圣过程中使用的"方法"、圣贤所达到的"境界"三个要素。④ 学者们虽然不约而同对工夫采用三分法分类,但是所用标准各不相同,所得结果也大相径庭,有的划分法只包括工夫活动本身,有的则涵盖了指导理论、工夫活动所得的结果、达到的境界等,这固然体现了学术自由与繁荣,表现了哲学思维的开放性,但也不免让人无所适从,到底应该如何对工夫实践进行分类、每一类工夫又具有什么样的特征? 开展工夫论的哲学研究,未必能够,其实也大可不必,对工夫的分类标准和特征分析做出统一解释,但是必定会使这一问题得到进一步的澄清,让人们对工夫类别和特征有一个大致的共识。

其三,把工夫论作为独立的范畴应用于哲学研究,可以深化对中国哲学史上工夫现象的认识。中国哲学的工夫现象源远流长,西周礼乐制度就具有工夫意义,周王室为保有天命以礼乐的形式对全体周人进行行为约束,制定政治、宗教、礼仪等各种制度让大家过有德性的生活。先秦儒家已经形成系统的工夫思想,《论语》中既有"克己复礼"建设社会秩序的外向开拓,也有"曾子三省"关注个体修养的内向探索;《大学》更形成了内圣外王一体的格物、致知、诚意、正心、修身、治国、平天下的"八条目"工夫系统;《孟子》"尽心、知性、知天"的修身践形工夫侧重于心性内圣修养,深刻影响中国文化;《荀子》提倡"虚壹而静"以"解蔽"、"积学师法"以"化性起伪",强调外在约束的工夫理论与实践对古代学术的发展也产生过重要影响。宋明儒学在吸收佛老思想的基础上形成了完善的工夫论哲学,既有程朱理学以尊德性与道问学并进不废的"居敬穷理"工夫,也有陆王心学以尊德性为特色的"明本心""致良知"工夫,还有浙学诸子注重外王事业的"经制"、"习学"工夫,不仅工夫形式多样,而且都有坚实的形上学理论作为工夫依据,使中国哲学工夫论臻于完善。然而,受西方哲学研究范式的影响,在过去的研究中人们常常把工夫问题当做认识论问题看待,有时为了体现中国哲学方法的特殊性也称之为"为学之方",都是从哲学的理性主义视角展开论述。体现中国哲学特殊性与世界

---

① 倪培民:《从功夫论到功夫哲学》,《哲学动态》2018 年第 7 期。

② 王正:《先秦儒家工夫论研究》,北京:知识产权出版社 2015 年版,第 2—3 页。

③ 杜保瑞:《中国哲学方法论》,台北:台湾商务印书馆 2013 年版,第 51—52 页。

④ 朱汉民、汪俐:《从工夫到工夫论》,《湖南大学学报(社会科学版)》2019 年第 4 期。

哲学普遍性相统一的工夫哲学理论,没有得到充分的研究。

独立研究中国哲学工夫论,深化对工夫现象的认识,可以从纵向上梳理工夫发展史。遵循历史与逻辑相统一的原则,把工夫与工夫论的发展历程呈现出来,既可以帮助人们认清工夫发展的线索,也有助于确立工夫论作为独立的哲学范畴的正当性。就儒家工夫论而言,儒学发展的不同时期,其工夫特点是不一样的,先秦儒家在关注人的身心完备的同时,还要参与社会和政治秩序的重建,其工夫表现为内圣外王一体、修身工夫与经世工夫并举;宋明理学的工夫论不仅大量吸收了佛老之学的工夫手段和理论而显得细密、完整,所面临的时代环境也与前代不同,虽然儒者依然有积极入世的愿望,但现实留给他们展示政治抱负的空间却不大,于是理学工夫更注重于完善心性的内圣领域,尤其是阳明心学的出现,几乎将内圣工夫推向登峰造极的地步。通过工夫发展史的研究,勾勒出不同时期、不同学派的工夫特点,呈现工夫特点与政治环境、学术发展、时代精神之间的关系,展示工夫论作为中国哲学分支学科的合理意义。

深化工夫论的研究,也可以从横向上分辨儒、释、道三家工夫的异同,在工夫同异之辨中理解各家工夫理论的特点。杜保瑞教授在这方面开展了非常有益的探索,他把工夫理论与境界哲学上升到中国哲学的基本问题高度加以论述,认为工夫论是"描写儒释道各学的共同语言"①,把工夫论思维分为"宇宙论意义下的思维"与"本体论意义下的思维"两种,工夫形态分为修养论、修炼论、修行论三种,两种思维与三种形态相结合,形成了不同的工夫进路,儒家工夫是本体论意义下思维的修养论、道家工夫是宇宙论意义下思维的修炼论、佛家工夫是宇宙论、本体论思维同时使用的修行论。林永胜教授则通过对《佛说大安般守意经》中的数息观的研究,整理概括出佛教工夫的五大特征:1. 有一套仪式化的操作步骤;2. 仪式包含具体的操作要求;3. 仪式化的操作步骤具有可重复性;4. 仪式中要求身体与精神的高度专一与集中;5. 仪式化操作应该具有进阶性与次第性。② 杜保瑞教授的研究分辨了儒释道三家工夫的形而上学差异,林永胜教授的概括体现了佛家工夫的仪式性特点,借鉴他们的思路,可以深入研究儒释道三家哲学在工夫论问题上各自擅长的胜场,还可以进一步分析三家哲学的不同发展阶段、各分支学派、甚至某一个学者的工夫论特点,把工夫论的丰富性呈现出来。

深化工夫论的研究,还可以在中西哲学比较的层面上开展,分辨中西工夫论的异同,彰显中国哲学工夫论成己成物的特点。西方理性主义哲学传统中经常会有哲学家承认理性具有局限,认为"世界存在的事实就是神秘的"③,世界的存在无法言说,既是语言的局限,也是理性的局限,所以一部分哲学家持不可知论的观点,认为对无法言说的世界应该保持缄默,而另一部分人转而运用"精神锻炼"、"身心修炼"等类似工夫的

---

① 杜保瑞:《中国哲学方法论》,台北:台湾商务印书馆 2013 年版,第 30 页。

② 杨儒宾、祝平次:《儒学的气论与工夫论》,上海:华东师范大学出版社 2008 年版,第 232 页。

③ 皮埃尔·阿多:《作为生活方式的哲学》,姜丹丹译,上海:上海译文出版社 2014 年版,第 96 页。

方式感知世界,使理性主义哲学传统中具有了神秘主义的色调。至于西方宗教文化中,信仰者在教义指导下开展修行而产生与信仰对象合一或自我意识超越的境界体验,更是普遍现象。将中国哲学的工夫论与西方哲学、宗教中类似工夫的现象在实践哲学的维度上进行比较研究,不仅可以发掘东西文化史上一种特殊的实践形式,还可以彰显中国哲学独特的"成人"功能。中国哲学是以工夫论为中心的实践哲学,其中也有本体论、宇宙论的形上学建构,也描绘神秘体验的殊胜境界,但是,如果形上学与境界论不能与工夫论相结合,性与天道的形上学只是关于价值问题的抽象知识,不能显示为现实的德性,境界则永远只是虚幻的空中楼阁,根本不可能实现。工夫实践是联结全部中国哲学内容的纽带,在工夫中发动主体的内在本质力量,将本体经过价值实践之后转化成为有生命意义的理想世界,价值中心、伦理意义的宇宙本体论经由工夫实践而达成主客双美的状态,主体尽心知性到达圣人地步,客体天下治平成为完美社会,二者合而为一,实现成己成物、内圣外王一体无间。

三

工夫论是能够代表中国传统哲学特点的理论,但长期没有得到应有的重视,其原因大概与人们对哲学概念的理解有关。希腊语中哲学一词(philosophy)是由两个词根爱(philos)和智慧(sophia)组成,哲学是对智慧的热爱与追求。根据亚里士多德的阐述,"智慧是关于某些本原和原因的科学",而且只有"研究最初原因和本原才可称之为智慧"①,这种探究最初原因和本原的科学肯定不是感觉的对象,"最普遍的东西也是最难知的,因为它离感觉最远"②,而是理性的智慧,哲学就是关于理性智慧的学问。其实,早在苏格拉底提出"理性神"概念的时候,西方哲学就已经具备倡导理性的品格,柏拉图之后的西方主流哲学的发展史基本就是一部宣扬理性智慧的历史。但是,本体论思维的柏拉图式哲学是西方典型的静观沉思型哲学,非但认定变动不居的现象世界为虚幻,把存在的真实性锚定于永恒不变的观念世界,认为只有对观念的思考才有意义,才具有哲学的属性,而且放弃了对充满生活情趣、富于创新精神的实践领域的探索,实践智慧被认为不配具有理性思考的严肃性被弃之不顾。对此,尼采在批判西方哲学的理性主义传统时就已经指出,苏格拉底是一个堕落的天才,他把生命的价值归结为追求客观的理性知识,是对生命的变相否定,因为只要用知识去评价生活,生活势必被看做是消极、被动东西,把生动活泼的、有意义的生活看做是沉思而不是行动,"我们只要清楚的设想一下苏格拉底命题的结论:知识即是美德,邪恶仅仅来源于无知,有德者即幸福

---

① 《亚里士多德全集》第七卷,北京:中国人民大学出版社 1993 年版,第 29 页。
② 《亚里士多德全集》第七卷,北京:中国人民大学出版社 1993 年版,第 30 页。

者。悲剧的灭亡已经包含在这三个乐观主义的基本公式之中了。"①

马克思也批判西方哲学传统，以至于"哲学家"一词常常被他当做贬义词使用，因为"哲学家们只是用不同的方式解释世界，问题在于改变世界"②，哲学只是从客体的方面以直观的方式对世界做出静态的解释，而问题是"全部社会生活在本质上是实践的"，人作为社会生活的主体，不断地通过自己的实践活动调整着人与自然、人与社会、人与人之间的关系，人与世界的关系是辩证互动的过程，不仅是世界创造了人，人也创造着世界。所以马克思主义哲学以实践自身的矛盾性为基础，创立实践主体性哲学，关注现实地从事着实践活动的人，完成了对以观念为对象的旧哲学的超越。

西方传统哲学把对对象的理性思考错认为只有理性的对象才能进行理性地思考，从而把哲学的对象指向了观念世界，偏离活泼的生活实践而显得抱残守缺，所以尼采呼唤"哲学的生活转向"、马克思要求"哲学的实践转向"。中国传统哲学的工夫论一直是面向生活、面向实践、面向人的哲学形态，不仅关注人格致诚正的精神修炼，更强调修齐治平的社会实践；不仅建构天理良心的观念形上学，更突出持敬穷理的实践探索；不仅描绘万物一体的境界殊胜，更要求循序渐进的工夫修炼，只是因为其中包含了许多非理性乃至神秘主义的成分，人们无法对其作出理性的解释，因而被拆除在传统哲学的研究范围之外。如果把哲学关注的对象从观念世界转向人的生活世界，以人的实践活动为出发点开展哲学思考，哲学思考的对象不仅指向理性的对象，也包括非理性的存在，那么工夫论无疑具有哲学的品格，应该被纳入哲学研究的范围，甚至应该以工夫论为中心展开中国哲学的研究，以体现中国哲学的实践品质，这不仅有利于澄清工夫问题，也可以推动哲学的发展。

① 尼采：《悲剧的诞生》，北京：三联书店1988年版，第60页。
② 《马克思恩格斯文集》第1卷，北京：人民出版社2009年版，第502页。

论中国哲学真理观的检证原则

朱光磊*

内容提要：中国哲学的真理观属于非实在论的、价值性的，需要修道者通过生命实践来证成。在真理观的检证问题上，中国哲学的真理需要符合主体性检证原则与客观性检证原则。主体性检证原则是指，追求真理的主体够摆脱欲望的束缚而持有纯粹自由意识的心灵状态；客观性检证原则是指，真理对于现实世界的主张不能与现实世界的基本价值观相对立。在这样的检证原则下，中国哲学的真理观在限定中达到多元，尊重并包含各种对于宇宙人生的美好向往，在多种美好向往中塑造相互和谐的世界图景与人生意义。

关键词：中国哲学；真理；主体性检证原则；客观性检证原则

真理是什么？凡是具有一套整体性的宇宙人生解释系统的学说都必须面对这样的问题。传统中国哲学的研究，多从本体论、工夫论、心性论、境界论等角度切入，但对于中国哲学的真理观问题则很少关注。然而，真理观的问题却是中国哲学无法回避的问题。在中国哲学中，如果仅仅以儒释道三教为代表，那么三教都会宣称自己所阐释的教义为宇宙人生之真理，都对人生实践起到了指导性的作用，因而三教的教义中都必然蕴含着真理观的理解。[①] 这种理解或许在某个单独的思想系统中不会产生太大的问题，但是一旦进入三教关系的领域，则三教教义的差异性必然会彰显出三教真理观的区别。于是，谁是真理，谁是谬误，俨然成为三教争论的焦点。

在中国思想史上，儒释道各家中都有一些人士希望解决真理观谁是谁非的问题。他们或者化解差异性，三教归一，认为儒释道三教讲的是同一个真理，从而会通了三教；或者错开差异性，进行高低判教，认为某家学说揭示了宇宙人生之真理，为最高的学说；而其他学说虽不至于沦为谬论，但仅仅窥见真理之一部分，具有一定的保留价值，因此处于系统的低级层面。

上述的会通与分判，虽然对于化解三教之矛盾具有积极作用，但相应又会产生新的

---

* 朱光磊（1983—　）男，江苏苏州人，苏州大学政治与公共管理学院哲学系副系主任，副教授，研究方向为中国哲学。本文为国家社科项目"先秦诸子社会治理的思想体系与理论判释"（18CZX041）阶段性成果。

① 本文中的中国哲学的讨论，主要限定在儒、释、道三家，即具有超越性的形上图景的学说。

问题。三教归一的会通方式，抹去了三教各自的差异，仅仅保留了三教的共性。这种方式虽然显得较为和谐，但所会通的共性似乎又极难凸显某一个学说之所以为其学说的本质。互判高下的判教方式，凸显了某一个学说之所以为其学说的本质，并将其他学说纳入该学说的低级阶段。这种方式虽然可以保持某一学说的本质，但是对于判低的学说，则会因义理遭到曲解而进行反抗，并不易维持和谐共存的局面。

由此可见，厘清中国哲学的真理观，需要在传统的三教归一、互判高下的模式之外，另外再开辟一条道路，从而不仅能够很好地解释三教各自学说的真理性，同时还能保持三教真理的相互和谐关系。

一、真理的两类理解与中国哲学中真理的定位

在讨论中国哲学的真理观问题时，我们需要厘清对于真理的理解。在此需要区分两对重要的概念：其一，实在论真理与非实在论真理；其二，事实性真理与价值性真理。

（一）实在论真理与非实在论真理

真理在我们常识中，似乎是先天地存在于某处而默默等待我们去发现的。因此，发现真理的方法则显得异常重要。"方法与真理之间关系的实质是一个既大又难的问题。对它们如何关联的一个自然的解释将会如是：使用正确的方法，你就会达到真理；使用错误的方法，你就可能会陷入谬误。根据这种观点，合理的方法论原则宛如机场跑道上的灯，指导我们到达目的地。这的确是现代科学方法之伟大的先驱们——培根、伽利略、笛卡尔及其他人——的观点，并且有所保留地，它大概仍然是今天大多数人的观点。"①上述由于科学方法的进步而凸显的真理观颇具有实在论的特色。在实在论真理观看来，如果对于真理的理解不同，那么可能会出现以下三种解释路径：其一，某一家是正确的，其余各家都是错误的；其二，所有各家都是错误的；其三，所有各家都是对于唯一真理的不同层面的解释。（其实，第三种解释是对前两种解释的综合。从不是真理的整全理解上看，则其答案与真理就有差距，因此就必然存在谬误；从反映真理的某个层面上看，则其答案又具有真理性。）很明显，实在论真理观的第一种解释必然得出其余各家理论错误的结论，得不到其余各家的支持；第二种解释完全不能得到各家学说的承认；第三种解释虽然貌似公允地处理各家学说，但其实各家学说也并不真心愿意承认自家学说为真理的某一个层面，并且某家学说到底属于真理哪一个层面的学理争论更难以达成和解。

如果我们可以转换视角，不将真理视为实在论的，而是视为非实在论的，那么情况似乎就会有所好转。真理虽然现成的在那里，但并不是如科学真理一般实质的、实然的

---

① 霍奈尔、韦斯科特：《什么是哲学》，北京：中国人民大学出版社 2010 年版，第 139 页。

处在那里，而是与周围所有元素具有联系地处在那里。这个时候，虽然我们追求真理，但真理并非独立于追求真理的方法之外，相反，真理与方法结为一体。有什么样的追求真理的方法，就会有什么样的真理得以显现。这样的观点，就会把真理看成是整个系统中的一环，它随着整个系统的变化而变化；而不是把真理看成是绝对的、静止的、形上学的独自的存在。研究真理的方法，进入真理的途径，都会影响对真理本身的理解。当然，在整个系统变化过程中的某个状态，这个状态中的真理对于此系统状态就是唯一的真理。在这个状态中，系统中的其他元素视此真理是唯一的、实有的。系统如果重新换一个视角，由此状态变为彼状态，那么彼状态中仍旧指向某个真理。彼状态中的真理相应于彼状态中的诸多元素也是唯一的、实有的。然而，此状态中的真理与彼状态中的真理，具有本质性的差异。这样的真理观理解，类似于心理学上的格式塔转换，整体系统还是如此，因为换了状态（视角），则整体系统的核心意义以及整体面貌都发生了改变。真理在格式塔转换中的诸多场景中都可以出场，表现出各种各样的具有差异的本质属性。

（二）事实性真理与价值性真理

相对于实在论真理，常识所理解的真理形态，多为事实性真理。事实性真理仿佛就在那里，纯粹客观的，隐在世界的某处而等我们去发现。而且，无论我们所经验的世界发生了多少变化，事实性真理仍旧保持其本质的特征。真理的处所在我们之外的世界之中，而我们需要不断改进认识方法来持续不断地接近这样的真理。既有的发现，就是不断地在揭示真理，但似乎还没有穷尽真理的全部，只有持续不断地坚持，才能不断地接近真理，并希望在历史的终点彻底达到真理的全部。由此可以看到，这种事实性的真理，其实将真理归之于人生之外，属于外在性的真理。

然而，价值性真理却与此不同。如果我们将真理由外在性转为内在性，那么真理就在我之中，真理的获得仿佛轻而易举、唾手可得。真理的标准由主体之我给出，万物都由我的实践活动而趋向真理。在这样的真理理解中，寻求真理、获得真理就是返求内心的工夫，而其更为重要的目的并不仅仅是获取真理，而是如何去充分地实践真理。这种实践性表明了一种价值意义的应然性。因而，内在性的真理所体现的，并不是客观化的事实，而是应然的价值。其所追求的目的，则是应然价值对实然事实的改造，从而达到价值的持续落实与实现。价值性真理也可以谈实在性，比如认为内在的价值之源是真实不虚的；但是这种真实不虚是主体性的、超验价值的真实不虚，而不是客观化的、经验事实的真实不虚。价值性真理也可以谈外在性，比如认为价值实现的世界图景是客观而普遍的；但是这种外在性不是纯粹的客观的、独立的外在性，而是与价值之源、主体实践紧密联系的外在性。

（三）中国哲学中真理的定位

中国哲学是以人为核心而关联到宇宙人生的整全系统。就儒释道三家而论，儒家谈仁爱良知;佛家谈般若智心;道家谈道心,都是就着主体心灵而言的。仁爱良知、般若智心、道心都给予宇宙人生以普遍的价值意义,并且都需要修道者通过工夫返求内心去寻求价值的本源,同时还要将此价值进行逐步的扩充与实践。从这个意义上看,中国哲学中的真理是价值性的真理,而不是事实性的真理。

同时,若从儒释道三家任何一家来看,任何一家都会认为自己所秉持的价值性真理是实在而真实的①。但是,倘若跳出某一家的领域而统观三家的价值性真理的状态,那么三家的真理都是与其所阐释的具有各自学说特征的宇宙人生的理解相联系的。固然,在某一家学说系统中,可以说鉴于实在性的真理性理解,宇宙人生才会呈现出相应的面貌,但是,统观三家学说,则还可以将之转换为,赋予宇宙人生不同的面貌,就会呈现出不同的真理性理解。这样一来,中国哲学中的真理就是非实在论的,而具体某一家的实在性的真理则是非实在论的真理在诸多理解中以某一种理解面向的特定呈现。

二、检证价值性真理的主体性原则

当我们理解了中国哲学中的真理是价值性的、并且在超越三教的特殊性上看呈现出非实在论的,那么中国哲学中的真理的检证,就无法从某种固定真理的立场进行审视,而是需要转换新的方式。

从价值性上看,儒家的真理是生生不息的天道,道家的真理是万物独化的自然,佛教的真理是缘起缘灭的空性。这三家学说虽然都对宇宙人生有系统的解释,但解释中的价值指引并不能从宇宙人生的实然性中直观的获取,而是需要在三家的系统影响下才能获得对于宇宙人生的价值性理解。三家学说的真理都是即着经验的宇宙人生而不断地超越其经验性,而指向经验世界所未能含有的境地,从而又反向对于经验世界予以价值指引。三家系统中所共同针对的经验世界具有共通性,而对于经验世界的超越与指引,则显示出差异化的路径和目标。因此,我们不能从三教真理的价值指引来判断何者为真,何者为假。我们不能在三种价值指引之外再去确立一个绝对的真理性的价值指引,也不能以某一家的价值指引为真理,而以其他两家的价值指引为谬误。所以,我们检证真理的时候,不能从真理自身去直接地检证,而是要间接地去检证——从生成真理的主体心灵与客观功效上去检证。

从生成真理的主体心灵方面去间接地检证,即是检证价值性真理的主体性原则。在中国哲学中,三教都是生命的学问,都需要从生命的体证上入手,从自心上去求道。这个时候,心灵在三教中的理解就具有颇为重要的地位。从悟道的修行工夫上看,心灵

---

① 中国哲学的真理的实在性,是就三教根本真理的真实不虚而言的,此实在性并不一定是如实体一般的客观存在。儒家的仁心良知所显现的天道,或许可以说具有实体性质;但道家道心所开显的自然境界、佛家般若智所开显的如如实相,则皆不具有实体性质,但仍旧可以从三家境界指引之真实不虚谈价值的实在性。

是悟道获得真理的最为关键的枢要,并具有自由自觉的主宰功能。

(一)心灵的自由功能

心灵的自由功能包括心灵的形上学的自由与在自由状态下所显现的价值必然性。自由与必然是统一的整体,张岱年先生说:"意志自由问题,亦即自由与必然的问题,是伦理学中的一个重要问题。从孔子以来,许多思想家都肯定人有独立的意志。"①

从形上学自由来看,心灵为气命所限,故其自由并不是无限地自由,而是被限定在心灵自身有限性构造所能生成的领域中。在此领域中,心灵可以选择如此,也可以选择不如此。选择与不选择完全是自由的。心灵固然可以受到自身时间性中历史经验积累的影响,但是这种影响不是决定性的,而是参考性的,最终心灵可以接受这种参考作出选择,也可以不接受这种参考作出选择,甚至作出完全与这种参考背道而驰的选择。在有限领域中的完全自由的选择,即是心灵的形而上的自由。

从价值必然性来看,在心灵形上学自由的基础上,心灵所作出的抉择、开展的方向,则具有自由的必然性。因为这种价值旨向没有外物的牵绊,没有欲望的引诱,故其产生的方向必然是不受任何后天经验事物的影响,因而具有先天的恒定性。事实上,三家学说都承认这种自由基础上的必然性,并且认为这种必然性指向了最终的真理。只是,三家学说对于心灵自由所开显的必然性理解不同,儒家将此必然性定位为普遍的道德性,道家将此必然性定位为万物各自独特的自然本性,佛家将此必然性定位为万法缘起的真空假有。

关于心灵的自由功能,儒释道三家论述得都很充分,但似乎都将自由与必然融合起来论述,并不纯粹谈形上学的自由。比如,孟子引孔子之言曰:"操则存,舍则亡;出入无时,莫知其乡",并认为这是"惟心之谓与?"(《孟子·告子上》)如此论述的心灵,如果仅仅就"出入无时,莫知其乡"而言,则是纯粹形上学自由的定位,但若加上"操则存,舍则亡"时,则又含有必然性的意味,即在操的工夫论状态下,心达到纯粹自由,从而显示出良知良能;而在舍的沉溺欲望状态下,心被物欲所牵引,从而不能显示出良知良能。

与此纯粹自由论述的稀少性相反,将自由与必然融合起来论述的说法就非常丰富。在儒家哲学中,孔子说:"为仁由己,而由人乎哉"(《论语·颜渊》)、"求仁而得仁"(《论语·述而》)、"仁远乎哉?我欲仁,斯仁至矣。"(《论语·述而》)孔子的这些话,都是在纯粹意志的自由状态中所显现的仁的价值指引。在道家哲学中,老子言:"虚其心"(《老子·第三章》)、庄子言:"堕肢体,黜聪明,离形去知,同于大通,此谓坐忘"(《庄子·大宗师》)。道家的虚心坐忘,就是要把牵绊心灵的欲望去除掉,从而获得内在真正的本性。在佛教哲学中,慧能大师也谈到心的自由意志问题,其言:"内外不住,去来自由"(《坛经·般若品》)。所谓"内外不住",就是不被内在的情感欲望与外在的经验

---

① 张岱年:《中国伦理思想研究》,南京:江苏教育出版社 2009 年版,第 129 页。

事物所牵引从而失去了本心的清净,而是要保留自家当下清净之心来行动。

(二)心灵的自觉功能

心灵是自我的主宰,其意思可以从如下表述来理解,即:心灵处于自由状态下为心灵自身所主宰,心灵处于不自由状态下也为心灵自身所主宰,心灵从自由状态转换为不自由状态,或者从不自由状态转换为自由状态,也为心灵自身所主宰。自由与不自由,完全是心灵自己主宰使然。

心灵要达到上述的功效,需要具备两个条件,一个是心灵具有自我转换的功能,一个是心灵能够自我察觉的功能。心灵的自我转换功能在心灵的形上学自由的阐述中已然体现。但是,如果心灵仅仅具有抉择功能但不能察觉自己的抉择是自由的还是不自由的,那么心灵就无法作出变动。这种变动,既可以是从纯粹自由状态向外物影响状态的滑落,也可以是从外物影响状态向纯粹自由状态的修正。无论心灵在何种状态下,心灵都能察觉到这种状态,并反省自己应该往纯粹自由状态努力。

在儒家哲学中,孔子称之为"行己有耻"(《论语·子路》),孟子称之"羞恶之心"(《孟子·告子上》),王阳明称之为"知善知恶是良知"(《传习录·卷下》);在道家哲学中,庄子称之为"如求得其情与不得,无益损乎其真"(《庄子·逍遥游》);在佛教哲学中,《杂阿含经》有云:"世间若成就,惭愧二法者,增长清净道,永闭生死门。"①儒家认为人在逐欲状态下会因为自己心灵不纯粹而感到耻辱;道家会认为人即使在求不得其情的状态下心灵的真宰还能发挥完美的作用;佛家会认为人在错误的思维中心中会生起惭愧。儒释道三教的言论表明,心灵无论在自由中还是沉溺中,都能够明白自己所处的处境,只要自己愿意改变,都能够作出相应的修正。

结合以上心灵的自由与自觉功能来看,尽管自由状态之后生成的价值指向三教都不一样,但是从(1)心灵需要纯粹自由与(2)若不自由而可以趋向自由这两点来看,则为三家之共法。这两点可以归纳为一个"诚"字,所谓"心诚则灵"。"心诚"需要修道之主体在追求真理的过程中,自觉抛弃物欲的牵绊,达到纯粹自由意志的状态。这个时候,欲望所塑造的小我就会消失,再也不会将追求的对象当做满足欲望小我的手段,而是展现出无所待的大我,这个大我不会将追求的对象当做手段,而是真诚地将自己投入到真理的追求之中,自身与真理合一就是实践的目的。

主体性原则需要心灵真诚地投入到活动之中,这个是修道者自我的检证。检证自我所追求的是不是真理,就在于反省自己的心灵是不是真诚,是不是能够摆脱欲望的束缚而在纯粹自由意识的心灵状态中。至于在纯粹自由意识状态中所生成的价值旨向的特征,以及心灵在此旨向中所呈现的修道境界,则可以千差万别,各有不同,不在检证之列。

---

① 《杂阿含经·卷第四十七》,见《大正藏》第99卷,第341页上。

因此,检证价值性真理的主体性原则就会得到如下的表述:追求真理的修道者必须使自我的心灵能够摆脱欲望的束缚而持有纯粹自由意识的心灵状态。达到此状态的心灵中所呈现的可能为真理,不达到此状态的心灵中所呈现的必然不是真理。

三、检证价值性真理的客观性原则

上述的主体性原则是自我检证真理的方法。这对于一个具有正常心理并能够循序渐进的自我修行者而言,已经是一个相对完备的可供依赖的检证途径。但是,事情也完全具有如下的可能:自我修行者在修行过程中走火入魔,完全丧失了自我的心智,将一种谬误当做真理。他或者是不真诚地追求某种真理,但自认为是真诚地,或者是真诚地追求某种谬误。这个时候,自我检证的方法似乎就不起作用了。于是,我们还需要增加一条检证真理的客观性原则来进行保障。

借用杜保瑞先生在《哲学概论》一书中的阐释,我们可以将中国哲学中的世界分为现实世界与它在世界。① 现实世界是儒释道三教所共同承认的经验的、凡夫的世界,这是三个世界的交集。它在世界则是三教各自价值旨向与修道境界所构成的独特世界,某一家的它在世界并不与其他两家的它在世界重合。具有特色的真理观并不能仅仅依靠现实世界来体现,而是需要依靠它在世界来体现,要么是以纯粹的它在世界来体现真理,要么是以它在世界与它在世界观照重构下的现实世界的融合来体现真理。

各教的真理,主要聚焦在它在世界上。但是,从它在世界这一途径上,能否检证其真理呢? 杜先生对此持肯定的态度,他认为:"儒释道三教都有丰富的锻炼案例以供参考,但实践仍是提升经验能力的唯一方法。实践之,达成之,从而证成之,这就是中国哲学实践进路的真理观证成方式。"②由于中国哲学的价值性真理,可以通过主体实践进行检证。这样的观点,在某一教的系统内部固然可以成立,但要三教相互承认则比较困难。三教或许可以认可实践的工夫路径,但对于工夫实践路径所达成的最终境界,则仍旧无法统一。如果从具体的工夫境界上说,这种工夫实践的证成方式在该学说之外的其他学说中是无法证成的,也就是说工夫实践的检证无法达到客观性,而容易导致在自我系统中自说自话。其他系统既不能判定该系统中实践所达成的是真理,当然也无法轻易地否定该系统中实践所达成的不是真理。(要否定其他系统的真理性,该系统就必须证明自己的真理具有适用所有系统的普遍性,这一点是价值性真理通过工夫实践所无法轻易达成的。)这既是工夫实践的优点,又是工夫实践的缺点。从优点来看,从理性上难以轻易相互进行否定;从缺点来看,从理性上难以确立唯一的真理观,对由工夫实践获取的价值指引和修道境界的各教差异不进行评论,不作为检证的依据。(理

---

① 参见杜保瑞、陈荣华:《哲学概论》,台北:五南图书出版股份有限公司 2008 年版,第 308 页。
② 杜保瑞、陈荣华:《哲学概论》,台北:五南图书出版股份有限公司 2008 年版,第 310 页。

性在这一层面无法发挥作用,故而只能缄默。)如果持宽松的态度,那么对于各种工夫实践达成的不同真理都予以承认,这就是杜先生所持的多元真理观。如果持严格的态度,那么对于各种工夫实践所达成的不同真理都不置可否,不能做出最后的定论。试想,如果有这么一种教义学说,认为对于不信本教的异教徒可以通过杀戮的方式帮助他们的灵魂进入神的世界。所以杀戮不是恶的,而是最大的善。这种价值指引在该教特殊的修行实践中不断映现在信徒心中,并指导他们行动。这也是价值性的真理通过工夫实践来证成的,但我们不能容忍这是多元真理中的一元,而应该斥之为邪教予以取缔。然而,对于这类邪教,它在世界的工夫实践证成这一理路并不能很好地予以驳斥,故而我们需要另外确立一种客观性的检证方式。

我们需要从它在世界的检证性上退回,将注意力放在现实世界上。客观化的检证性不能从工夫实践证成真理上来看①,而是需要从此种真理观对现实世界的影响中进行考察。也就是说,如果某人说他真诚地投身于某种学说,我们不需要考虑某种学说在它在世界上的建构,而是需要考虑这种学说如何影响信徒的现实世界。心诚所彰显的境界(它在世界)不在检证之列;心诚所彰显的境界对现实世界的作用,则在检证之列。因此,从真理的客观功效方面去间接地检证,即是检证价值性真理的客观性原则。

某价值性的学说是否为真理,需要考察该学说对于现实世界的态度,也就是说,该真理对于现实世界的影响,是否与现实世界所在时代的基本价值观矛盾。如果不矛盾,就可以承认其真理性;如果矛盾,就需要否定其真理性。所谓的矛盾,就是该教义与现实世界的基本价值观完全对立,现实世界价值观要往东,该教义说往东错误,必须往西。所谓不矛盾,就有两种可能,一种是促进现实世界的基本价值观,比如现实世界价值观要往东,该教义也说要往东,并且还说出一套更为超越的理由来论证往东的必然性;另外一种是不妨碍现实世界的基本价值观,比如现实世界价值观要往东,该教义说往东往西皆可,并不具往东或者往西的必然性,但也可以顺着现实世界往东而说往东。第一种对立性的主张属于反人类、反社会的反世间,第二种促进性的主张属于入世间,第三种无碍性的主张属于出世间。入世间与出世间的主张,都与现实世界基本价值观不矛盾,都是可以承认其真理性,唯有反世间的主张,与现实世界基本价值观矛盾,不能承认其真理性。

上述的现实世界所在时代的基本价值观并没有予以具体内容,我们只是认为一个良序社会的运行,必然需要基本价值观来保证。但此基本价值观是什么,则由于文化历

---

① 个体的工夫实践及其所生成的独特的修道境界不能作为检证真理的客观依据,是针对中国哲学儒释道三教的真理的差异性特征而言的。需要注意的是,"工夫实践"与"实践是检验真理的唯一标准"中的"实践"不同,前者是狭义的个体实践,而且仅仅指在特定的文化系统中以人的精神世界为核心对象的实践;后者是广义的生活实践,包含人类劳动在内的一切人类活动。本文所论的人的主体性原则与客观性原则,以及狭义的个体实践都是广义生活实践的产物,因此用主体性原则与客观性原则进行真理检证的方法,也可以视为是广义实践检验真理的方法在中国传统文化中的具体运用。

史的原因,可以有多种表达,故不必给予一个完全确定的答案。但是,若在某种非常时期,这个社会的基本价值观受到扭曲与戕害,而某种学说又是支持这种受到扭曲与戕害的基本价值观时,那么真理与谬误又会很难分辨,故而仍有必要给出一套形式化的基本价值观的客观化原则。

此一形式化的原则参照了全球伦理的金规则。"所谓金规则,就是全球各大文明、各种不同的文化,从它们的伦理道德、宗教信仰中提取一条普遍的规则……在 1993 年芝加哥召开的国际全球伦理大会上,与会者正式把这样一条规则定名为'金规则'。就是说,不管你是什么样的宗教信仰和文化传统,都承认这一条规则,叫作'己所不欲,勿施于人'。'己所不欲,勿施于人'被定为全球伦理的一条金规则。"①"己所不欲,勿施于人"的翻译借用了儒家的话语,是为儒家的恕道。为了更好地得到其他学说的支持,我们可以将之转化为更为一般的表达,即:某人追求积极方面,不能影响其他人追求积极方面;某人去除消极方面,不能影响其他人去除消极方面。这是一个客观化的形式化的原则,在底线上包含了人人平等,以及人人具有平等的生存权与发展权的意涵。需要注意的是,我们还可以呈现出另外一种高于底线的表述,即:某人追求积极方面,应该有助于其他人追求积极方面;某人去除消极方面,应该有助于其他人去除消极方面。这一高于底线的表述,类似于儒家"己欲立而立人,己欲达而达人"的忠道,这样不仅自己悟道提高,也要帮助别人悟道提高,并且自己悟道提高必然要在帮助别人悟道提高的过程中获得实现。这种自利利他的大乘菩萨精神的伦理规则固然伟大,但是若将此高于底线的忠道作为基本原则,那么就会导致排斥自修不论世务的修道者状态。在中国哲学中的各大学说中,自修而不论世务者虽然境界不至太高,但也可以算作修道中的一个层级得到许可;而在世俗的常识中,自修而不论世务者发展自己而不损害他人,也可以算作守法的好公民。因此,这样的状态不能够排斥在原则之外,故而我们需要将金规则定在具有恕道特色的底线伦理上,而不是具有忠道特色的高于底线伦理上。

因此,检证价值性真理的客观性原则就会得到如下的表述:所蕴含真理的它在世界对于现实世界的主张,必须不反对现实世界的基本价值观,即在底线上必须遵守如下的观点,即:某人追求积极方面,不能影响其他人追求积极方面;某人去除消极方面,不能影响其他人去除消极方面。符合以上原则的可能是真理,不符合以上原则的必然不是真理。

四、结 论

融合上述检证中国哲学真理观的主体性原则与客观性原则,则可以得出中国哲学

---

① 邓晓芒:《全球伦理的可能性——金规则的三种模式》,见《康德哲学讲演录》,桂林:广西师范大学出版社 2006 年版,第 190—191 页。

真理观的检证原则。如果某学说同时符合主体性原则与客观性原则,则该学说属于中国哲学的真理;如果只符合主体性原则与客观性原则中的一条原则,或者完全不符合两条原则,则该学说不属于中国哲学的真理。

在这样的检证原则下,中国哲学儒释道三家的真理不必然定于一尊,它可以在限定中达到多元。在具有真诚地追求真理的心灵状态的前提下,在对现实世界的基本价值观不对立的基础上,中国哲学尊重并包含各种对于宇宙人生的美好向往,在多种美好向往中塑造相互和谐的世界图景与人生意义。

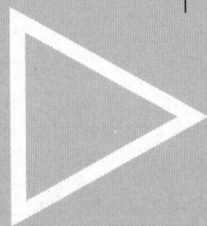

【中西形上学】

亚里士多德论定义的统一性

聂敏里[*]

内容提要：亚里士多德在《后分析篇》中提出了定义的统一性的理论难题，但却把这个问题放到了《形而上学》中来予以解决，这就是《形而上学》Z 卷的第 12 章。本文通过对这一章的深入分析表明，在这一章里，亚里士多德通过指出属加种差的定义中的属与种差的关系是一种潜能和现实的关系，定义在本质上是由种差构成的描述，种差才是针对于所定义的东西的现实的知识，从根本上解决了定义的统一性难题。最后，本文就亚里士多德的解决方案所启发的有关个体知识可能性的问题做了探讨。

关键词：定义的统一性；属加种差；种差的种差；形式实体；个体知识

一

在对定义进行逻辑研究的《后分析篇》第二卷第 6 章中，亚里士多德曾经有过这样一段话：

> 但对于这两类人，即，按照划分来证明的人和这样的三段论者[①]，有同样的疑难：为什么人是（两足）陆生的动物，而不是动物和陆生的？因为从这些设定中没有任何必然谓词成为一，而是像同一个人可以既是有教养的又是有文化的一样。（92a28—34）[②]

类似的问题在《解释篇》中也曾经被提出过。在那里，亚里士多德这样说：

> 必然地，所有可以做命题的句子都是由动词或动词的变位构成的；因为甚至有关人的描述，如果"（现在）是""（将来）是""（过去）是"或者这类的什么不被加上

---

[*] 聂敏里，中国人民大学哲学院教授。

[①] 即指企图通过指出定义中的各内在必要的成分来对定义进行证明的人，他们实际上是在接受了定义所规定的"是其所是"的基础上来对定义来进行三段论证明。

[②] Aristotle, *Poseterior Analytics*, Translated by Hugh Tredennick, Aristotle Volume II, Loeb Classical Library 391, Harvard University Press, 1960. 据其中的希腊文直接译出。

去,也绝不是可以做命题的句子(因此为什么两足陆生的动物是一而不是多,——因为不是按照连在一起说它就将是一,——谈论这个是属于另一个研究))。(17a10—15)①

这样,正是在亚里士多德逻辑学著作的这两段话中,亚里士多德等于是提出了有关定义的统一性的问题。而问题是十分明显的。因为,如果定义是属加种差的话,那么,定义作为一个陈述或命题就至少是由两个谓词构成的,但这样一来,定义所指向的那个对象自身的统一性和界定它的两个成分之间的分离性之间就构成了矛盾,从而,我们就有必要询问,我们凭什么说定义所界定的那个对象是一,而不是多? 它为什么是一个东西,而不是两个东西? 这就是亚里士多德关于定义的统一性的问题的理论实质。而清楚的是,这个问题是不能在逻辑学著作中得到解答的,因为,它在根本上涉及了一个对象的形式存在——如果定义所指向的正是实体的形式的话,②而实体基于形式的统一性的问题并不是一个逻辑学问题,而是一个形而上学问题。因此,正是在这个意义上,亚里士多德虽然在《后分析篇》中提出了这个问题,但是,他却并没有试图在那里去解答这个问题,在《后分析篇》中他只是对定义进行了分析性的阐明,例如,指出定义的种类,指出定义的各内在必要的成分,指出定义和证明的差别与联系,等等,这些无疑都是逻辑学性质的研究,而并不是形而上学性质的研究。同样的原因,他在《解释篇》中也只是顺便提出了这个问题,但同样并不试图对它予以解答。但是,《解释篇》这段话的重要性在于,亚里士多德明确地告诉我们,对这个问题的回答"属于另一个研究",这样,就等于他向我们暗示了,我们应当到他的形而上学著作中去寻求问题的答案。

亚里士多德的形而上学著作当然指的是最终由安德罗尼柯编辑完成的《形而上学》这本书。这本书的编辑性质,它的由多篇有关形而上学的论文构成的性质,这已经是学者们所明确指明的了。③ 从而,如果我们要到《形而上学》这本书中去寻求亚里士多德有关定义的统一性的问题的形而上学解决方案,我们应当到其中的哪个部分去寻找呢? 答案很简单,这就是《形而上学》Z 卷的第 12 章。因为,正是在那一章的一开始,亚里士多德明确地诉诸了《后分析篇》有关定义的统一性的问题,并且要求重新回到对这一问题的思考中去。他这样说:

　　但现在让我们首先对在《分析篇》中有关定义没有说过的说一说;因为,在那里说过的那个难题对于有关实体的论述是有用的。我是说这个难题,究竟为什么我们说其描述是定义者是一,例如人的定义是两足动物;因为就让这是人的描述

---

① 亚里士多德:《范畴篇·解释篇》,聂敏里译注,北京:商务印书馆 2017 年版,第 52—53 页。

② 例如,Z 5,1031a12—14:"定义就是对'是其所是'的描述,'是其所是'要么唯一地相关于实体,要么最大程度地、首要地、单纯地相关于实体";Z 11,1036a28—29:"定义关于普遍者和形式"。

③ 参考 W.D.Ross, *Aristotle's Metaphysics*, vol.1, Oxford University Press, 1924, pp.xv-xxiii.

吧。但为什么这是一而不是多,动物和两足的呢?(1037a8—14)①

这段话的重要性在于,它明确指出了在 Z 12 中的讨论与《后分析篇》的问题的关联,并且告诉我们,这在本质上是一个有关实体的问题,而不是一个单纯的逻辑问题,在定义的统一性的背后所涉及的实际上是形式实体的统一性问题,而这在根本上是一个形而上学问题。

亚里士多德在 Z 12 中重新提出《后分析篇》中的问题是有原因的。因为,Z 12 从属于 Z 10—16 这个整体。在 Z 10—16 中,亚里士多德所要集中解决的问题就是实体的整体与部分的关系问题。这包括两个方面的问题:1. 实体作为质形合成物同它的构成部分质料和形式之间的关系问题,2. 形式实体作为首要的实体同它的构成部分即属和种差之间的关系问题。在 Z 10—11 中亚里士多德解决的是第一个问题,方法就是将质料从实体的定义中排除出去,表明形式才是对实体的根本界定,从而形式是首要的实体。但也正是在 Z 11 中,当质料被从实体的定义中排除出去后,形式实体的统一性问题也就被提上了议事日程,从而,从 Z 12 开始,亚里士多德所要解决的问题就是形式实体同它的构成成分之间的关系问题。实际上,Z 11 已经向我们暗示了这一点。因为,在完成了质料同形式之间既可分离又不可分离的辩证关系的探讨之后,亚里士多德这样说:

> 至于定义,如何在描述中的各部分就是定义的各部分,以及为什么定义是单一的描述(因为显然,事物是单一的,但是事物在什么意义上是单一的,既然它有部分?),应当以后考察。(1037a17—21)

在这里,定义的统一性问题就和实体的统一性问题联系在了一起,而亚里士多德告诉我们这个问题将在"以后"考察,而这无疑指向的就是从 Z 12 开始的针对形式实体的统一性的研究。② 而区别于 Z 13—16 是从否定构成形式实体的普遍概念本身是实体着手来说明形式实体不可在实体上再被分析为它的构成成分,Z 12 的重要性就在于,它是直接针对形式实体的统一性问题的,它所探究的正是,为什么实体的定义是由属和种差构成的,但是,它们所构成的却是一个统一的实体定义,指向的是一个单一的、自身统一的形式实体,而不是两个不同的东西。

---

① Aristotle, *Metaphysics*, Volume I, Books 1-9, Translated by Hugh Tredennick, Aristotle Volume XVII, Loeb Classical Library 271, Harvard University Press, 1933. 据其中的希腊文直接译出。以下有关《形而上学》的引文均同此注。

② 伯恩耶特认为这里的"以后"应当指向 H 6,由此证明 Z 12 是插入的一章。但从我们上面所表明的 Z 11 同 Z 12 之间的逻辑关系以及 Z 12 在整个 Z 10—16 所讨论的问题中的地位来看,"以后"一词的所指无疑也可以将 Z 12 包括在内。参见 Myles F. Burnyeat, *A Map of* Metaphysics Zeta, Pittsburgh, Pa.: Mathesis 2001, p.41。

二

在对问题做了这样一番澄清之后，我们接下来所要做的工作就是看看在 Z 12 中亚里士多德是怎样来具体解决这个问题的，他如何从形而上学的高度来认识和理解定义的统一性，并提供了最终的解决方案。

我们可以看到，从第 12 章的 1037b14 开始，亚里士多德就展开了对上述问题的思考和解决。他首先考察了一个偶性合成物如何能够是一的问题。他说：

> "人"与"白的"，当一者不属于另一者时它们就是多，而当属于且主体这个人具有某种性状时它们就是一；因为这时产生了一，这就是这个白的人；(1037b15—18)

这就清楚地表明，对于一个偶性合成物，正是由于偶性对于那个主体是一种从属的关系，从而正是在这个主体具有这个偶性、是这个偶性的主体的意义上，这个偶性合成物才在根本上是一而不是多，在这里，起决定性作用的正是这个主体自身的统一性和同一性。

这就是亚里士多德首先对一个偶性合成物自身的统一性问题的解决，但是由此一来，涉及定义的统一性，问题立刻就变得复杂了起来。亚里士多德这样说：

> 但在前者（按，指定义的各部分），一者却不分有另一者，因为属似乎不分有种差；因为同一个属就有可能同时分有相反的种差，因为种差是相反的，属根据它们来区分。但是，即便分有，也有同样的论证，如果种差有很多，例如陆生的，两足的，无羽的。因为，为什么它们是一而不是多？因为，不是由于它们内在于；因为，这样，一就会出自于一切。(1037b18—25)

这就是说，如果偶性合成物是由于众多的偶性可以同时从属于一个自身统一、同一的主体因而是单一的，那么，定义中的属和种差却不具有这种关系。首先，"属似乎不分有种差"，它们彼此之间并不具有一种类似于偶性和主体之间的一者从属于另一者的主从关系，相反，它们似乎是彼此独立和外在的，从而，我们并不能够据此来寻求定义的统一性。其次，即便它们相互分有，也仍旧会有多个种差，从而，这适足以增加问题本身的复杂性，而并不能减少问题的复杂性，我们仍然会困惑于这分有了多个种差的属为什么会是一个统一体，因为，种差是不同的，而且有很多。

这样，正是相对于偶性合成物那看起来简单的统一性，定义的统一性问题显示出了复杂性，它实际上表明，正是在理解形式实体自身的统一性上，问题不是像想象的那样容易解决。但是，在指出了问题的复杂性和难度之后，亚里士多德却随即给出了解决问题的根本思路。他这样说：

> 但所有在定义中的必然是一；因为定义是一种作为一且关于实体的描述，因此，它必然是关于某一个东西的描述；而且因为实体是某个一，并且表示这一个，如我们所说。（1037b25—28）

这就道出了解决问题的关键，即，定义的统一性只有站在实体的统一性的高度才能得到根本地理解。我们只有基于对实体的统一性的充分思考和认识才有可能从根本上理解定义的统一性，只是由于实体自身是统一的，定义作为关于实体的描述才必然是统一的，从而，我们只有把定义作为一个整体来把握，才是对定义的唯一正确的理解和把握。这就是亚里士多德解决定义的统一性问题的根本思路。就这个解决问题的思路的关键在于对实体的统一性的充分思考和认识这一点而言，显然，定义的统一性这个难题在《后分析篇》中诚然是不能够得到思考的，因为，这无疑是一种形而上学性质的思考，逻辑学性质的分析和思考适足以造成这个难题，却不足以解决它。

在表明了这一点之后，我们现在就来看亚里士多德如何从这一思路出发对定义的统一性问题予以说明和解决。一个总的理解是，他将定义作为关于一个自身单一的种的描述来从整体上予以把握，从而，尽管分析地来说在定义中出现的是属和种差，但是严格地来说却是一个具体单一的种，这也就有效地解决了定义自身的整体和部分的关系问题，定义的统一性也就从根本上得到了理解。下面我们就来看他具体是怎样论证的。

他首先指出，"在定义之中没有别的什么，只除了所谓最初的属和种差"（1037b29—31）。显然，这是真实的，符合我们关于定义的属加种差的认识。但对于我们一个疑惑就是，亚里士多德指出的这一点有什么特殊之处吗？似乎没有。同时，它对于我们解决定义的统一性难题也似乎没有任何帮助。但是，亚里士多德接下来的一句话却表明了他指出这一关于定义的基本认识的用意所在。他说：

> 而其他的属就是那最初的属和紧随它而被一起选取的种差，例如，最初的属是动物，接下来的属是两足动物，再就是两足无羽动物。（1037b31—34）

这就清楚地透露出了亚里士多德的基本想法，即，我们不必把定义理解为属和种差的一种机械加和的描述，相反，在根本上，它是关于一个自身单一的属的描述，不仅"动物"作为那最初的属是单一的，而且"两足动物"也是一个自身单一的属，同样的道理，甚至"两足无羽动物"也是一个自身单一的属，应当被作为一个整体来予以把握。从而，在定义中涉及的总是一个自身单一的属或种，而并非分析性的属加种差。这就是解决定义的统一性难题的关键。显然，亚里士多德对解决问题的这一思路是相当满意的，因此，按照这一思路，在下面他才明确地说：

即便通过更多的来说也一样。总之,通过多的还是少的来说没有任何区别,这样,通过少的或者通过两个来说也没有任何区别;而对于两个者,一者是种差,一者是属,例如两足动物,动物是属,种差是另一者。(1038a1—5)

这就是说,无论属加种差多到很多,还是少到只有两个,在这里原理是完全一致的,即,我们所碰到的总是作为一个整体的属或种,而并不是属和种差的一种简单的加和关系。这样,定义的统一性的问题,这个在《后分析篇》中由于对定义采取逻辑分析的方法造成的似乎十分困难的问题,在《形而上学》的这个部分就得到了根本解决,而很明显,这完全是基于对定义所关于的对象亦即实体自身的统一性的理解。

这样,在对定义的统一性问题作出了上述解决之后,亚里士多德便说了这样一段大有深意的话:

> 因此,如果属绝对不在那些作为属的种的东西之外存在,或者如果它虽然存在,但却作为质料而存在(因为语音是属和质料,而种差则从其中造成了种和字母),那么显然,定义就是由种差构成的描述。(1038a5—9)

这段话虽然初看起来有一定的复杂性,但是如果我们掌握了上述根本思路,那么,它的意思同样是清楚的。首先,"如果属绝对不在那些作为属的种的东西之外存在"这句话,实际上是以另一种方式揭示了定义的统一性。因为,什么是所谓"属的种"呢? 不过是属加种差。而现在亚里士多德说属并不在作为属的种的东西之外存在,这就表明我们不应割裂地来理解属和种差的关系,相反,属就在它的种差之中,它和种差的关系是一个统一的整体,而且应当被作为一个统一的整体来加以把握。但由此一来,如何进一步来理解属和作为属的种的那个整体的关系呢? 在这里,亚里士多德指出,如果我们非要让属在作为属的种的东西之外存在,那么,这也是在一种作为质料和潜能的意义上,①而这相应地就意

---

① 在同样讨论定义统一性问题的 H 6(自然是从一个完全不同的视角,亦即,从原因—目的论的视角)中,亚里士多德挑明了这里说到的属"作为质料而存在"的意思,他这样说:"什么是那使人成为一的东西,为什么是一而不是多,例如动物和两足……的呢? ……显然,对于这样进行的人,就像人们通常定义和说的那样,要回答和解决这个难题就是不可能的;但是,如我们所说,如果前者是质料,后者是样式,并且前者是潜能,后者是现实,所寻求的东西似乎就不再会是一个难题了。"(1045a23—25)。这样,很明显,把定义中的属从潜能的角度来理解,而把定义中的种差从现实角度来理解,就是把握亚里士多德在这里的意思的关键。博斯托克完全拒绝这样的解释,而仅仅从单纯的质料构成的角度来理解,这导致他完全不能理解亚里士多德这里的意思,从而,他以提出问题的方式来结束他对这几句话的讨论:"一个人能够把属'动物'看成不同种的动物所由以构成的东西吗? 或者,一个人能够认为属是从最初是一个种到接着是另一个种的变化之中保存下来的东西吗? 属完全不适合于质料被要求来满足的这两个主要的角色中的任何一个。我假定一个人会说,无论是属还是质料都可以通过与种—形式的对比被解释成'不确定的',但是这在我看来不是一个非常有意义的类似之处。"(Aristotle, Metaphysics Books Z and H, Translated with a Commentary by David Bostock, Clarendon Press, 1994, p.182)但是,值得注意的是,基尔在她的著作中在论述到这一问题时却明确地支持了我们的解释(参考 Mary Louis Gill, Aristotle on Substance, Princeton University Press 1989, pp.139-141)。

味着作为属的种的东西是这个属的直接的现实,它实际地造成了一个自身统一的具体的种。

这样,亚里士多德就以一种更具启发性的方式阐明了在定义之中作为定义两个部分的属和种差的关系,这就是,如果属是质料的话,那么,种差就是属的直接的现实,它构成了对属的形式的规定,而这就是一个具体的种。从而,属加种差在根本上是一个统一的整体,它作为一个整体、一个单一的种,构成了作为其(质料性的)部分的属的更具现实性的形式的规定。这就是定义的统一性的根据所在。这样,不是分析性地来看待定义的各部分的关系,而是把它们看成一个自身统一的种和整体,它着落在那作为现实性的种差自身的统一性上,这就是解决定义的统一性问题的关键,而这当然只有在形而上学的层面上、亦即在对实体自身统一性正确理解的层面上才成为可能。因为,很显然,这里引入了真正形而上学的主题,亦即,潜能和现实的关系问题,这无疑不是逻辑学的方法所能思考的主题。

显然,只是在这一理解的基础上,亚里士多德在上引段落的最后关于定义所做的那个说明,即,"定义就是由种差构成的描述",其内在的含意才可能被我们深刻地把握住。这个说明的特殊之处在于,它和人们通常所熟知的亚里士多德关于定义的说法有所不同。因为,按照人们所熟知的通常的说法,定义是由属加种差构成的描述,这个说法非常容易造成对定义的分析性的、而非整体性的理解与把握。但是,现在,通过指出属并不外在于作为属的种,或者即使外在于,也是在作为质料和潜能的意义上,而正是种差才造成了现实的种,亚里士多德便有充分的根据说定义是由种差构成的描述,因为,属现实地就在种差之中,属加种差所造成的实际上是一个现实的自身单一的种。显然,正是这一点构成了定义统一性的基础。

假如有人怀疑我们这样理解亚里士多德的正确性,那么,亚里士多德接下来的一大段论述就把这个问题讲得更为清楚明白了。因为,在这段论述中,亚里士多德继续通过另一种方式的对定义的划分、亦即按照种差的种差的划分,更为明确地阐明了属就在种差之中、从而定义就是由最终的自身单一的种差构成的描述的道理。因为,虽然我们可以按照属加种差这个模式来对定义不断进行划分,例如,动物,两足动物,两足无羽动物,但是,我们也可以按照种差的种差的方式来对定义不断进行划分,例如,动物,有足动物,偶蹄动物,从而到达一个最终的种差,而定义的统一性恰恰就落实在这个最终的种差上。因为,不仅这个最终的种差自身是单一的,而且在根本上属就在这个种差之中,从而,我们只需要提及这个种差就够了,我们甚至无须提及之前所进行的所有那些基于属加种差的划分,因为,这样的提及显然是多余的。

我们看到,这正是亚里士多德的想法。他这样说:

> 如果事情是这样的,那么显然,最终的种差将是事物的实体和定义,如果在定义中不应当多次陈述同样的东西的话;因为是多余的。但确实会发生这种情况;因

为一当有人说有足的两足的动物,这无外乎说了具有足的、具有两个足的动物;假如按内在的种差对此加以划分的话,就会说很多次,并且以相当于这些种差的次数。(1038a19—25)

这就明确地肯定了正是最终的种差指向了事物的实体并且构成了事物的实体的定义,同时,在这里根本不存在定义可以被分解为多个部分的简单加和关系的可能性,因为,最终的种差的那种基于自身的统一性保证了定义自身的严格的统一性。

因此,在上述这段话之后,亚里士多德便更为明确地说:

只要有种差的种差产生,最终的一个种差就将是形式和实体;但是如果按照偶性,例如,如果把有足的划分为一方面是白的,另一方面是黑的,那么有多少划分就有多少种差。因此显然,定义便是由种差构成的描述,而且是由其中的按照正确的方法的最终的种差构成。(1038a25—30)

这就把问题说得更为清楚了。这就是,定义不仅是由种差构成的描述,而且是由最终的种差构成的描述,正是最终的种差所蕴含的它内部一切成分的统一性保证了定义自身的统一性。从而,我们不必把定义作为一个分解的各部分的加和来把握,相反,它自身是严格统一的,它在作为其基础的最终的种差的单一性中实现了其自身的统一性。

因此,亚里士多德最后这样说:

而这会是显然的,如果一个人改变这一类定义的次序的话,例如人的定义,说两足的有足的动物;因为在说了两足的之后有足的就是多余的。但是在实体中并不存在次序;因为应当如何思维哪个在后哪个在前呢?(1038a30—34)

这就表明了正是在最终的种差之中蕴含着定义自身的统一性,正是这个最终的种差保证了定义指向一个自身单一的种,而这不是别的,就是实体。而亚里士多德在这里说得明白,即,在定义那里似乎存在一个各部分的加和的关系和先后次序的关系,但是,在实体那里并不存在这样一些关系,它正是一个自身单一的对象存在,而这正是通过那个自身单一的种差被思维的。

三

这样,通过上面的论述,亚里士多德就完全解决了定义的统一性难题。但是,除此以外,在亚里士多德上面关于定义统一性的思考当中,还有一些东西应当引起我们足够的重视。

因为，在上面亚里士多德关于定义的论述，从最初的属开始，通过种差的种差的方式一路下降，直至到达不再有种差的最终的种差，而这也就获得了事物的实体、形式和定义，并且他还对它们之间的关系实际上是一种质料和形式、潜能和现实的关系做了断言，所有这些都向我们暗示了一些非常富有意味的关于定义的思想。这就是，按照这一思路，我们甚至可以最终定义个体本身。因为，最低的种、最低的种差，不再有种差的种差，这个思路显然可以一直通到个体。因为，在一个意义上，一个最终的不可分的个体（indivisible-individual）本身就是一个种，是那个最低的种（infimae species）。从而，按照亚里士多德提供的这一把握定义的理论模式，严格来说，我们关于个体也可以形成定义，只不过这不再是作为潜能的知识意义上的普遍的定义，而是作为现实的知识的对个体实体的直接认识。

因为，如亚里士多德所讲的，属可以被视为质料，而具体的种差则可以被视为对作为质料的属的具体的形式规定，由此构成的属加种差的整体便是那个仿佛外在的属的直接的现实。由此，没有疑问的就是，在可以推论的直通个体的定义那里，就一定只有直接的现实的知识，而不再可能是潜能的普遍的知识了。但因此，这也就不再是定义的知识。因为，如亚里士多德在前面反复指出的，定义的知识是关于普遍的，亦即，它一定是关于类的，而如果现在它是于个体的直接的现实的知识，那么，它也就不再属于普遍的定义的知识。

这样，针对亚里士多德关于定义的上述观点，我们可以指出的就是，定义作为普遍知识一定不是直接知识、现实知识，而是潜能的知识。但因此，既然存在"属的种"和最低的种、最低的种差、无种差的种差，因此，定义虽然是普遍定义，但是其普遍性的程度却是可以不断下降的。从而，在理论上，我们可以设想有最少包括两个成员的一个最低种的定义，而一旦突破这一界限，那么，将不再有定义的知识，而是直接的知识了。

这显然也符合我们已有的科学体系的观念。如果在科学体系的知识构成中很大一部分是定义知识，那么，我们当然可以设想随着任一科学体系内部子学科的划分，其定义知识的普遍性程度一定是不断下降的。从而，例如，化学随着被分成无机化学、有机化学等子学科，化学家甚至可以研究某一种特殊材料的化学，而其成员的数量甚至可以少到只有两个，但这依然构成普遍定义和一般科学。但是，一旦具体到每一个成员，按其特殊性来对其加以研究，那么，关于它所形成的知识就一定是直接知识，而不再是定义知识了。

这样，对于亚里士多德来说，定义知识是普遍知识，但这并不排除有关于个体的定义的可能性。但由此一来，按照亚里士多德在《形而上学》M 10 中所阐明的关于个体实体的潜能的知识和现实的知识的关系，则定义知识作为普遍知识就是关于个体实体的潜能的知识，这种可能一旦通过可以不断具体化的属加种差的方式变成现实，那么最终产生的就是关于个体的直接知识，而不再是定义知识了。这样，定义知识同个体知识之间就具有这样一种基于现实的知识和潜能的知识的关系的特殊的伸缩性，它并不拒绝普遍性的一路降低直至个体性，只不过这样一来就不再是定义的知识，而是直接的知识了。

我们说，这就是亚里士多德在解决定义的统一性难题的过程中所向我们启发的他的有关定义的特殊的知识观。现在，我们有理由认为，我们不仅可以对个体实体具有知识，而且我们还可以对个体实体形成某种意义上的定义知识，但是，由于这种知识的直接的现实性，它就不再是在潜能意义上的那样一种普遍的定义知识，而是现实的直接知识。

康德 Sein 论题中逻辑谓词与实在谓词之分

舒远招[*]

内容提要：Sein 论题不仅包含了系词与实在谓词的区分，也包含了逻辑谓词（实存谓词）与实在谓词的区分。后一种区分既不可能发生在"S 是 P"标准句型中的"是"（系词 ist）与"S 是"这一特殊句型中的"是"（存在）之间，也不可能发生在"S 是"这一分析的实存性命题中的"是"与综合的实存性命题的谓词"实存"（existiert）之间，更不能被简单归结为"S 是 P"标准句型中的 P 的内部区分，而只能发生在"S 是"这一特殊句型中的"是"（存在）与"S 是 P"标准句型中的 P 之间。"上帝是（存在）"这个例句中的"是"（存在）是逻辑谓词，而"上帝是全能的"这个例句中的"全能的"即为"实在谓词"。把 Sein 论题解读成"现实谓词不是实在谓词"，由此消解 Sein 论题中的逻辑谓词与实在谓词之分的做法也是不可取的。

关键词：康德；Sein 论题；逻辑谓词；实在谓词

在《纯粹理性批判》反驳上帝存在的本体论证明时，康德曾指出，"Sein 显然不是实在的谓词"（A598，B626），海德格尔称之为"康德的存在论题"（*Kants These über das Sein*）。人们很容易看出，该论题在 Sein 与"实在的谓词"（das reale Prädikat）之间作出了区分。但是，学者们不仅在 Sein 论题对于康德反驳本体论证明有何意义的问题上理解各异，而且在 Sein 论题的实质含义上众说纷纭。虽然大多数人把 Sein 归结为"逻辑谓词"，因而把 Sein 论题解读为"逻辑谓词不是实在谓词"；但也有一些人把 Sein 归结为"系词"，把 Sein 论题解读为"系词不是实在谓词"[①]；甚至有个别人把 Sein 归结为表示事物现实存在的"现实谓词"，因而把 Sein 论题解读为"现实谓词不是实在谓词"[②]。在这三种解读中，实在谓词分别与系词、逻辑谓词、现实谓词构成对比。同时，把 Sein

---

[*] 舒远招，哲学博士，湖南大学岳麓书院哲学系教授，外国哲学专业博士生导师，主要研究德国古典哲学。

[①] 赵敦华、溥林等人把 Sein 归结为系词。参见赵敦华：《中西形而上学的有无之辨》，《北京大学学报（哲学社会科学版）》1998 年第 2 期；溥林：《安瑟伦与中世纪经院哲学》，《四川大学学报（哲学社会科学版）》2007 年第 3 期。

[②] 胡好：《康德哲学中实在谓词难题的解决》，《现代哲学》2019 年第 4 期。胡好在此文中试图表明："Sein 不是实在谓词"论题并不包含逻辑谓词与实在谓词之分，因而彻底否定了在 Sein 中包含"逻辑谓词"。

归结为"逻辑谓词"的大多数人对逻辑谓词的理解也存在很大分歧:一些人把系词(ist)当做逻辑谓词①,另一些人把系词(ist)和存在断定词(ist)同时当做逻辑谓词②。还有一些人则把有别于系词的实存谓词即存在断定词(ist)当做逻辑谓词。笔者支持最后一种观点。康德的 Sein 论题不仅区分了系词与实在谓词,而且重在区分逻辑谓词与实在谓词。而与实在谓词相区别的逻辑谓词——根据康德的例句——就是 Gott ist 命题中的 ist(存在),是 Es istein Gott 命题中的 ein Gott。在这两个语句中,分别出现了系词和主词被用作存在断定词的情况。对此,下文还会作出进一步论述。

不仅如此,人们对实在谓词的理解也是形形色色的。例如,同样是把 Sein 归结为系词的人,有的把实在谓词理解为"存在",有的则把实在谓词理解为表达属于一个对象的性质的谓词,因而尽管他们都把 Sein 论题说成是系词与实在谓词的区别,但其实有很大的不同③。从笔者在"康德哲学爱好者"微信群中所做的问卷调查来看,学者们对 Sein 论题中实在谓词的理解主要有三条思路:一是把实在谓词理解为不论是分析的还是综合的主谓关系命题的谓词,也就是说,把主谓关系命题中凡是表达事物的性质或属性的谓词一概理解为实在谓词④;二是仅仅把综合命题的谓词,即扩大了主词概念的谓词当做实在谓词,在这一理解中,人们要么把综合的实存命题的谓词当做实在谓词,要么把综合的主谓关系命题的谓词当做实在谓词⑤;三是仅仅把分析的主谓关系命题的谓词当做实在谓词⑥。

笔者认为,由于康德把 Sein 论题中的 Sein 说成"仅仅是对某个事物或某些自在的规定本身的肯定"(A598,B626)⑦,因而说"Sein 不是实在的谓词",便意味着 Sein 不仅作为对某个事物的肯定(设定),而且作为对某些"自在的规定本身"(Bestimmungen an

---

① 王福玲:《康德对上帝存有之本体论证明的批判》,《学习月刊》2012 年第 4 期。该文提出:逻辑谓词作为判断的系词仅仅起到联系谓词的作用,没有给判断添加新内容,因而只能得出分析命题。

② 韩东晖:《"Is"的家族相似性与"Existence"的乡愁》,《科学技术哲学研究》2012 年第 6 期。该文提出:广义的 Sein 既可以作为系词,也可以作为"存在"或"模态范畴"(Dasein 或 Existenz),它们都是有别于实在谓词的"逻辑谓词"。

③ 赵敦华把 Sein 论题理解为作逻辑运用的系词与"存在"的区别,这是把"存在"当做实在谓词,相当于康德所说的实存性命题的谓词;而同样把 Sein 归结为系词的溥林,则把实在谓词理解为"表达属于一个对象的性质",这是从主谓关系命题的角度来理解实在谓词。

④ 刘作、李杨、陈永庆等人持这一观点。

⑤ 邓晓芒、李秋零、谢文郁、李科政、杨云飞、胡好、刘凤娟、王维、郭霄等人都持这一观点。但是,同样是把实在谓词理解为综合命题的谓词,内部依然存在分歧。一些人认为不论是实存性命题还是主谓关系命题,只要是超出了主词概念、对象进行"规定"的谓词就是实在谓词;另外一些人(如杨云飞)认为,只有综合的实存性命题的谓词"实存"才是实在谓词;还有一些人(如胡好)则认为,只有综合的主谓词关系命题中的谓词才是实在谓词,如"这朵花是红色的"命题中的"红色的"。

⑥ 这是笔者所持的观点,得到了彭志君、邢长江等人的支持。本人认为,在"上帝是全能的"这个例句中,"全能的"就是实在谓词。李伟起初曾坚决反对笔者的观点,经过讨论他表示可以接受我的观点。不过,他对逻辑谓词的理解与笔者依然存在区别。

⑦ 本文中间加注的页码,系皇家科学院主编的《纯粹理性批判》第一和第二版页码,引文主要参考了邓晓芒译、杨祖陶校的《纯粹理性批判》中译本(北京:人民出版社 2004 年版)。

sich)的肯定（设定）而区别于"实在的谓词"。Sein 有双重含义：在肯定某个事物的"自在的规定本身"时，它是作逻辑运用的系词；在肯定一个事物时，它充当了"实存谓词"（存在断定词），表示一个事物的存在，与 Dasein（存有）或 Existenz（实存）的含义相同。第二种含义的 Sein，就是不包含上帝的先验实在性的"逻辑谓词"，因而作为逻辑谓词而区别于表达上帝的实在性的实在谓词。在此意义上，说 Sein 不是实在的谓词，等于说 Dasein（Existenz）不是实在的谓词，也等于说逻辑谓词不是实在谓词。康德的 Sein 论题固然包含了系词与实在谓词的区分，但实质上是要说明逻辑谓词 Dasein 不是实在谓词，亦即不是包含在上帝概念中的上帝的先验实在性。只有这样理解，才能看清 Sein 论题是针对本体论证明的小前提（把 Dasein 也当做包含在上帝概念中的所有实在性的其中一种）而提出的，从而更好地把握 Sein 论题在反驳本体论证明中的重要意义。当然，在本体论证明中，这个被混淆为上帝实在性（实在谓词）的实存谓词（逻辑谓词），不仅写法与系词 ist 相同，而且作为事物的存在设定尚未与系词在与主词的关系中对谓词的设定真正区别开来，因而康德不仅关注逻辑谓词与实在谓词的区分，而且关注系词与逻辑谓词的异同。

基于这种理解，笔者试图从句型区别的角度入手，并依据康德给出的例句，来着重考察 Sein 论题中的逻辑谓词与实在谓词之分，澄清系词与逻辑谓词（系词被用作实存谓词）的关系。本文将表明：Sein 论题中的实在谓词并不像人们通常认为的那样是综合命题的谓词，而恰好是分析命题的谓词；本体论证明中被混淆为实在谓词的逻辑谓词，作为实存谓词，也同样是分析命题的谓词，这意味着本体论证明所说的"上帝存在"，还仅仅是在上帝概念中被设定起来的，还不是真正超出上帝概念的现实存在。康德通过对实存概念的精确规定表明：本体论证明所说的上帝存在是一个并不能得到经验确证的抽象论题。

一、Sein 论题所要区分的逻辑谓词和实在谓词究竟是什么

康德是在先验辩证论"上帝之存有的本体论证明的不可能性"一节第十段开头提出 Sein 论题的。我们看到，在行文中一向很少举例的康德，在阐释 Sein 论题（A598—599/B626—627）时举出了例句来说明自己的思想。这些例句，自然也是我们从句型入手来考察 Sein 论题中逻辑谓词与实在谓词之分所不可忽视的。康德给出的例句有三：

（1）上帝是全能的（Gott istallmächtig），这是主谓关系命题即"S 是 P"标准句型的示例，在该命题中，"上帝"（Gott）是主词，"全能的"（allmächtig）是谓词，系词 ist 把谓词设定在与主词的关系中；

（2）Gott ist（上帝是），这是一种特殊句型"S 是"的示例，在该命题中，没有谓词 P，命题中的"是"作为存在断定词表示上帝"存在"，在设定着"上帝"这个"客体"或"对象"，所以经常被译为"上帝存在"；

（3）Es istein Gott，这更是一个不合常规的表达式，主词 Gott 作为谓词在述说自己，表示"有一个上帝"。

只有例一是标准的主谓关系命题，例二（Gott ist）和例三（Es istein Gott），都可以被视为康德所说的实存性命题"此物或彼物实存"（Dieses oderjenes Ding existiert，见本节第八段，A597/625）的例句：在例句 Gott ist 中，实存性命题中的谓词"实存"（existiert）以系词 ist 的形式出现，这是系词被用作实存谓词的情形；在例句 Es istein Gott 中，实存谓词由 ein Gott 来表示，这是主词本身被用作实存谓词的更为罕见的情形。我们由此可以理解，康德为什么说"人们可以把自己想要的任何东西都用做这个逻辑谓词，甚至主词也可以被自己本身所述谓"（A598，B626）。由于 Es istein Gott 只不过是 Gott ist 的变换表达式，因而本文主要基于例句 Gott ist allmächtig 和 Gott ist 的对比，来探讨 Sein 论题中逻辑谓词与实在谓词之分。

显然，如果"Sein 显然不是实在的谓词"这一论题包含了逻辑谓词与实在谓词的区分，则逻辑谓词就只能从 Sein 中寻找。从 Sein 在命题中的运用来看，它要么表现为"S是 P"标准句型中的系词"是"，如例句 Gott ist allmächtig 中的 ist，要么表现为特殊句型"S 是"中的"是"，如例句 Gott ist 中的 ist（存在）。在第一种情况下，Sein 仅仅作逻辑的运用，是联系主谓词的系词，自然也就不可以被当做逻辑谓词并与实在谓词相对立。因此，逻辑谓词只能指 Sein 的第二种运用，即 Sein 作存在断定的情况，即例句 Gott ist 中的存在断定词 ist。同时，由于康德在其给出的例句中只有 allmächtig（全能的）这唯一的一个谓词，因此唯有 allmächtig 这个标准句型中的谓词，才是康德这里所说的"实在的谓词"。**于是，Sein 论题中逻辑谓词与实在谓词的区分，就只能是"S是（存在）"句型中的"是"（存在）与"S是 P"句型中的"P"的一种区分，只能发生在"上帝是（存在）"命题中的"是（存在）"与"上帝是全能的"命题中的"全能的"这个谓词之间。**

毫无疑问，Sein 作为系词（ist）也区别于"全能的"等实在谓词，也就是说，在与主词的关系中（beziehungsweiseaufsSubjekt，或译为：以关系到主词的方式）设定了一个谓词的系词 ist，"还不是另外一个谓词"（istnichtnocheinPrädikatobenein，A599，B627）。这说明，设定了一个实在谓词（如"全能的"）的系词，本身还不是一个可以和"全能的"等实在谓词相提并论的谓词。但是，这是在同一个句型（"S是 P"句型）中所作的系词与谓词的区别，是我们在"上帝是全能的"这个例句中就可以看清的系词"是"（ist）与谓词"P"的区别。这个系词 ist 与实在谓词 P 的区别，当然还不是肯定上帝存在的逻辑谓词与肯定上帝实在性的实在谓词的区别。

Sein 论题中逻辑谓词与实在谓词的区分，只能发生在"S是"句型中的"是"（存在）与"S是 P"标准句型中的"P"之间。因此，要真正把握 Sein 论题中逻辑谓词与实在谓词的区分，我们必须暂时撇开 Sein 的系词含义，而紧紧抓住 Sein 作为实存谓词即存在设定词的含义，并确认作为存在设定词的 Sein 就是 Sein 论题中的逻辑谓词。在例句 Gott ist 中，设定上帝存在的这个存在设定词 ist，尽管与系词的写法相同，却具有不同的含义,并因而能够作为逻辑谓词与"全能的"等实在谓词构成对比。Sein 论题中逻辑谓词与实在谓词的区分,自然也可以从 Gott ist 命题中的 ist(是=存在)同 Gott istallmächtig 命题中的 allmächtig(全能的)的区别中得到直观的呈现,这是"S 是"句型中的"是"(存在)同"S 是 P"标准句型中的"P"相区别的典型示例。

一些学者往往把系词就当做逻辑谓词,或者说,把逻辑谓词就等同于系词。如王福玲提出:"逻辑谓词作为一个判断的系词,只起到连接作用,并没有给判断本身添加任何新的内容,所以只能得出分析命题。"①这就明确地把逻辑谓词与系词等同起来了。溥林指出:"康德的基本观点是,'存在'(esse)不是一个实在的谓词,它仅仅是一个判断的系词,它并不表示属于一个对象的性质,因此'存在'观念不能给一个特定物或一个特定物的概念增添任何东西。"②他把 Sein 论题中的实在谓词同一个对象的性质联系起来,同时把 Sein 论题的主语 Sein 理解为"存在"观念,认为这个"存在"观念不能给一个特定事物或其概念增加任何东西,即不是实在的谓词,但值得注意的是,他断定了Sein"仅仅是一个判断的系词",这也是把"存在"观念等同于系词了。按照这些学者的理解,Sein 论题对逻辑谓词与实在谓词的区分,就可以被归结为分析判断中的系词与综合判断的实在谓词的区分了。他们虽然也可能考虑到了康德给出的 Gott ist 例句,以及Sein 的"存在"含义,但由于把逻辑谓词与系词等同,因而给人造成了这样的印象:Sein论题主要是在作系词与实在谓词的区分。

在 Gott ist 这个例句中,断定上帝"存在"的逻辑谓词确实是以系词的形式出现的,因此在字面上确实可以说逻辑谓词就是系词,而且就该命题还仅仅是在上帝主词概念设定其存在而言,Gott ist 命题中的 ist(存在)与 Gott istallmächtig 这个命题中系词 ist(是)设定谓词的方式是相同的,它们都是仅仅在主词概念中进行设定。但是,Gott ist是一种实存性命题,不同于 Gott istallmächtig 这个主谓关系命题,因而两个例句中相同的 ist 即便有相同的设定方式,但毕竟所设定的东西存在区别:Gott ist 命题中的 ist 设定的是上帝存在,即把上帝这个主词概念连同其全部谓词、即上帝对象设定在与上帝概念的关系中,而 Gott istallmächtig 命题中的系词 ist 仅仅是把"全能"这一上帝的属性设定在与上帝主词概念的关系中。因此,我们既要在 Gott ist 命题中看到逻辑谓词(实存谓词)与系词的相同之处,也要看到两者之间存在的区别。

也就是说,本体论证明所说的 Gott ist 命题中的存在断定词与系词 ist 的写法相同,而且与系词确有一个重要的相同之处:系词把谓词设定在与主词的逻辑关系中并构成一个分析命题,逻辑谓词(实存谓词即存在断定词)同样把上帝这个主词连同其全部谓词、也就是上帝对象设定在与我的概念(上帝这个主词概念)的关系之中(A599/B627),由此导致 Gott ist 这个实存性命题还依然是分析的而非综合的,并陷入可怜的同

① 王福玲:《康德对上帝存有之本体论证明的批判》,《学习月刊》2012 年第 4 期。
② 溥林:《安瑟伦与中世纪经院哲学》,《四川大学学报(哲学社会科学版)》2007 年第 3 期。

义反复,因此,两者在构成分析命题的意义上有着本质的一致性。但是,系词和逻辑谓词所设定的东西,毕竟有所区别:系词(ist)是把上帝主词概念原本包含的谓词(如"全能的")设定在与主词的关系中;逻辑谓词(ist = 存在)则是把主词原本并不包含的东西即上帝对象或上帝的存在设定在上帝这个主词概念中,所以,我们决不能将二者完全等同起来。Sein 论题确实包含了系词与实在谓词的区分,但不能认为它仅仅在作系词与实在谓词的区分,因为 Sein 论题中的 Sein 具有两种不同的含义,系词 ist 和逻辑谓词(实存谓词)ist 在"如何设定"上还不能很好地区别开来,但在"设定什么"这一点上是有明确区别的。

在 1763 年的论著《演证上帝存有的唯一可能的证明根据》(以下简称《证据》)中,康德也曾在比较不同句型的基础上,阐明"S 是 P"标准句型中"P"与存在(绝对)设定的区别:命题"上帝是全能的"不同于 Gott sei 命题,后者表示上帝被绝对设定或上帝实存(absolute gesetzt sei oderexistiere)①。在这里,康德把 Gott istallmächtig 这个命题中的 allmächtig,同 Gott sei 这个命题中的 sei,或者 Gott existiere 这个命题中的 existiere,严格地区别开来了。可见,康德在《纯粹理性批判》中从句型入手对 Sein 论题中逻辑谓词与实在谓词的区分,在其早期相关著作中可以找到类似的表达。

二、对 Sein 论题中逻辑谓词与实在谓词之分的三种误读

一旦我们确认 Sein 论题中逻辑谓词与实在谓词之分,只能发生在"S 是"句型中的存在断定词 ist 与"S 是 P"标准句型中的 P(如"上帝是全能的"命题中的谓词"全能的")之间,就会很容易看出以下三种做法是不适当的。

其一,是把 Sein 论题中逻辑谓词与实在谓词的区分,归结为标准句型"S 是 P"中的"是"与特殊句型"S 是"中的"是"的区分,亦即归结为 Sein 所包含的两种不同的设定方式,即主谓词关系设定(相对设定)与一个事物的存在设定(绝对设定)。

采纳这种做法的学者注意到了:系词在主谓关系中所做的设定,与 Gott ist 命题对上帝对象所做的存在设定(《证据》中称之为"绝对设定")之间存在区别。例如,赵敦华提出,康德所说的 Sein,"'在逻辑上只是判断的系词',根本不能指示事物之存在"②。这是认为 Sein 作为系词同事物的"存在"之间存在区别。韦政希在其博士论文中写道:"康德把'肯定'和'设定'(Setzung)等同起来,认为如果我们把 Sein 和 Dasein 混淆起来,那么 Sein 就被理解为一个实在的谓词,意味着'实存',表示某物的绝对肯定。反之,如果 Sein 只是被理解为一个判断中的联结概念,即逻辑的谓词,那么它被设

① Immanuel Kant.*Der einzig mägliche Beweisgrund zu einer Demonstration des Daseins Gottes*.Herausgegeben von Wilhelm Weischedel. In:Immnanuel Kant Werkausgabe II:Vorkritische Schriften bis 1768. Surkamp Verlag. Frankfurt am Main.2. -9. Aufl.-2003. S.633.

② 赵敦华:《中西形而上学的有无之辨》,《北京大学学报(哲学社会科学版)》1998 年第 2 期。

想为某物的逻辑关系,表示某物的相对肯定。"①这是把康德所说的系词(在主谓词关系中的"相对设定")当成了"逻辑谓词",同时又把康德所说的"存在肯定"或"绝对设定"即存在断定词当做"实在谓词"了。按照这一理解,则有可能进而把"上帝是全能的"这个例句中的逻辑系词 ist 当作逻辑谓词,同时把"上帝是(存在)"命题中的"是"(存在,ist)当做实在谓词,因为后者是"绝对设定"即存在设定。

应该承认,康德确实认为系词设定与存在设定存在区别,前者是在主谓关系中的"相对设定",后者是对主词概念连同其全部谓词、即对象的一种"绝对设定"。这正是我们在前面通过 Gott istallmächtig 和 Gott ist 这两个例句的对比,而阐明的系词 ist 和逻辑谓词即实存谓词 ist 在"设定什么"这一点上的区别。但是,承认系词 ist 与用作实存谓词的 ist 的这一区别,即承认系词"是"和逻辑谓词"存在"的区别,并不等于我们可以把它们之间的区别,就当做 Sein 论题中的逻辑谓词与实在谓词之分。把系词与逻辑谓词的区分,混淆为逻辑谓词与实在谓词的区分,这一做法是不可取的。

对康德而言,Sein 在一般的意义上就是肯定(Position),而肯定就是设定(Setzen)。标准句型中的 Sein(ist)仅仅是系词(Copula),它设定的是主谓词之间的逻辑关系,或者说,在与主词的关系中设定了一个谓词。在"上帝是全能的"这个例句中,中间的小词"是"(ist)就是把主词上帝与谓词"全能的"设定在逻辑关系中的东西,或者说,在与上帝这个主词的关系中设定了"全能的"这个谓词。除了设定主谓词之间的关系,Sein 还可以作"存在上的"运用。例如,Gott ist 这个特殊表达式中的 ist 并不像系词一样设定一个新的谓词,而是把自在的主词本身(das Subjekt an sichselbst)连同其全部谓词(mitallenseinenPrädikaten)、也就是对象设定在同我的概念的关系中,亦即在同我的概念的关系中设定了自在的主词本身连同其全部谓词、也就是上帝对象(A599,B627)。

可见,康德区分了 Sein 的两种设定方式,但 Sein 作为系词与作为存在设定词的区分,并不等于逻辑谓词与实在谓词的区分,除非人们把系词混淆为逻辑谓词,把存在设定词当做实在谓词。即使康德在此并未指明存在设定词就是逻辑谓词,也由于 Sein 作主谓词关系设定时是系词,而立即取消了这里有逻辑谓词与实在谓词区分的可能性,因为系词已经是被区分的两项中的其中之一。假如存在设定词像一些学者所设想的那样就是实在谓词,这里也只有系词与实在谓词而并无逻辑谓词与实在谓词的区分。何况系词不可以被混淆为逻辑谓词,Sein 作为存在设定词也不可能是实在谓词,因为如前所述,"全能的"才是实在的谓词,存在设定词恰好是与之相区别的。因此,既非系词、又非实在谓词的存在设定词,就不能不是康德 Sein 论题中的逻辑谓词了。逻辑谓词,只能指 Sein 论题中 Sein 作为存在设定词即实存谓词的情况。

在《证据》一文中,康德不说"Sein 不是实在的谓词",而是断言"Dasein 根本不是一

---

① 参见韦政希:《康德宗教哲学的逻辑进程》,武汉大学博士论文,2019 年,第 80 页。

个事物的谓词或规定"①,或者在肯定 Dasein 是对一个事物的"绝对肯定"的情况下,指出 Dasein"由此也同任何一个自身在任何时候都只有与另一事物相关才被设定的谓词区别开来"②。显然,《证据》中并没有采用"实在的谓词"一词来表示"一个事物的规定",也没有把系词在与主词的逻辑关系中所设定的谓词叫做"实在谓词",这是与《纯粹理性批判》中的表达不同的。同时,《证据》在作出断言时,不说 Sein 不是什么,而是直接说 Dasein 不是什么,可见与《纯粹理性批判》中的 Sein 论题的主语也有所区别。由此提出了一个值得深思的问题:为什么康德在《纯粹理性批判》中不直接说"Dasein 根本不是一个事物的谓词规定",或者"Dasein 不是在与主词的关系中被系词所设定的谓词",而是说"Sein 显然不是实在的谓词"? 为什么康德在强调 Dasein 这个逻辑谓词同全能的等实在谓词的区别时,还要加上对系词的考虑?

在我看来,这很可能是因为康德在写作《纯粹理性批判》时有了更深层次的考虑。康德在《证据》一文中也注意到了系词同逻辑谓词之间的区别,但他尚未表明:本体论证明之所以混淆逻辑谓词(上帝的存有)和实在谓词(上帝的规定或实在性),其深层根源在于它混淆了 Sein 的两种设定。但在《纯粹理性批判》中,康德针对本体论证明者把"上帝实存"这类实存性命题弄成同义反复的分析命题而指出:实在性(Realität)一词对于克服同义反复也无济于事,哪怕把上帝的实在性通过"上帝实存"这样的命题表达出来。"因为如果你把所有设定(无论你设定什么)都叫做实在性,那你就已经对该物连同其全部谓词都设定在主词的概念中了,并假定它是现实的,而在谓词中你只是在重复这一点而已。"(A597—598,B625—626)康德的意思是:当本体论证明把实存性命题中的 existiert 所设定的上帝实存,同系词 ist 所设定的上帝的一种实在性相提并论的时候,上帝的实存就被混淆为上帝的实在性即固有规定了,于是,原本并不包含在上帝概念中的实存,就被置于上帝主词概念当中了。而本体论证明的这一缺陷,更鲜明地体现在例句 Gott ist 中,其中,存在设定词 ist 不仅与系词是同一个词,而且与系词的设定方式("如何设定")并无实质区别:就像系词 ist 把谓词设定在主词概念中一样,逻辑谓词 ist 也把上帝对象或上帝的存在设定在上帝这个主词概念中,这就导致了系词所设定的上帝的实在性,与逻辑谓词所设定的上帝对象(存在)没有区别了,即事先都已经包含在上帝这个主词概念之中了。结果是:Gott ist 变成了一个同义反复的分析命题。

显然,要澄清逻辑谓词与实在谓词的混淆,首先需要严格区分 Sein 的两种设定方式,这很可能是康德在阐明逻辑谓词与实在谓词的区别时引入系词的深层考虑。只有区分了系词和逻辑谓词的设定方式,才会真正消除混淆逻辑谓词即存在设定词(表示存在的 ist = existiert)与实在谓词(如"全能的"这类指称上帝实在性的实在谓词)的

① Immanuel Kant.*Der einzig mägliche Beweisgrund zu einer Demonstration des Daseins Gottes*.Herausgegeben von Wilhelm Weischedel. In: Immnanuel Kant Werkausgabe II: Vorkritische Schriften bis 1768. Surkamp Verlag. Frankfurt am Main.2. -9. Aufl.-2003. S.630.

② 李秋零主编:《康德著作全集》第 2 卷,北京:中国人民大学出版社 2010 年版,第 80 页。

根源。

其二，是把 Sein 论题中逻辑谓词与实在谓词的区分，归结为实存性命题中实存谓词的内部区分。

采纳这种做法的学者一致认为，康德所说的实存性命题有分析的和综合的之分。在分析的实存性命题中，谓词"存在"或"实存"并没有超出主词概念，仅仅在述说主词概念业已包含了的东西，因而是"逻辑谓词"；而在综合的实存性命题中，谓词"存在"或"实存"超出了主词概念，是对事物的一种"规定"，因而是"实在谓词"。在他们看来，本体论证明所说的 Gott ist（"上帝存在"）是一个同义反复的分析命题，还绝非对上帝现实存在的基于经验的确证，因而这个"是"（存在）就还是一个"逻辑谓词"，而不是一个包含经验内容的"实在谓词"。

赵林、杨云飞、俞泉林持这一看法。赵林认为，作为一个分析命题，"说'上帝存在'（或'上帝是'），并没有使我们对'上帝'概念的理解超出这个概念本身所具有的含义"，但如果该判断是一个综合判断，"那么作为谓词的'存在'就与主词之间没有什么必然的联系，它只是一个通过经验才能够被确定的'实在的谓词'"①。杨云飞认为，"上帝是（存在）"只能是分析命题，其谓词"是"（存在）只能是"逻辑谓词"，但康德所说的实存性命题"此物或彼物实存"则是综合命题，因而其谓词"实存"（existiert）就是"实在谓词"。概括而言，康德所说的"逻辑谓词"，就是"是"（存在，Sein），而"实在谓词"则是"存有"（Dasein）或"实存"（Existenz）。由于本体论证明混淆了二者，所以才直接由上帝概念推出上帝存有，而一旦将两者区分开来，本体论证明就破产了。② 俞泉林则提出："上帝或任意某物是存在的，完全可以通过对其概念的分析从而先天地得出，但是上帝或者某物是否实存却不能单纯通过分析概念得出，还需要得到经验的验证。上帝存在本体论证明是通过逻辑上的分析得出上帝实存的结论。这是混淆了'上帝存在'这一分析命题和'上帝实存'这个综合命题。"③可见，他同样把分析命题中的"存在"当作"逻辑谓词"，把综合命题中的"实存"当作"实在谓词"。

应该承认，康德确实认为实存性命题是综合命题（"这是每个有理智者都必须明智地承认的"，A598/B626），因此，"实存谓词"（das Prädikat der Existenz）也理应是综合命题的谓词，必须超出主词概念。但是，本体论证明的结论却是"在一个可能之物的概念中就包含了存有"（A597/B625），这就导致了把原本是综合的实存性命题弄成了分析的，它所说的"上帝是（存在）"自然就只能是一个分析命题，该命题中的"是"（存在）当然也未能超出上帝这个主词概念。也就是说，康德充分注意到了本体论证明在上帝主词概念中所设定的"存在"，还并不是真正由经验所确证的"现实存在"或"实存"。本

---

① 赵林：《从上帝存在的本体论证明看思维与存在的同一性问题》，《哲学研究》2006 年第 4 期。

② 杨云飞：《康德对上帝存有本体论证明的批判及其体系意义》，《云南大学学报（社会科学版）》2013 年第 4 期。

③ 俞泉林：《康德〈纯粹理性批判〉中对上帝存在本体论证明的批判》，《青年时代》2017 年第 3 期。

体论证明把上帝的"存在"仅仅设定在上帝概念中,并以为它是"现实的",而其实是非现实的,是一种自相矛盾的存在。但是,本体论证明在上帝概念中所说的"上帝存在"同真正超出主词概念、由经验所确证的现实存在的区别,却并非康德所说的"逻辑谓词"与"实在谓词"的区别。因为这仅仅是实存谓词的内部区别,由于实存谓词说到底就是逻辑谓词,所以这其实只是逻辑谓词的内部区别,根本没有触及康德所说的"实在谓词",即上帝的实在性(如"全能")或出现在主谓关系命题中可以指称上帝实在性的一些形容词,如例句"上帝是全能的"中的"全能的"。

上述做法不仅没有意识到康德把"全能"或"全能的"当做"实在谓词"的例子,而且没有注意到康德还有一个专门的术语,来表示同分析的实存性命题中的谓词"存在"截然不同的综合的实存性命题的谓词,这就是"实存概念的精确规定"(einegenaueBe-stimmueng des Begriffs der Existenz,A598/B626)。正是这种"精确规定"才构成一个加在主词概念上、并扩大了主词概念的谓词,即每个有理智者都必须明智地加以承认的综合的实存性命题的谓词——"实存谓词"。这种精确规定必定不是已经包含在主词概念之中的,也是本体论证明所根本没有作出的。

把"实存谓词"仅仅禁锢在上帝这个主词概念之中,这是本体论证明的致命缺陷,康德针对这一缺陷提出了对实存概念加以精确规定的要求,力图把"实存"从上帝概念中彻底剥离出来并赋予其经验内容,这都是我们必须承认的。但是,我们并不能由此就得出"分析的实存性命题的谓词是逻辑谓词,综合的实存性命题的谓词是实在谓词"的结论,因为如此理解的"实在谓词"还仅仅是康德所说的"实存概念的精确规定",或真正意义上的"实存谓词",而绝非"S 是 P"标准句型的 P,因而不可能是康德所说的"实在谓词",即上帝的实在性("一物的规定"),或述说上帝实在性的一些形容词,如例句"上帝是全能的"中的"全能的"。

导致上述错误做法的主要根源在于:它没有进一步追问本体论证明究竟为什么能够把上帝的存在,设定在上帝这个主词概念中,也就是说,它没有看到,正是因为本体论证明把上帝的存有、存在或实存混淆为上帝概念所包含的上帝的实在性(如"全能"),才导致了它把上帝的存在直接设定在上帝的概念中。这种做法没有看到,混淆逻辑谓词与实在谓词,才是本体论证明把原本超出主词概念的"存在"、"存有"或"实存"设定在上帝这个主词概念当中的原因,而这种做法忽略了对这个"原因"的追究,把结论层次上的区别,就当做针对其小前提的逻辑谓词与实在谓词的区别了。当然,这种做法也根本不可能看出:本体论证明在混淆逻辑谓词"存有"与上帝实在性的时候,其实也混淆了逻辑系词 ist 与逻辑谓词 ist(存在设定词)这两种截然不同的设定方式,而这一混淆恰好是它混淆逻辑谓词与实在谓词的深层根源。

从命题的表达形式看,当本体论证明把 Gott ist 命题中的逻辑谓词 ist(是=存在)混淆为系词 ist(是)的时候,Gott ist 这个实存性命题,实际上可以写成 Gott istseiend(上帝是存在着的)或 Gott istexistierend(上帝是实存着的)。于是,"存在着的"(seiend)或

"实存着的"（existierend）就可以同"全能的"相提并论了，而它们所指称的上帝的"存在"或"实存"也就被等同于上帝概念所包含的实在性如全能了。但对康德而言，这一混淆是错误的，因为它导致了把两种完全异质的东西，即原本不包含在上帝概念中的"存在"同原本包含在上帝概念中的"实在性"混为一谈了。

可见，撇开 Sein 的系词含义，"Sein 不是实在谓词"这一论题直接针对的恰好是本体论证明的小前提：本体论证明的大前提是上帝具有全部实在性，小前提是 Dasein（存有）也是其中之一，由此才推出在上帝概念中就包含了其存有的结论。当康德明确宣称 Sein 不是实在的谓词时，他其实真正想要说的是：上帝的 Dasein 不是上帝的实在性。遗憾的是，Sein 论题针对本体论证明小前提的核心思想，在上述错误的做法中被忽略了，因为它错位地把康德针对本体论证明的结论而提出的实存谓词的内部区分，直接当成了逻辑谓词与实在谓词的区分。

这里有必要指出：康德在本节"上帝存有之本体论证明的不可能性"第八段中对本体论证明所做的"回应"（A597/B625），并不像赵林、杨云飞等人所理解的那样，是在通过直接区分逻辑谓词与实在谓词来反驳本体论证明，而是针对本体论证明的结论和一个断言而作出的。本体论证明通过混淆上帝的存有和实在性而直接在上帝概念中得出其存在之后，还断言说，如果取消存有就会导致取消上帝的内在可能性，而这是自相矛盾的。换言之，如果上帝概念中就包含了上帝的存有，则取消其存有等于导致上帝概念自相矛盾。正是针对这一点，康德才回应说：本体论证明无论以何种"暗藏的名目"在一个仅仅根据其可能性来思考的事物的概念中带入该物实存的概念，就已经自相矛盾了（这是康德的"反击"）。即使撇开本体论证明的自相矛盾不论，康德认为，只要本体论证明者像每个理性存在者那样明智地承认实存性命题是综合命题，实存谓词超出了主词概念，则取消谓词（取消上帝的存有或实存）就不会自相矛盾（这可以视为康德的"防守"）。而如果本体论证明者坚持把实存性命题弄成分析命题，就如 Gott ist 命题所体现的，则只能导致可怜的同义反复。康德在本段（第八段）中虽然也涉及到本体论证明的错误推理，涉及到它的大小前提，但是对本体论证明所做的"回应"，其重点未必就是对逻辑谓词与实在谓词的区分，而是揭露本体论证明的结论是可怜的同义反复。

康德是在接下来的第九段中，才提到本体论证明混淆了"一个逻辑谓词"和"一个实在谓词"，而如果没有这一混淆，他原本是想通过"实存概念的一种精确规定"来一举摧毁本体论证明的。可见，他对本体论证明的反驳分为两个步骤：一是区分逻辑谓词与实在谓词，二是对实存概念作出精确规定。Sein 不是实在谓词这一论题出现在第十段中的开头，这属于区分逻辑谓词与实在谓词的第一步工作，而精确规定实存概念，则是在第十一段中，通过引入知性模态范畴（现实性范畴），并且借助于对感官对象的现实存在的说明才最终完成的（A600—A601/B628—629）。康德在此表明：只有通过知觉我们才能真正确证一个感官对象的实存，他接着表明，由于上帝不可能被我们知觉到，所以其实存得不到有效证明。

总之,在理解康德对本体论证明(这里特指从上帝的全部实在性推出上帝存有的证明版本)的反驳时,我们不可以忽略本体论证明混淆上帝存有与上帝实在性这个小前提,因为没有这个小前提,本体论证明得不出上帝概念中就包含了存有这一结论。而康德的 Sein 论题,也正是针对本体论证明的这个小前提而提出来的,它所说的逻辑谓词与实在谓词之分,也是直接针对着本体论证明对上帝存有和实在性的混淆。把康德在实存性命题内部对实存谓词所作的区分,直接等同于逻辑谓词与实在谓词之分,这是一种错位的理解,导致不仅没有触及真正的"实在谓词",也忽略了康德所说的"实存概念的精确规定"。事实上,这种做法也不适当地简化了康德反驳的步骤,对康德本节后面几段并未作出完整准确的解读。

其三,是把 Sein 论题中逻辑谓词与实在谓词的区分,归结为主谓关系命题"S 是 P"标准句型中 P 的内部区别,尤其是把"全能的"当做逻辑谓词并把它同另外某个设想出来的"实在谓词"相比较。

除了从系词与逻辑谓词、分析的与综合的实存性命题的谓词入手来理解 Sein 论题中逻辑谓词与实在谓词之分,还有一种很流行的做法,就是从"S 是 P"标准句型中 P 的内部区分入手,来解读 Sein 论题中逻辑谓词与实在谓词之分。采纳这种做法的学者们发现:"上帝是全能的",仅仅是一个分析命题,"全能的"这个谓词并没有超出上帝主词概念,而是从一开始就包含在上帝概念中。既然如此,按照康德在《逻辑学讲义》中关于综合命题包含规定(Bestimmung),分析命题"仅仅包含**逻辑谓词**"①的说法,则"全能的"就只能是一个"逻辑谓词",而绝不是"实在谓词"。于是,人们便设想出诸如"这朵花是红色的"等综合的主谓关系命题,并认为该命题中"红色的"这个并不包含在主词概念中的谓词,才是康德所说的"实在谓词"。例如,陈艳波就认为"红色的"是"实在谓词",因为它超出了主词"这朵花"的概念,它不可能通过对主词概念的分析而得出。②胡好也在自己的文章中表达了同样的观点。

在我看来,这种做法也是不适当的,因为它不仅没有从 Sein 中去寻找逻辑谓词,确认例句 Gott ist 中的存在设定词 ist 是逻辑谓词,而且,它按照"分析命题的谓词只能是逻辑谓词"的标准,把康德本人给出的例句同"实在谓词"的关系彻底否定了,一旦认定"全能的"仅仅是逻辑谓词,那么,也就是只能设想"这朵花是红色的"中的谓词"红色的"才是"实在谓词"了。于是,把发生在不同句型之间的逻辑谓词与实在谓词的区分,就理解成了在同一个标准句型中谓词 P 的内部区别。

从行文逻辑看,当康德宣称"Sein 不是实在的谓词"并给出例句"上帝是全能的"时,他必定是把"全能的"就当做实在谓词,并将它同 Sein 进行对比的。如果"全能的"

---

① 康德:《逻辑学讲义》,戈特劳布·本亚明·耶舍编,见李秋零:《康德著作全集》第 9 卷,北京:中国人民大学出版社 2010 年版,第 109 页。

② 陈艳波:《康德对"上帝存在的本体论证明"的批判中的"存在"论题》,《现代哲学》2009 年第 4 期。

不是"实在的谓词",则康德的例句就与他关于实在谓词的说法失去了联系,而这是反常的。所以,假如 Sein 论题中包含了逻辑谓词,则我们只能从 Sein 中去寻找,而不能把康德例句中"全能的"当做逻辑谓词,并设想它同综合的主谓关系命题中的谓词相对立,认为出现在"这朵花是红色的"命题中的"红色的"才是 Sein 论题中的实在谓词。康德在此并没有提出"这朵花是红色的"这类例句,就其反驳本体论证明的目标而言,他也根本没有必要这样做。把康德所说的"上帝是全能的"命题中的谓词"全能的",与康德本人并没有提到的"这朵花是红色的"命题中的谓词"红色的"进行对比,在其他场合也许有意义,但并不适合于用来解读 Sein 论题中的逻辑谓词与实在谓词,因为这种做法没有顾及 Sein 论题的具体表述,忽略了 Sein 论题中的主语 Sein,因而脱离了此处的文本语境。因此,这类设想对于准确把握 Sein 论题中逻辑谓词与实在谓词并没有多大意义,反而会遮蔽真正的逻辑谓词与实在谓词。

事实上,我们不仅可以依据康德的例句而直接确认"全能的"不可能是 Sein 论题中的逻辑谓词,逻辑谓词只能从 Sein 中寻找,而且可以依据康德在 Sein 论题中对实在谓词的界定而确认"全能的"就是 Sein 论题中的实在谓词。康德在强调"Sein 显然不是实在的谓词"时,他所理解的实在谓词,是"一个关于可以加给某物概念的某种东西的概念"(einBegriffvonirgendetwas, was zu dem BegriffeeinesDingeshinzukommen könne,A598,B626)。并且他以"上帝是全能的"为例,来表明"全能的"就是这里所说的实在谓词。在该例句中,主词"上帝"包含了"上帝"概念,谓词"全能的"也包含了"全能的"这个概念,而这两个概念又分别指向"上帝"和"全能"两个客体或对象。"全能的"这个形容词指称的是客体"全能",因而也就是关于"全能"的一个概念。而"全能"作为上帝这个客体的一个规定(eineBestimmung)、一个特征(einMerkmal)或一个属性(eineEigenschaft),则是"能够加给上帝(上帝在此是指一个基于上帝概念的可能的事物)概念的某种东西",因为上帝概念直接规定了上帝是全能的,如果上帝不是全能的,则上帝概念就会导致自相矛盾。可见,"全能的"是一个关于"全能"的概念,而"全能"又可以加给上帝概念,因此,把它当做这里的实在谓词,完全符合康德关于实在谓词的界定。相反,"这朵花是红色的"命题中的谓词"红色的",则并不符合康德关于实在谓词的定义。因为"红色的"这个谓词概念的客体——红色,不是可以加给"这朵花"的概念的某种东西,除非"这朵花"从一开始就已经被预设为是"一朵红花",其概念内在地蕴含了"红色",否则,"红色"是不可以直接加给"这朵花"概念的。

人们之所以不能接受依据康德关于实在谓词的定义而得出"全能的"就是实在谓词的结论,是由于深信"逻辑谓词是分析命题的谓词,实在命题是综合命题的谓词"是康德划分逻辑谓词与实在谓词的唯一标准。以此标准,则"全能的"这个分析命题的谓词自然只能是逻辑谓词,只有"红色的"这个综合命题的谓词才可能是实在谓词。诚然,由于全能包含在上帝概念中,因而"全能的"这个谓词与上帝主词概念恰好具有分析的关系。"上帝是全能的"是一个直接通过逻辑系词 ist 而得以确立的分析命题,"全能的"自然也是一个分析命题中的谓词;而与之相反,"这朵花是红色的"是一个经验性的(后天的)综合命题,"红色"并不是可以加给"这朵花"概念的某种东西(规定),因而"红色的"是一个综合命题中的谓词。但是,人们采用的这一标准,却未必适合于 Sein 论题中逻辑谓词与实在谓词的划分,这里实际上有一个超出普通理解的特殊标准,即先验标准。这就是说,康德是在区分 Dasein 与上帝的先验实在性时谈论逻辑谓词与实在谓词的,Dasein 之所以被当做逻辑谓词,是因为它不是上帝的实在性,即上帝这个可能事物的规定,而"全能的"之所以也被当做实在谓词,是因为它所述说的,其实就是上帝的一种先验实在性——全能。而且,即使我们按照是否具有经验实在性的标准,承认在主谓关系命题的谓词 P 的内部进行区分具有可行性,也依然可以断定:这一区分与 Sein 论题中所意图作出的区分并不相干,因为"全能的"和"红色的"都只是"S 是 P"标准句型中的 P,根本与 Sein 无关。总之,把"全能的"当做逻辑谓词,并将它同被设想出来的"实在谓词"(例如"红色的")相对立,这不仅得不到康德给出的例句的支持,而且脱离了康德反驳本体论证明的文本语境。

三、把 Sein 论题中逻辑谓词与实在谓词
之分加以消解的做法何以不可取

在对康德 Sein 论题的解读中,胡好在《康德实在谓词难题的解决》(《现代哲学》2019 年第 4 期)一文中所发表的观点显得很独特,值得专门评析。①

胡好把谓词分为逻辑谓词、实在谓词和现实谓词三种类型。在他看来,逻辑谓词是与主词不矛盾的谓词,实在谓词是在主词和谓词的关系中扩大主词的谓词,现实谓词是主体在主词概念和它的对象的关系中将对象肯定下来的谓词。或者说,逻辑谓词是表示逻辑可能性的谓词,实在谓词是表示事物的可能性的谓词,现实谓词是表示事物的现实性的谓词。② 他基于对谓词的这种划分而提出:康德在断言 Sein 不是实在的谓词时,其实并未谈及逻辑谓词与实在谓词之分,而是在说"现实谓词不是实在谓词"。既然 Sein 论题实际上谈到的是现实谓词与实在谓词之分,因而逻辑谓词在其中不起作用。他写道:"由于实在谓词难题涉及对象的内容,而逻辑谓词抽掉了一切内容,因为重要

---

① 胡好认为,与逻辑谓词相对的"实在谓词"必定是综合命题的谓词,即扩大主词的谓词,而 Sein 论题中的 Sein(存在)等同于 Dasein(存有)或 Existenz(实存),本身即为综合的实存性命题的谓词,因而按照"实在谓词是综合命题的谓词"的标准,则 Sein 也理应是"实在谓词",于是,康德说"Sein 不是实在谓词",就等于在说"实在谓词不是实在谓词"。他反对杨云飞在"存在"与"实存"之间进行区分,也反对笔者把实在谓词理解为分析命题的谓词,因而提出了"Sein 是现实谓词"的新观点,并试图以此来解决"实在谓词难题"。他的结论是:虽然实在谓词必定是综合命题的谓词,但并非所有的综合命题的谓词都是实在谓词,因为还有作为"现实谓词"而存在的综合命题的谓词。笔者已撰写专文与胡好的观点进行商榷,在这里,笔者仅仅依据本文的主旨简要评析其主要观点。

② 胡好:《康德哲学中实在谓词难题的解决》,《现代哲学》2019 年第 4 期。

的不是区分逻辑谓词和实在谓词,而是区分实在谓词和现实谓词。"①

胡好进而把实在谓词与现实谓词之分,归结为"客观综合命题的谓词"与"主观综合命题的谓词"之分。他认为虽然 Sein(存在)和实在谓词都是综合命题的谓词,但由于它们是两类不同性质的综合命题的谓词,因而断言"Sein 不是实在谓词"并不构成矛盾,这就解决了"实在谓词难题"。客观综合命题的谓词表示事物的某种性质,而主观综合命题的谓词则表示具有某些性质的事物的"存在"。从胡好所举的例子来看,他所理解的"实在谓词",主要是综合的主谓关系命题即 S 是 P 标准句型中的谓词,如"这个苹果是红色的"这个综合命题中的谓词"红色的",它在超出主词概念的意义上表达"这个苹果"的"红色"性质;他所理解的"现实谓词",则是"某物存在"这类综合性命题的谓词,如"这个苹果存在"命题中的"存在"。② 胡好所说的"某物存在"命题,实际上就是康德所说的"实存性命题"("此物或彼物实存")的谓词,即"实存谓词"。

笔者认为,胡好从"某物存在"这类命题的谓词"存在"与主谓关系命题中表达事物性质的谓词入手,来理解康德 Sein 论题对 Sein 和实在谓词所作的区分,这实际上肯定了 Sein 论题中的 Sein 与实在谓词的区分,发生在"S 是(存在)"句型中的"是"(存在)与"S 是 P"句型中的"P"之间,归根到底,发生在事物的存在与事物的性质之间,这是值得肯定的。但是,由于他对康德在本节所说的逻辑谓词、实在谓词的理解存在严重偏差,导致了他的做法并不可取。

第一,人为地添加康德本人并未采用的术语。康德把实存性命题的谓词叫做"实存谓词",并没有采用"现实谓词"的说法,而胡好把"某物存在"命题中的"存在"当作"现实谓词",这就人为地添加了术语,冲淡了康德对实存性命题和实存谓词的相关论述。

第二,把 Sein 论题中的 Sein(= Dasein = Existenz = 存在或实存)误解为综合的实存性命题的谓词。虽然康德谈到"每个有理性者都必须明智地承认实存性命题是综合命题"(A598/B626),但他也强调了在本体论证明中实存性命题被弄成了同义反复的分析命题,而 Gott ist 恰好就是这样一个在上帝主词概念中设定上帝存在的分析的实存性命题。胡好没有意识到 Sein 论题中的 Sein(存在)还是分析的实存性命题的谓词,因而在把它命名为"现实谓词"时,将它理解为"主观综合命题的谓词"了。其实,他所说的"现实谓词",就是康德在知性分析论中所说的第二个模态范畴——现实性范畴,该范畴对一个事物的存在所作的肯定,已经完全超出了一个命题中的主词概念,而是建立在知觉的基础之上,或者说,需要"知觉先行"了。这也正好是康德所说的"实存概念的精确规定",是基于经验知觉对一个感官对象的现实存在的确认。显然,当胡好把 Sein 论题中的 Sein(存在)叫做现实谓词、并将它说成是"主观综合命题的谓词"时,他是把本

---

① 胡好:《康德哲学中实在谓词难题的解决》,《现代哲学》2019 年第 4 期。

② 胡好:《康德哲学中实在谓词难题的解决》,《现代哲学》2019 年第 4 期。

体论证明在 Gott ist 命题中所说的上帝"存在"，混淆为康德所说的"实存概念的精确规定"了。笔者想强调指出：本体论证明把上帝本身连同其全部谓词（包括全能）、亦即上帝对象设定在与"我的概念"的关系中（A599/B627），这里的"我的概念"并不像胡好所误解的那样是指"我的认识能力"，而仅仅是指上帝这个主词概念，因而该命题并不像胡好所说的那样是"主观综合命题"，该命题中的谓词 ist（存在）也并不等于现实性模态范畴，或康德所说的"实存概念的精确规定"。

第三，把 Sein 论题中的"实在谓词"误解为综合的主谓关系命题的谓词。胡好坚持认为，只有综合的主谓关系命题即 S 是 P 句型中的谓词 P 才是"实在谓词"，于是，他就把"上帝是全能的"这个分析命题中的谓词"全能的"从"实在谓词"中排除出去了，并且把"这个苹果是红色的"这个综合命题的谓词"红色的"当作"实在谓词"。可见，他所理解的逻辑谓词与实在谓词之分，仅仅发生在主谓关系命题即 S 是 P 句型的谓词 P 的内部，而并未出现在"Sein 不是实在谓词"论题中。他没有认识到，"全能的"这个谓词虽然在与上帝主词概念的逻辑关系中是"逻辑谓词"，但在"先验的考虑"中可以包含"先验实在性"或"先验肯定"，它也正是因为述说上帝的"全能"，才可以被称为"实在谓词"。这个"实在谓词"并没有超出上帝主词概念，因而恰好是分析命题的谓词。

从解读框架来看，胡好是从知性分析论有关"客观综合"与"主观综合"的区分来解读 Sein 论题的，因而脱离了康德反驳本体论证明的文本语境。按照胡好的例子，Sein（存在）与"实在谓词"的区分，可以说就是"这个苹果存在"命题中的"存在"与"这个苹果是红色的"命题中的谓词"红色的"之间的区分。于是，"上帝是全能的"这个例句中的实在谓词"全能的"，就被简单地当做逻辑谓词来处理了，它对上帝概念所包含的先验实在性的述说被忽视了，它所述说的"全能"作为上帝的一种先验实在性的意义也被遮蔽了。与此同时，康德 Sein 论题所要澄清的上帝的存在、存有或实存同上帝概念所包含的先验实在性的混淆，也完全被否定了。胡好没有认识到，康德之所以强调 Sein 不是实在的谓词，针对的就是本体论证明的小前提对 Dasein 与上帝概念所包含的先验实在性的混淆，Sein 论题中所包含的逻辑谓词与实在谓词之分，实质上就是为了澄清 Dasein 与上帝实在性之间的混淆。

四、结　语

通过以上论述，我们可以清楚地看出："Sein 不是实在谓词"这一论题确实包含了"一个逻辑谓词"（上帝的存在或实存）与"一个实在谓词"（上帝实在性）的区分，在康德给出的例句中，这一区分体现在"上帝是（存在）"这个命题中的逻辑谓词"是"（存在）与"上帝是全能的"这个命题中的实在谓词"全能的"之间。"全能的"这个分析命题的谓词并非经验意义上的实在谓词，而仅仅是先验意义上的实在谓词，它并不包含经验内容，也不指称经验实在性，而只是包含先验内容，指向先验实在性。而与之相反，

"上帝存在"(Gott ist)命题中的存在断定词 ist 之所以被称为"逻辑谓词",也是因为它不包含先验内容,不指向先验实在性。所以,康德在这里给出了区分逻辑谓词和实在谓词的一个先验标准,他以是否包含先验内容、是否指称先验实在性来划分 Sein 论题中的逻辑谓词与实在谓词:凡是不包含先验内容、不指称先验实在性的谓词,就是逻辑谓词;凡是包含先验内容,指称先验实在性的谓词,就是实在谓词。本体论证明把并不包含在上帝主词概念中的 Sein(存在),混淆为包含在上帝主词概念中的实在性,这是它把"上帝存在"弄成一个同义反复的分析命题的关键,因而也是康德在反驳本体论证明时必须加以澄清的。

王船山之格致相因论

简慧贞[*]

内容提要：格物致知的概念源于《礼记·大学》，朱熹提出其别具特色之"格物致知说"。虽所欲建构的并非物理知识而是德性知识，但如何从格"物"而能豁然贯通获得德性知识尚不明了。为了解除朱熹理论上如何从认识客体之客观物理知识过渡到主体之主观伦理价值知识之困境，船山严格将"格物"与"致知"二者之对象与方法区分来。认为"格物"之对象应专以"事"言，而"致知"则专以"心"言。从"格物"到"致知"之间非直线关系，其间有许多环节以及转折工夫才能将客观知识转化成内在价值体系进而实践。从而船山真正地建构起一套知识体系，其中包含可由经验感知的与不可由经验感知的两种知识建构进路，两者是相资为用的关系。

关键词：王船山；朱熹；格物致知；成德功夫

格物致知是儒学思想体系中的重要概念，源于《礼记·大学》八条目之二："古之欲明明德于天下者，先治其国；欲治其国者，先齐其家。……欲诚其意者，先致其知；致知在格物"《礼记·大学》。朱熹在其《四书章句集注·大学章句》中对于此八条目中"格物、致知"之着墨、讨论最多，且完成其别具特色之"格物致知说"。虽所欲建构的并非物理知识而是德性知识，但如何从格"物"而能豁然贯通获得德性知识，是后世学者不断讨论甚至是抨击的重点。船山以《四书章句集注》为基础，在诠解朱熹的理论脉络过程中，认为从"格物"到"致知"之间非直线关系，其间有许多环节以及转折工夫才能将客观知识转化成内在价值体系进而实践。其所建构之"格致相因论"，一则是为了补足朱熹理论之不足，二则是区分物理知识与德性知识的差异，并同时肯认两种知识建构的重要性。

一、朱熹的"格物致知论"

朱熹十分重视《大学》中之八条目，视之为成就大人之学之修养工夫，其所建构的"格物致知论"不仅承继了程伊川之论点，也颇具备自我特色并着重于"即物穷理"论

---

* 作者简介：简慧贞，湖北省黄州市黄冈师范学院文学院副教授，辅仁大学哲学博士。

点。朱熹认为"格物"在于"穷至事物之理,欲其极处无不到",而"致知"在于"推及吾之知识,欲其所知无不尽"。"格物"所欲格之物是天下之事理,"致知"所欲知者为吾心之知,朱熹认为在日用人伦中接事应物之际,对于事事物物之理序、规律以及关系皆须一一察识、理解,其目的在于明本心之理,使吾心之所知无不尽,因此朱熹言"格物"为"知性","致知"为"尽心"。

朱熹如此是将"格物"与"致知"区分成由外向内与由内向外之两重进路,值得注意的是,朱熹是以由外向内之进路为先,当已知之理不断积累至豁然贯通之处,方才能展现由内向外之认识进路,由此可知其强调"格物"、"致知"为工夫前后次第关系。在朱熹而言,从认识进路上,"格物"与"致知"二工夫有前后之别,但在实际操作上,两者却是相辅相成无法割裂。因此朱熹有言"格物、致知只是一事"。

再者,朱熹区分"知者,吾心之知;理者,事物之理",主要建构的并非物理知识而是内在于本心之德性知识,只是建构的过程仍是要透过人之感性经验能力建构主体直观认知,因此朱熹之言"格物致知"实为存心修身之工夫。但朱熹对于格物穷理以致知之论,常混淆者是从存在角度其存在之规律之理,还是从本体、价值角度讨论共同之理?"物者,形也;则者,理也。形者,所谓形而下者也;理者,所谓形而上者也"(《晦庵先生朱文公文集(三)》卷四十四,《答江德功(二)》)①。此言应解为:形下之具体事物必有一形而上之本体存在,此所为具体存在之物必有其所以存在之存在根源。此根源是并非是创生根源,而是宇宙化生万物之规律、秩序故称之为"理"。而具体存在界中,形上之理需通过形下之物得以表现,因此须明物之理,才能求顺性命之正以及处事之当,故又言"人之生也,故不能无是物矣,而不明其物之理,则无以顺性命之正而处事物之当。故必即是物以求之,知求其理矣"。(《晦庵先生朱文公文集(三)》卷四十四,《答江德功(二)》)②此处所强调的是要理解日用人伦应然之理仍需透过即物穷理此一必然过程。

实际上,从本体论到认识论到价值论其中间还需有层层的分析与脉络的建构,其讨论的范畴、方法皆有不同。但从朱熹理论上分析,则其过程主要为:即物→穷理→推极。虽其对于物之解释为天下之物,而其主要目的在于获得日用人伦之道德知识,但对于如何从客观具体事物上求得见闻知识后,"推极"而建构出德性知识?则是为后世学者所不断讨论以及抨击的部分,甚至牵涉到该如何解释"欲诚其意者先致其知"?"致知"之后如何作为"诚意"即内在意念之基准,进而正意念?③ 王阳明即是针对朱熹在此理论上的难题提出责难,进而将格物解释为正意念,④解消物理客观知识如何过渡到德性主观价值知识的问题,完全就德性等主观价值知识该如何建构,判准为何?又该如何"诚

① 朱熹:《朱子全书》第22册,上海:上海古籍出版社2002年版,第2037页。
② 朱熹:《朱子全书》第22册,上海:上海古籍出版社2002年版,第2037页。
③ 劳思光:《大学中庸译注新编》,香港:香港中文大学出版社2000年版,第6页。
④ 冯达文:《宋明新儒学略论》,广东:广东人民出版社1997年版,第148—149页。

意"？不过，王阳明转化"格物"之解释却延伸出另一个问题，即，对于物理客观知识的漠视。

船山是就实际操作方面讨论"格物"与"致知"工夫，虽肯定两者有紧密关联性，但其所着重的是两者间的区别性，并从区分其对象物之范畴以及求知方法之不同而呈现出两者之差异，进而有别于朱熹将"格物致知"相连而将两者区分为二，试图说明如何从认识论转进价值论的问题，进而建构起道德实践功夫。

二、船山的"格致相因论"

（一）"格物"与"致知"知识范畴不同

船山以为《大学》中八条目：格物、致知、诚意、正心、修身、齐家、治国至平天下皆止于"至善"一事，故统合而论之，此八项工夫条目之目的皆为成就大人之学。八项工夫条目之间的关系并非今日格物，明日致知，也非今日诚意，明日正心，如此前后依序关系。若分别就各条目而讨论，船山强调各条目之间虽有关联但各具特色亦存在异质性，其间关联性非"格物"后即"致知"之直线关系，"格物"之成功当接"物格"，而《大学》中所言"物格而后知至"，其"物格"后"知至"此两者中间有层层的工夫转折而非"物格"即"知至"。在辨明如何从"物格"达到"知至"之转折处，船山首先区分"格物"与"致知"各有自成之范畴，再接以论述其如何联结的关系。

船山认为："学之始事必于格物。而详略大小精粗得失无不曲尽"（《四书训义》卷一）①为学而建构知识体系必始于"格物"功夫，但须区分知识体系的建构包含客观知识（物理）以及德性知识（伦理）。在探究事物之客观物理知识时，可藉由见闻、读书而知其对象物之特质以及效能，如看本草之书，听他人之言，可立即获得有关"砒礵"可毒害人体之相关知识。但若是因为家徒四壁而非得为盗营生此等如人饮水冷暖自知之状况，虽研读百书却无法立即获得有效知识作为行为准则，而是必须反求诸己，体认本心之知。

> 且如知善知恶是知，而善恶有在物者，如大恶人不可与交，观察他举动详细，则虽巧于藏奸，而无不洞见；如砒毒杀人，看本草，听人言，便知其不可食：此固于物格之而知可至也。至如吾心一念非几，但有愧于屋漏，则即与跖为徒；又如酒肉黍稻本以养生，只自家食量有大小，过则伤人：此若于物格之，终不能知，而唯求诸己之自喻，则固分明不昧者也。（《读四书大全说》卷一，《大学》）②

---

① 王船山：《船山全书》第 7 册，长沙：岳麓书社 1996 年版，第 48 页。
② 王船山：《船山全书》第 6 册，长沙：岳麓书社 1996 年版，第 403 页。

可知船山认为在建构知识体系的进路中，藉由"格物"所建立的是有关于事物的客观知识以及部分藉见闻可得之道德知识，此即所谓"闻见之知"；"闻见之知"的积累，并无法必然有效体认到在伦常上行为处事之德性之知。

其次，对于格尽天下之物则能得万事之理之论点，船山抱持着存疑的态度，因从经验认知层面而言，有限的人生是无法一一格尽无限之天下物，而朱熹"格物"之意也不在此，朱熹与船山都强调"格物"之主要目的是从已知推扩至未知之理，需以经验具体事物为始，以穷究抽象普遍真理为目的，因此知识建构不在于认识之广度而是在于求认知的深度。如何探究知识的深度，其不在所格得之物的量上而是在吾心致知之深究上。

> 天下之物无涯，吾之格之也有涯。吾之所知者有量，而及其致之也不复拘于量。……必待格尽天下之物而后尽知万事之理，既必不可得之数。是以补传云"至于用力之久，而一旦豁然贯通焉"，初不云积其所格，而吾之知已无不至也。知至者，"吾心之全体大用无不明"也。则致知者，亦以求尽夫吾心之全体大用，而岂但于物求之哉？孟子曰："梓匠轮舆，能与人规矩，不能使人巧。"规矩者物也，可格者也；巧者非物也，知也，不可格者也。巧固在规矩之中，故曰"致知在格物"；规矩之中无巧，则格物、致知亦自为二，而不可偏废矣。（《读四书大全说》卷一，《大学》）①

船山认为"格物"与"致知"所需穷究的对象不同，则"格物"所穷究的对象专以"事"言，而"致知"则专以"心"言。"格物"是于事物上从已知之理至豁然贯通处。而"致知"则是求尽吾之本心全体大用至豁然贯通处。其引用孟子所言"梓匠轮舆，能与人规矩，不能使人巧"。是在强调客观知识的建构，主要在于使人经由经验可获得事物之技巧与规则等知识，对于成为运用其技巧与规律至出神入化之境地，却无法仅仅藉由看书、听人言即可达成。换言之，对于事物之处理方式、规矩定律是属于"物"之范畴可藉由格物推理而得，但技艺的精妙、灵活以及禀天而得之五常之性却属于"致知"之范畴，此部分并非格物后即可获知。船山认为，可格者唯"物"，"知也，不可格者"，是故其言："若云格物以外言，致知以内言，内外异名而功用则一。"（《读四书大全说》卷一，《大学》）②"格物"所求是主体所面对之客体对象，藉由主体经验感官建构对象物之本质、特征、特性等物理知识抑或是处事关系中之伦常事理；而"致知"则是主体认知到本心之全体大用。此处与朱熹的最大不同处在于，朱熹之"格物"是随事观理，以经验感知为主；"致知"是全心明悟，以直觉、体悟为主，其对象是从经验具体事物而推扩至非经验所能知之超越天理，进而理解本心本性之实理，禀受自于天而内存于心，也因此

---

① 王船山：《船山全书》第 6 册，长沙：岳麓书社 1996 年版，第 403 页。
② 王船山：《船山全书》第 6 册，长沙：岳麓书社 1996 年版，第 402 页。

"格物"与"致知"之目的皆是以"存心"为依归。船山则是明确区分可经验感知到的与不可经验感知到的两种知识建构进路,否定有离开具体存在世界别有独立自存的天理存在,因此他所探究的对象必为具体存在界所展现着万物与现象,而具体万物必有其条理,现象必隐含着本质。在此具体存在界中,其表现显著是占有时间具有空间的"器物",以及可见可闻、可感知的现象;而其表现隐而不彰的则无法藉由经验感知认知之内在规律与本质。前者藉由"格物"而建立客观知识经验世界,后者则是经由"致知"体悟建立主观价值的意义世界,是故船山强调可经验感知的才可"格",若是超越经验的则无法藉由人之感官认知,而是属于"致知"的范畴,因此并非"格物"之后即能"致知"。其言:

> 至如《或问》小注所引《语录》,有谓"父子本同一气,只是一人之身分成两个"
> 为物理,于此格去,则知子之所以孝,父之所以慈。如此迂诞鄙陋之说,必非朱子之
> 言而为门人所假托附会者无疑。天下岂有欲为孝子者,而痴痴呆呆,将我与父所以
> 相亲之故去格去致,必待晓得当初本一人之身,而后知所以当孝乎?即此一事求
> 之,便知吾心之知,有不从格物而得者,而非即格物即致知审矣。(《读四书大全
> 说》卷一,《大学》)①

船山藉由父子关系如何相互对待为例,认为若将父与子各视为一物,从个体中去格去穷究其理而得到"知子之所以孝,父之所以慈"之结论,显而易见是非常荒谬的。实际上,父与子是相对关系,所探究的是如何相互对待之理,即为牵涉到五常之性之当然之道理。此日用当然之理,并非简易的可以透过格物后得之物理即可致知,致吾心之知是不从"格物"此一向外之认知进路,而是"致知"之向内的认识进路。

船山则是试图区分对客观知识的认知以及对内在价值知识的认知两者有根本上的差异,因此认为必先区分"格物"与"致知"为两种认知进路,进而才能明白,其"格物"与"致知"之间存在的是相资相因的关系。

(二)"格物"与"致知"知识建构方法之不同

格物与致知两者所建构的知识内涵不同,方法也相异。"格物"以透过耳目见闻之经验知识为主要方式,以心思明辨为辅助,而心所思辨之内容皆为见闻而得之学问知识;"致知"则是以心之思辨为主,不假由见闻获得之经验知识,但学问等见闻知识可用以辅助思辨清晰。于是格物之功与致知之功相因相济,耳目见闻可协助心之思辨能力,使之思辨有所依循。

---

① 王船山:《船山全书》第 6 册,长沙:岳麓书社 1996 年版,第 402 页。

大抵格物之功,心官与耳目均用,学问为主,而思辨辅之,所思所辨者皆其所学问之事。致知之功则唯在心官,思辨为主,而学问辅之,所学问者乃以决其思辨之疑。"致知在格物",以耳目资心之用而使有所循也,非耳目全操心之权而心可废也。(《读四书大全说》卷一,《大学》))①

在此船山将"致知"视为知识体系中抽象思辨能力,可以统合众多现象的殊理最终体认出共理。而如何致知? 方法又分为两种,其一是以博学、审问、笃行等求学问;再者便是慎思、明辨之思。"致知之途有二,曰学、曰思"(《船山全书》第七册,《四书训义》卷一)。如何学? 博学、审问、笃行属学;如何思? 慎思、明辨则属思。其言:

集注所引程子之言,博学、审问、笃行属学,慎思、明辨属思。明辨者,思其当然;慎思者,思其所以然。当然者,唯求其明;其非当然者,辨之即无不明也。所以然者,却无凭据在,故加之以慎。不然,则至谓天地不仁,四大皆妄,亦不能证其非是,如黑白之列于前也。思中有二段工夫,缺一不成。(《读四书大全说》卷五,《论语·为政》))②

思有两段功夫:即慎思与明辨,明辨者,思其当然,主要目的在求处事接物时清晰明白;慎思者则思其所以然,此所以然完全是抽象思辨后得出之理,故船山认为必加以"慎",其认为"慎字不可作防字解,乃缜密详谨之意"(《读四书大全说》卷一,《大学》),此慎思之最终目的该视为"知性"。

"格物"是为学之始,是作为知性之工夫之一,而非"格物"即能"知性","格物"成功之后是"物格",物既格之后才可言性无不知,即已知各物之本质、样态、理序。穷理格物只是工夫,而穷天下之物、多学而识之后,则可达至理已穷至,物已格至之功效。

盖格物者知性之功,而非即能知其性;物格者则于既格之后,性无不知也。故朱子以曾子之唯一贯者为征。"一以贯之",物之既格也,而非多学而识之即能统于一以贯也。穷理格物只是工夫,理穷物格亦格物穷理之效。乃至于表里精粗无不豁然贯通之日,则岂特于物见理哉! 吾心之皆备夫万物者固现前矣。(《读四书大全说》卷十,《孟子·尽心上》))③

船山认为豁然贯通之理已不仅是于物上见理,而是展现本心备万物具万理之全体

---

① 王船山:《船山全书》第 6 册,长沙:岳麓书社 1996 年版,第 404 页。
② 王船山:《船山全书》第 6 册,长沙:岳麓书社 1996 年版,第 608 页。
③ 王船山:《船山全书》第 6 册,长沙:岳麓书社 1996 年版,第 1105 页。

大用,且必须达至此明吾心之全体大用之际才可言是"识得喜怒哀乐未发之中",其言:

> 到此方识得喜怒哀乐未发之中。盖吾之性,本天之理也,而天下之物理,亦同此理也。天下之理无不穷,则吾心之理无不现矣。吾心之理无不现,则虽喜怒哀乐之未发而中自立焉。万物之皆备于我者,诚有之而无妄也。此非格物未至者所可知之境界,故难一一为众人道尔。(《读四书大全说》卷十,《孟子·尽心上》)①

吾以为朱熹言由见闻而得之经验知识以及向本心省察之德性知识皆系于心之作用,见闻之知所发挥的是心之知觉能力,而德性之知则是心之灵觉能力。前者为随事观理,即物穷理;后者为切己处体悟心之全体大用。从船山言格物之功与致知之功之区别可知,其认为心具备之思辨能力,于建构见闻或德性之知两方面皆有作用,但于经验知识上仅为辅助作用。在客观知识建构上主要依赖耳目百体之感官能力对具体事物有初步认识;而如"知孝"、"知慈"等德性之知在于知本心之知此一层面,则仅靠心之思辨能力。船山此言承继着张载所言:"见闻之知,乃物交而知,非德性所知,德性所知,不萌于见闻。"(《张载·正蒙》)面对客观事物与物相接时可藉由听人言、读书等方式建立起客观知识,但仅限于客观知识而不直接可建构德性知识。而如何转进致知而知其事知所当然,悟其理知所以然,则是需靠自觉醒悟。

朱熹于诠解《孟子·万章篇》中有言:"知,谓识其事之所当然。觉,谓悟其理之所以然。"是以"知"为理解事物之所当然,其"所当然"在于知如何处事应物之应然之理;而"觉"则是悟理之所以然,怎是体悟到整体存在界包含万事万物之形上根源之理。从此"悟"为从吾从心中可知,求超越之形上根源必循自我本心求之。而船山以随见别白"知"可指称之"当然者",及以触心警悟"觉""所以然者",此所以然者自晓于己,船山此处所言"觉"之所以然是为人禀天之仁义之性,此非触心警悟,反身自省而不可知。

> 随见别白曰知,触心警悟曰觉。随见别白,则当然者可以名言矣。触心警悟,则所以然者微喻于己,即不能名言而已自了矣。知者,本末具鉴也。觉者,如痛痒之自省也。(《读四书大全说》卷二,《中庸》)②

杨国荣先生分析船山此段本文中区分"知"与"觉"可资说明从道德认识的具体过程看,主体认知离不开经验事实,评价则往往关联着主体的反省体悟,如此才能超越经验层面的辨析、理解,而更多的呈现为自我的存在感受。③ 船山言"知者,本末具鉴也"

---

① 王船山:《船山全书》第 6 册,长沙:岳麓书社 1996 年版,第 1105 页。
② 王船山:《船山全书》第 6 册,长沙:岳麓书社 1996 年版,第 449 页。
③ 杨国荣:《伦理与存在——道德哲学研究》,上海:华东师范大学出版社 2009 年版。

强调对于认知意义的经验,需把握的是对象物之现象与本质;而"觉者,如痛痒之自省也"则肯定主体的道德体验是对于自我内在省察。

船山强调为人之本性必禀自于天,皆是由阴阳五行二气化生而成,此理与万物皆同。当能向内体认到本性之理,则即穷天下之理,展现吾心合于性理。而所谓"万物之皆备于我"之我之意,即是船山所言已将心之全体大用发挥至极,可言是将生活世界所面对的各种现象转而成为主观认知之意义世界,就此而言"物理虽未尝不在物,而于吾心自实",其言:

> 物理虽未尝不在物,而于吾心自实。吾心之神明虽己所固有,而本变动不居。若不穷理以知性,则变动不居者不能极其神明之用也固矣。心原是不恒底,有恒性而后有恒心。有恒性以恒其心,而后吾之神明皆致之于所知之性,乃以极夫全体大用,具众理而应万事之才无不致矣。故曰"尽心则知至之谓也",言于吾心之知无所客留而尽其才也。此圣贤之学所以尽人道之极,而非异端之所得与也。呜呼,严矣!(《读四书大全说》卷十,《孟子·尽心上》)①

对船山而言心之所以可具众理在于其虚灵之特性,之所以能应万事则异于其不昧之特性,故在论及船山所言之"心"之际,强调其认为"心"非本然即为道德价值判准,而是能知觉、经验、记忆等作用之心,强调的是心之知觉运动,也是此处所言"吾心之神明虽己所固有,而本变动不居。"强调人心是随着对象物而变动。而穷理知性的功能在于使心能够合于本性,使得心从知觉运动之心,进而成为"含性而效动"之仁义之心。仁义之心即具道德价值判断,因此使得心之知觉运动以及发动之行为具有判准,不再处于变动不居的状态,此时才可言知至。

(三)以"知至"统贯客观物理知识与德性知识

船山虽强调"格物"与"致知"两者无论是研究范畴或是研究方法皆有区别。但其所反对的是将"格物"与"致知"直接划上前后依序关系,并非完全割裂两者关系,其最主要认为所谓"致知在格物"之主要意涵是在说明"格致相因"。

船山强调了事亲之孝不学而知,不虑而能,非藉由客观知识的教导而得,在于本性即有之五常之德,此非格外在之物可得。而事亲之道则是可藉助已建立之客观知识、他人相处之道而获得其处事之方法,进而推究其理。仅知工匠制物之规矩,无法成就灵活技艺,在工匠技艺的精妙中可显现出制物之规矩、理序;同样的仅知事亲之道并非知孝,但事亲之孝必得显现出事亲之道。船山以此言"致知在格物"。如此"格物"与"致知",并非先格物后致知工夫次第关系,而是相因、相依且具互补关系,

---

故其言"格致相因"。

　　是故孝者不学而知，不虑而能，慈者不学养子而后嫁，意不因知而知不因物，固矣。唯夫事亲之道，有在经为宜，在变为权者，其或私意自用，则且如申生、匡章之陷于不孝，乃藉格物以推致其理，使无纤毫之疑似，而后可用其诚。此则格致相因，而致知在格物者，但谓此也。（《读四书大全说》卷一，《大学》）①

如何说明"格物"与"致知"为相因关系，而非前后次第关系？船山认为"'物格而后知至'，中间有三转折"，此三转折即为：格物→物格→致知→知至。

　　若统论之，则自格物至平天下，皆止一事。（如用人理财，分明是格物事等）。若分言之，则格物之成功为物格，"物格而后知至"，中间有三转折。（《读四书大全说》卷一，《大学》）②

其以"格物"为为学之始，从格物达至物格为第一步转折，此处必须即物穷理，求得客观事物之理，而此所谓物即包含了天下事物以及事物关系，因此必须穷究与建构的不仅是客观知识还包含了部分的道德知识。而于事上求理仍须得一豁然贯通之理，此即达至"物格"之功，即是"格物成功之后"。"物格"而后才能言"致知"，此为第二步转折处，因"致知"有两层工夫，一为学、二为思。此处已经将具体可见可闻之生活世界的现象转而成为纯思辨的意义世界的探寻。此内心意义对于外在事物的本质、内在逻辑的认知已脱离具象之经验转而进行内在抽象思辨。由前两步骤的转折中可见船山不断强调，"格物"之后并非立即"致知"，而必须"物格"之后才能言"致知"，而这两者之间亦有不断转折的工夫，可谓相交而行，并非截断两层，实为相依、相济之关系，故言"格致相因"，又言"致知在格物"。而最后一步的转折处，则是从"致知"到"知至"。此处"知至"在船山而言是为"知至善"，所主要探究的向内探究人之本质、本性此处可谓其抽象思辨的最后目的在于如何发明禀天而有之仁义礼知之本性，认知人内心需依于性善，如此即为朱熹所言"吾心之全体大用无不明"。

　　夫其见义于内者，岂斤斤之明足以察之哉？以无私之仁体藏密之知，故自喻其性之善，而灼然见义之至足于吾心。乃其所繇以致此者，则唯不厌、不倦以为学教，而即物穷理，以豁然贯通于吾心之全体大用者也。（全体大用即义。）此即大学之格物、致知以知至善而止者也。繇其知之大明，则为知言；繇其行之造极，则为养

---

① 王船山：《船山全书》第 6 册，长沙：岳麓书社 1996 年版，第 403 页。
② 王船山：《船山全书》第 6 册，长沙：岳麓书社 1996 年版，第 402 页。

气。(义无不集,故造极。)行造其极则圣矣。(《读四书大全说》卷八,《孟子·公孙丑上》)①

在当代学者对于船山所言"'物格而后知至',中间有三转折"之论述,以张学智先生之论述较为完整,其认为船山的三个转折,其言:

> 王夫之的"物格而后知至,中间有三转折",这三转折即物格、"致知"(统一的致知活动中的一个步骤,加引号以示区别)、知至。②

其认为第一步为"物格"此是从格物到致知的过渡,即是从格物而获得事物之条理、法则进而作为致知的材料;第二步为"致知",既是针对各物所得的物理上进行纯粹内省活动,如想象、模拟、推理等抽象思辨。张学智先生认为此处之"致知"是统一的致知活动的一个步骤,吾以为此处所指称的是致知活动中的思辨层面;第三步骤则为"知至",认为知至表示一个具体的致知活动的终结。针对张学智先生的论述,吾以为此是依船山所言从"物格"开始的转折,但若以三个转折处为主,吾认为从"格物"论起较能完整叙述知识建构的起始,也展现出船山所强调的"格致相因"论点。

虽船山有言就整体性而言,格物至天下平,皆为工夫条目,其目的皆在于为大人之学,皆止于至善,因此可统归于一事。但船山所重视的则是各工夫条目彼此的区别。其认为如言"格物则知自至"期间缺少了"致知"的工夫。因此其转折处即是提出"致知"作为闻见之知与德性之知其中转化之工夫,这层转折是朱熹的格物致知论所缺乏的。

船山已将"致知"活动视为反省从生活世界中获取的物理知识,于内在进行抽象思辨活动,如此便同时进行意义省思、道德问题等。而"致知"后之"知至"则是已是把握住本性之善,如此便可作为意发动之善恶判准,进而"诚意",其言:

> 夫自身而心,而意,而知,以极乎物,莫不极致其功,而知格物之为大始,……物之既格,吾所以处夫万物者,皆一因于理:而如是则善,不如是则不善,知无不至矣。知之既至,吾之所以则夫善恶者,皆明辨其几,而无疑于善,无疑于不善,意无不诚矣。(《船山全书》第七册,《四书训义》卷一)③

因此"知至"该为船山知识体系建构中之推至极致处,代表着学思阶段的完成,故其言:"夫致知,则意之所诚,心之所正,身之所修"。"知至"是经由慎思、明辨统合客观

---

① 王船山:《船山全书》第 6 册,长沙:岳麓书社 1996 年版,第 938 页。
② 张学智:《明代哲学史》,北京:北京大学出版社 2000 年版,第 603 页。
③ 王船山:《船山全书》第 7 册,长沙:岳麓书社 1996 年版,第 48 页。

经验知识以及主观价值伦理知识而获得之万物共通之理。其推即过程，是以"格物"为始，层次递进至"物格"，同时发挥心体抽辨思考能力，转为"致知"，非线性，而是不断循环反复，直至"物格"，又"知至"。若无经由"格物"，则无法"致知"，若不经由"致知"，则无法"物格"，若非直到"知至"则无法统合现象与本质，万殊与理一。

三、结　论

船山肯定朱熹格物致知，从即物穷理开始，延续着朱熹对于"格物"之解释。但是为了解除朱熹理论上如何从认识客体之客观物理知识过渡到主体之主观伦理价值知识之困境，船山严格将"格物"与"致知"二者之对象与方法区分来。认为"格物"之对象应专以"事"言，而"致知"则专以"心"言。如此船山真正建构一套知识体系，其中包含了可由经验感知的与不可由经验感知的两种知识建构进路，两者是相资为用的关系。

此知识体系强调"理"实为事物背后之本质属性之意，因此仍必须从认知可经验感知的对象之后，才能进行内在思辨之致知过程，进而将朱熹即物而穷理而推极之知至进路修正为，从即物穷理而得客观事物之内在之本质以及待物接事之当然之则，物格之后则须藉脱离具象之经验而进行内在思辨且体认客观与主观之间的关系，此处须展现出格致相因之、相资而行之工夫，两者不可偏废。

【治理理论】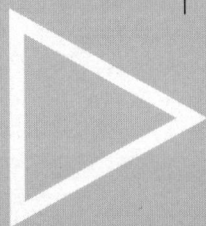

论德治诸形态

曹　刚[*]

内容提要:德治之"德"是何种意义上的"德"？这是讨论德治理论与实践所要首先回答的问题。我们主张道德的三层次说,即道德可分为愿望道德、角色道德和义务道德三个层次,由此出发,德治的形态也有三种,导之以德是德治的第一种形态,其中的关键是当政者群体的道德示范;齐之以礼是德治的第二种形态,其中的关键是社会中间体的道德自治;绳之以法是德治的第三种形态,其中的关键是关于道德的系统立法。德治是个理论问题,更是一个实践问题,德治实践是一个系统工程,只有在理论上厘清德治的诸形态,在实践中抓住关键,协同推进不同形态的德治,方能实现国家治理能力的现代化。

关键词:德治;道德分层;德治形态

富勒(Lon Luvois Fuller, 1902—1978)在《法律的道德性》中开篇就指出,"在我看来,这些(涉及法律与道德之间关系的)文献在两个重要的方面表现出不足。第一个方面的不足关系到在界定道德之含义本身上的失败。"第二个方面的不足是"道德使法律成为可能的无视"。①为什么道德的定义会失败？这在于没有区分道德的层次性。而这一区分非常重要,"未能做出这一区分是导致讨论法律与道德之间关系存在诸多含混之处的原因。"②富勒的论述给我们讨论德治问题提供了重要视角。虽说道德分层说在伦理学界算是通说,但人们很少在区分道德层次的前提下系统地讨论德治及其形态问题,从而造成了德治理论和实践的诸多困扰。我们对德治诸形态的讨论有必要从道德分层理论说起。

一、关于道德的分层理论

道德分层其实是一个普遍的观念。中国传统社会也是讲道德分层的,譬如,《朱子

---

* 曹刚,中国人民大学哲学院教授。
① [美]富勒:《法律的道德性》,郑戈译,北京:商务印书馆 2007 年版,第 6 页。
② [美]富勒:《法律的道德性》,郑戈译,北京:商务印书馆 2007 年版,第 6 页。

大全》提出"周礼三德说",就可以理解为道德层次说:"一曰至德,以为道本;二曰敏德,以为行本;三曰孝德,以知逆恶。"①至德最高,是"诚意正心、端本清源之事";"敏德"次之,是"强志力行畜德广业之事","孝德"最低,是"尊祖爱亲,不忘其所由生之事"。在当代中国的道德建设中,也主张道德层次说。1986 年通过的《中共中央关于社会主义精神文明建设指导方针的决议》提出了当代中国社会的道德体系有三个层次,最低层次是社会公德,是人们在公共生活中必须遵守的最起码、最简单的道德准则;中间层次是社会主义道德,是立足于社会主义的经济基础之上,并同社会主义的政治制度相适应的道德要求;最高道德层次是共产主义道德,是为了人民的利益和共产主义理想而奋斗所要求的德性。

我们赞成道德三层次说,并借用富勒关于愿望道德与义务道德的基本分类,把道德分为愿望道德、角色道德和义务道德三个层次,其中,角色道德具有某种过渡性质的特性。

第一,义务道德与愿望道德在目的上有高低之分。富勒认为,将道德划分为愿望的道德与义务的道德两类,就像是给道德划定了特定的区间一样,愿望的道德与义务道德分处区间的两端。义务道德处于底端,这类要求如哈特所说的,在人类所有的道德法典中都能看到,诸如"关于对人或物使用暴力的禁令""关于诚实、公平交易、尊重承诺"等,它们被看做人类社会生活存续的基本条件。② 与此相对应,愿望道德处于顶端,是人们为了实现美好生活和和谐社会所要达到的理想境界,"是善的生活的道德、卓越的道德以及充分实现人之力量的道德。"③愿望道德追求的是崇高,不但要求在自我的维度上,要战胜和超越自然欲望;还要求在社会的层面上,战胜和超越私人利益,为他人谋幸福。根据富勒的比喻,义务道德就像是一个社会的"语法规则",而愿望道德则如文采飞扬的美文华章。

第二,义务道德与愿望道德在动力上有义利之辨。富勒用交换经济和效用经济来比喻义务道德和愿望道德。富勒认为,在义务与交换的亲缘关系之间存在着一项媒介原则,那就是互惠原则,从这个意义上讲,"义务这个概念本身就蕴含着某种互惠概念,至少就每一项对社会或另一位负责人的个人负有的义务来说是这样。"④互惠性是指遵守规范所带来的结果是双赢的,所谓人人为我我为人人。如果说义务道德就像交换经济,通过互利互惠来实现自己的利益,那么,愿望道德就像效用经济,它关乎如何最大限度地利用资源,充分、全面地实现潜能,出发点"涉及到我们最好地利用我们的短暂的生命的努力"。愿望道德不讲回报,勇于牺牲的动力来自自我实现的发展性需要,如巴蒂斯塔·莫迪恩所言:"在人的活动中有一个持续的要求不断超出已经实现的结果的

①　《朱子大全》第六十七卷"杂著"。

②　[英]哈特:《法律的概念》,张文显、郑成良译,北京:中国大百科全书出版社 1996 年版,第 177 页。

③　[美]富勒:《法律的道德性》,郑戈译,北京:商务印书馆 2007 年版,第 7 页。

④　[美]富勒:《法律的道德性》,郑戈译,北京:商务印书馆 2007 年版,第 24 页。

张力,也就是一个超越、向前的冲动,一个指向最高水平的意志。以某个关于人的谋划的实现为目标,人始终觉得自己是未完成的,因此,他永远不能满足于已取得的成功,他觉得自己还未实现,似乎有什么东西从一开始就逼迫他不断地重新担起完善自己的任务。"①

第三,义务道德与愿望道德在保障机制上有强弱之别。"如果我们寻找人类研究领域之间的亲缘关系的话,法律便是义务的道德最近的表亲,而美学则是愿望的道德的最近的亲属。"②显然,作为法律"表亲"的义务道德,对行为者的要求是绝对的,必须履行的,具有一种强约束力。遵守义务道德是每个公民的本分,履行了不值得褒奖,一旦不履行则会受到惩罚。与此不同,作为美学"表亲"的愿望道德,强调的是自觉自愿,侧重于鼓励和引导,对主体的外在约束力是较弱的。倘若有人做到了,将得到褒奖,倘若做不到,也是情有可原,断不可加以惩罚。"我们也希望人们去做,如果他们做了,我们也会喜欢或者称赞他们,如果他们不做,我们也许不喜欢或者瞧不起他们。但我们还是会承认,这些事情不是他们非做不可的,它们不属于道德义务。"③

在由义务道德与愿望道德所构成的道德空间里,我们以为,还存在一个中间层次的道德类型,即角色道德。角色道德具有某种过渡性质:第一,角色道德具有高低结合的特点。角色是在一定的社会关系中被确认的、承担特定社会功能、合乎身份职责的社会成员。角色道德就类似于一种社会语法(social grammar),把个体置于繁多复杂的社会关系中的恰当位置,各各在自己的位置上尽职尽责,则社会分工合作就会安定有序;同时,角色道德又赋予个体以某种超越性,通过对其所处位置的认识和反省,创造性地表达对于角色的理解和把握,并由此出发去兑现人生理想。可以说,角色道德恰处于社会必然性与自我实现的结合点上,由此具有高低结合的特点。第二,义利相济。人们承担一定的社会角色,实现社会角色的特定功能,目的是通过角色活动实现社会合作,从而获得和改善自己的生产生活的条件。在这个意义上,角色道德具有社会互惠性的本质。另一方面,角色又是社会本位的,扮演好角色是需要一定的牺牲精神的。譬如,人们用蜡炬成灰泪始干来形容老师,更不用说军人、警察、消防员这类角色了。显然,承担这些角色,就意味着牺牲,人们一旦选择了这类角色,也就作出了道义论上的承诺。可见,角色道德具有义利相济的特点。第三,软硬兼施。任何角色都是社会分工的产物,角色的背后是社会对实现角色功能的社会期待,这种社会期待通过规范的形式表达出来,就成了角色道德,在这个意义上,角色道德的背后是由于分工合作所带来的整体社会的利益,角色道德的权威性就源于其利益的整体性,从而表现为无可置疑的命令性和强制性。另一方面,要扮演好一个角色,前提要有对这个角色在社会关系中的位置和功能的

① [意]巴蒂斯塔·莫迪恩:《哲学人类学》,李树琴,段素革译,哈尔滨:黑龙江人民出版社2005版,第156页。
② [美]富勒:《法律的道德性》,郑戈译,北京:商务印书馆2007年版,第19页。
③ [英]穆勒:《功利主义》,徐大建译,北京:商务印书馆2014年版,第60页。

认知,有对这个角色在社会分工合作体系中的重要性的认同,有扮演好这个角色的信念和决心,否则,即便是外在的强制力量再大,角色的扮演也会失败,俗话说的磨洋工就是这种情形。可见,角色道德既带有一定的外在强制性,又要求人们自觉遵守,具有内外结合的特点。

如上所述,我们主张道德应分为三个层面,形成一个义务道德——角色道德——愿望道德的系统的道德分层体系,不同层次的关系是内在和有机的。首先,愿望道德起着提领的作用,是角色道德和义务道德的提升的动力和进步的方向。其次,角色道德是居其间的过渡性道德,是愿望道德的生长点,又是义务道德的延展区。如果没有角色道德,愿望道德就没有了生发的土壤;与此同时,义务道德就失去了通向愿望道德的桥梁。再次,义务道德是基础和前提,没有义务道德,愿望道德和角色道德都是空中楼阁,难免有倾覆的危险。

二、导之以德:德治的第一种形态

如上所述,道德是分层的,那么,当我们说"以德治国"时,就得明白,是以哪个层次的"德"治国,显然,不同层次的道德的载体和运作方式是不一样的,以德治国的形态也不一样。如果这个"德"是愿望道德,那么,自然不能通过"绳之以法"的法律化的方式运行,也不能通过"齐之于礼"的角色道德的类型化来实现,只能是通过道德示范春风化雨般的教化模式。这是因为愿望道德发生作用的机制和方式具有如下三个特点。

第一,情感性。愿望道德的实现需要诉诸于切身的体验和感动。正如梁启超所言:"天下最神圣的莫过于感情,用理智来引导人,顶多能知道那件事应该做,那件事怎么去做,却是与到底被引导的人去做不去做,没有什么关系。……用感情来激发人,好像磁力吸铁一般,有多大分量的磁,便引多大分量的铁,丝毫容不得躲闪。"[①]如果说,义务道德、角色道德的实现首先需要道德主体对行为应当如何的认识和理解,那么,愿望道德的实现更多地来自于心灵深处的感动,在感动中,那些利益的衡量和规则的纠结便悄然隐退了,让位给对美德的欣赏、羡慕和敬仰之情,并因此而不由自主地见贤思齐。

第二,形象性。愿望道德是人对自身的精神完善、对道德理想和境界的追求,其真正探索的场所是一个人的灵魂,它的内在体验性和个体性,无法明确表达,需要借助于具体可感的道德形象,这个可以是人,也可以是物。特定的人物形象作为愿望道德的载体,自不待说,譬如雷锋。其实特定的塑像、陵园、纪念碑、纪念日、革命博物馆,都可以成为愿望道德的载体,甚至是梅兰竹菊之类的自然物,都可以拿来作为君子人格的象征。

---

① 梁启超:《饮冰室合集》卷三十七《中国韵文里头表现的感情》。转引自罗能生:《审美道德功能探析》,《湖南师范大学社会科学学报》2005 年第 2 期。

第三，仿效性。颜回说孔夫子是"仰之弥高，钻之弥坚。瞻之在前，忽焉在后。夫子循循然善诱之，博我以文，约我以礼，欲罢不能"。道德榜样往往是作为道德标准的化身而存在的，因其自身的鼓舞性、范例性、亲近性及可学性等特征，使人们产生思想上的契合，情感上的共振，一种钦佩的积极性情感油然而生，触发人们仰慕的效仿性特征。① 确实，愿望道德的践履不是来自于教导、规劝和训诫，而是来自于效仿。在特定的处境中，人们在进行道德选择时，特别是愿望道德这样高的道德要求时，是需要明智的道德判断和勇敢的道德勇气的，我能这样去做，不仅仅是因为我知道应该这样做，而是在同样的处境下，有人做到了这一点，为我做出了榜样，人家能做到的，我为什么不能做到？虽不能至，心向往之，所以，我要像道德榜样那样，在各种犹疑盘算中善于道德决断，在内在和外在的各种干扰中敢于为德崇善。

如此一来，通过"愿望道德"的治理是如何可能的呢？我们以为，这个层面上的德治，有个重要"抓手"就是当政者群体的道德示范，这其实是德治的最原初的含义，在德治实践上则是德政与德教的一种关键结合点。

在传统的意义上，德政和德教是德治的一体两面。胡适曾把孔子的德政称为"爸爸政策"（paternalism），孟子的仁政叫做"妈妈政策"（maternalism）。他说："爸爸政策要人正经规矩，要人有道德；妈妈政策要人快活安乐，要人享受幸福。"② "爸爸政策"可谓德教，"妈妈政策"可谓德政，两者的结合点就是当政者的德性。这是因为，德教的重点是教化百姓，但做到这一点的关键在于为政者的以身作则，以德服人。所谓"君子之德风，小人之德草，草上之风必偃"③，所谓"上好礼则民莫敢不敬，上好义则民莫敢不服，上好信则民莫敢不用情"④。所以，强调"惟仁者宜在高位"⑤。另一方面，德政的宗旨是为人民谋福利。所谓"心为民所系、权为民所用、利为民所谋"。但要做到这一点，除了需要设计一系列的制度，来确保公共权力的拥有者不至于用来谋私利之外，也需要内在的道德约束实现这一点。换言之，要求当政者敬德保民，以不忍人之心，行不忍人之政。"人皆有不忍人之心。先王有不忍人之心，斯有不忍人之政矣。以不忍人之心，行不忍人之政，治天下可运之掌上。"⑥可见，德教和德政的结合点就是当政者的德性。事实上，无论古今中外，只要主张德治，当政者的德性必是其中的关键要素。

如果上述分析是合理的，那么，我们就可以在第一个层面上谈论当代中国社会的德治问题了。第一，党员干部是权力的拥有者和使用者。党员干部行使权力对国家和社会的公共事务进行管理，对社会关系进行协调和设计，对社会的人、财、物进行全面的领

---

① 参见吕耀怀、涂争鸣、曾钊新：《论道德感染》，《湖南师范大学社会科学学报》1991 年第 5 期；曾钊新：《试论范例在道德教育中的运用》，《宝鸡师院学报（哲学社会科学版）》1985 年第 3 期。

② 胡适：《中国哲学史大纲》（卷上），北京：东方出版社 1996 年版，第 266 页。

③ 《论语·颜渊》。

④ 《论语·子路》。

⑤ 《孟子·离娄上》。

⑥ 《孟子·公孙丑上》。

导、管理、协调和服务,所以居社会主导地位。因为如此,社会和人民才赋予他们以道德上的极高期望。他们的道德状况在整个社会道德中才占有一个关键性的地位。第二,任何一个社会,都不可能没有一个主导的道德价值观,否则这个社会就失去了凝聚力,社会就会崩溃;也不可能没有一个理想的道德价值观,否则这个社会就会失去前进的方向和动力;也不可能没有公共领域的道德价值观,否则人们的交往和行为就会无所适从,这个社会也将失去诚信和美好。居于社会主导地位的党员干部的道德价值观,就应该包含了一个社会的主导的、理想的、公共的道德价值观。就当代中国社会而言,社会主义市场经济体系的已经建立,民主法制建设的逐步完善,政治体制改革的继续推进,都使得道德建设处于新的定位过程。在这一过程中,不同阶层及成员如何判断社会的道德取向,并决定个人的道德取舍呢? 干部的道德取向就凸显其导向作用。所以,邓小平指出,"党和政府愈是实行各项经济改革和对外开放的政策,党员尤其是党的高级负责干部,就愈要高度重视,愈要身体力行共产主义道德。否则,我们自己在精神上解除了武器,还怎么能教育青年,还怎么能领导国家和人民建设社会主义!"①第三,中国共产党的特殊性质决定了群体示范的现实可能性。这个群体是由社会的先进分子组成的。《中国共产党章程》中有明确的表述与规定:"中国共产党是中国工人阶级的先锋队,同时是中国人民和中华民族的先锋队,是中国特色社会主义事业的领导核心"。这个群体有严格的道德纪律。《中国共产党纪律处分条例》第三条明确规定:"党的纪律是党的各级组织和全体党员必须遵守的行为规则。"《中国共产党纪律处分条例》还专门对如何处分违背道德纪律的行为做了较为详细的规定;这个群体要比一般公民承担更大的道德责任。因为,党纪严于国法,党纪对党员提出的行为标准要高于国家法律;党纪广于国法,党纪规定了更高层次的道德要求和更多私生活领域的道德要求;党纪的触发机制早于国法。违纪的党内审查一般要早于国家法律和国家司法机关的介入。②

三、齐之以礼：德治的第二种形态

如果我们把运用"愿望道德"的治理称为"导之以德",那么,运用"角色道德"的治理就可称其为"齐之以礼"。如上所述,角色道德具有高低结合、义利相济和软硬兼施三个特点,那么,用什么样的方式和途径才确保这种结合,并使之成为国家治理和社会治理的基本方式呢? 像愿望道德那样,用走心的方式,靠少数人的示范,显然不够了;用法律的方式,依赖于外在的、普遍的强制方式,也难以解决社会治理中的处境性选择问题,而且一味强制而罔顾内心的认同,使外在规范失去效力。由此,贯彻和实施角色道德要走两者兼得的路子,它只能是齐之于礼。

---

① 《邓小平文选》第二卷,北京:人民出版社1994年版,第367页。
② 参见周叶中等:《多视角解读党纪新条例》,《武汉大学学报》2016年第1期。

　　什么是"礼"？礼不是法律，也不等于道德；礼有法的功能，有道德的含义，且礼作为社会组织和管理方式的模式，是以（社会组织的章程和条例）习俗和仪式来实现社会的秩序与和谐。① 基于这样的内涵，我们用"礼"指称社会组织的章程条例之类的社会中间体的组织纪律。人走向社会，实际上就是进入不同的社会中间体，扮演某种特定的社会角色，并受到角色道德的约束。组织的结合其实就是组织中角色关系的统合，由此，"礼"是群体本身的结合与活动的方式。

　　第一，具体性。"礼"要为行为提供指南，但并不诉诸于榜样的示范，也不诉诸于原则的演绎，它更倾向于关注特定关系中的为人处世，具体处境中的道德选择。由此，"礼"表现为一系列的规矩，或可称其为组织纪律。这些规矩或纪律是调整组织成员的个体之间、成员个体与组织之间以及与该组织之外的其他社会成员的利益关系的规则。纪律与法律不同，法律作为适用于社会大众的一般的、普遍性的规范，是通过行为的类型化，设立一套明确的行为模式，通过禁止、鼓励和允许的规范功能，来约束人们的行为，调整人们的利益关系的。此类规范无须也难以顾及具体处境中主体行为选择的特殊性和差异性。与此不同，纪律则恰恰是作用于特定共同体内，倾向于关注角色行为的处境性选择和调整差异性的利益关系，是具体的、可操作的行为规范。譬如服务企业的员工纪律就规定，服务员在工作期间要保持微笑，要礼貌待客，要言谈得体，等等；服务企业的工作条例还包括"三包"（包退、包换、包修）等一系列具有伦理内涵的制度；服务企业的工作流程也有严格规定，这些规定貌似是具有道德中立性的技术性的规定，但在组织的分工合作体系里，仍是角色道德的重要载体。

　　第二，自治性。一般而言，社会共同体是具有共同利益、共同兴趣和共同目标的自愿结合体。人们可以按照要求申请自愿加入，也可依据程序申请自愿退出。作为共同体的一员，对于共同体制定的自治规范，持有一种哈特所谓的内在观点。哈特认为，人们看待社会群体的行为规则存在两种可能，一是作为观察者的描述性态度，所谓事不关己，高高挂起；一是作为参与者的规范性态度，认同和接受规则的约束，并以此作为评判和要求他人和自身行为的标准。前者称为"外在观点"，后者称为"内在观点"。② 可见，内在与外在的差异不是看待事物的认知视角的差异，而是立场和态度的不同，换言之，对于参与者而言，规则就是其行动的道德理由。其实，涂尔干在谈到纪律时，也特别强调纪律作为我们行为理由的重要性："分工不需要工人们埋头苦干，而是需要他们意识到能够影响到他，又能受他影响的协作过程。因此，他并不是毫无感觉和意识、只知道循规蹈矩的机器，他应该对自己的工作取向有所了解，而自己的工作目的或多或少有一个清醒的认识。他应该感觉到自己是有用的，所以，他用不着在社会领域中占据很大

---

　　① 陈来：《儒家"礼"的观念与现代世界》，《孔子研究》2001 年第 1 期。
　　② 参见［英］哈特：《法律的概念》，张文显等译，北京：中国大百科全书出版社 1996 年版，第 90 页。

的部分,他只要感觉到它,弄清楚它的活动目标就足够了。"①

第三,规训性。礼之用和为贵,纪律的功用还在于提升共同体成员的集体意识。"在职业群体里,我们尤其能够看到一种道德力量,它遏制了个人利己主义的膨胀,培植了劳动者对团结互助的极大热情,防止了工业和商业关系中强权法则的肆意横行。"②组织纪律作为共同体的自治规范,凝结的是共同体成员的共同意志,维护的共同体的整体利益,追求的是共同体成员的共同目的,这种自治性规范鼓励和褒奖维护和促进集体利益的行为,禁止和惩罚损害集体利益的行为,规训的目的在于培养合格的共同体成员,使得他们能以"公益"的立场而不是带着私心参与到集体事务中来;使得在不同岗位上各自忙碌的人们,意识到他们不过是集体活动中的一环,是集体事务的参与者而非旁观者;使得他们在各种利益冲突中,懂得有原则地妥协与退让,但在涉及集体利益的原则问题上,又勇于坚持和维护。

运用角色道德的国家治理如何可能呢? 这里的关键是抓住国家治理中政府的宏观治理和公民个体的微观自治之间的结合点,即社会中间体的道德治理。换言之,在角色道德层面上的德治主要是社会中间体的自治。其实,从国家治理现代化的视阈上看,现代社会的国家治理必然要求社会共治,这是因为国家现代化的一个基本特征就是国家结构的分化,既分化为国家、社会、个人等不同层面,又分化为政治、经济、文化、社会等不同生活领域。其中,社会中间层在整个国家治理中,居于特殊的枢纽位置,并表现为不同于宏观和微观的治理机制。德治也是如此,以前我们讲德治主要抓两头,以国家为主导,以个体的道德教育为落脚点,但随着现代社会结构的变化,这种德治方式的效果大打折扣。德治要发挥和实现社会治理的功能,就需要协调不同层次的道德建设,尤其要重视社会中间层的道德建设。

通过角色道德的德治,其作用的领域主要在社会中间体。其发生和运作的机制主要有:第一,传递机制。宏观意义上的国家德治是普遍、宏观且难免抽象,难以完全渗透到个人的生活与意识中。国家层面精神文明建设和道德建设的宏观要求,譬如《公民道德建设实施纲要》,要落地落实,就需要个体的认同和践行,这其间不可缺少向社会生活渗透的传递机制。社会中间体介于政府和公民个体之间,发挥着沟通和传递的桥梁作用,上传下达,有助于凝结社会共识。第二,动力机制。人们都是以某种社会角色归属于某个社会中间体,社会中间体能为人们提供最直接、最广泛、最持久的道德生活环境,人们更能切身感受到身边好人的示范,更能接受共同体权威们的教导和劝诫,更在乎同事或邻居等共处者的承认、褒奖和责备,更能切身体会到共同体习惯和规章制度所带来的利益损益。总之,在共同体的道德生活中,各种道德的作用机制综合发生作用,有助于形成一种统一的动力效应。第三,创新机制。德治没有统一的模式,需要根

① [法]涂尔干:《社会分工论》,渠东译,北京:三联书店 2000 年版,第 332 页。
② [法]涂尔干:《社会学与哲学》,梁栋译,上海:上海人民出版社 2002 年版,第 22 页。

据社会发展的要求,适应不同的社会环境,灵活运用不同的途径和手段,实现社会治理的目的。这就需要在德治过程中的观念和制度的创新。创新的活水源头主要来自于社会中间体中的道德实践,因为它更贴近具体的社会生活,能直面各种现实的道德难题,可进行各具特色的道德实验,还能把具有普遍性和前瞻性的成果,上升为国家宏观层面的政策方针。

四、绳之以法:德治的第三种形态

如果说,愿望道德层面上的德治重在教化,角色道德层次上的德治重在社会自治,那么,义务道德层面上的德治则可以通过法律的形式来实现,我们把这种形态的德治称为"绳之以法"。

人们常说,法律是最低限度的道德,这是在义务道德层面而言的。义务道德之所以需要法律化,在于法律是义务道德的合适载体。

第一,法律具有一种制度性的优势。法律把义务道德用法律权利和义务的形式确认下来,并通过立法、司法、执法和守法等诸环节得以实现,这使得法律具有一种制度性的优势。首先,它表现为法律对社会生活影响的广泛性和深刻性。法治是现代文明社会的核心价值和基本原则,政治、经济、文化、社会等各项活动都要在法律的框架里进行,法律所内涵的伦理精神和确立的基本原则由此渗透和影响到社会生活的方方面面。其次,制度伦理相对于个体道德的优先性。任何个体都现实地生活在由制度建构的生活空间里,个体的选择受到制度空间的约束,制度伦理也成为个体道德形成的基本前提。再次,法律体现了立法者的价值选择。社会道德的存在是多元的,道德的功能也不同方面,立法者把社会主流的价值观和道德要求体现在法律之中,并通过司法、执法等法律实践实现与道德功能的互补共生,从而体现了法律对道德具有的选择性机制。

第二,法律是比道德更为明确、普遍和稳定的社会规范。道德是在漫长的社会生活实践中自发形成,并经由思想家提炼、概括而成的规范体系。道德的存在是多元的,不同时期、不同地域、不同民族、不同阶层都有各各不同的道德观念和道德规范;其表达也往往是原则的,含糊的,缺乏系统性和确定性;其演变往往是滞后的,道德观念的自发改变需要漫长的历史过程;道德冲突的解决也难有可诉诸的唯一准绳。与此不同,法律是立法者制定和认可的,法律的存在也是一元的,法律的表达也是力图准确、具体而系统的,通过立法、修法和废止法律能更快地适应社会发展的需要,社会的纠纷和冲突也可诉诸法律做出最终的裁决。总之,相较于道德而言,法律能给予人们稳定的、确定的和普遍的行为预期。义务道德是社会生活得以维持和发展的基本规定,自然有必要也有可能以法律为载体。

第三,法律拥有道德所缺乏的一种国家强制力。道德规范转换为道德实践要诉诸于良心的感召和舆论的压力。这使得道德在面对那些缺乏道德自觉和良心沦丧的人时,变得无能为力。更为重要的是,现代社会既是一个价值多元的社会,又是一个流动性的陌生人社会,对于义务道德的维护仅仅诉诸于内在良心和社会舆论的作用机制显然是不够的,这就需要有具有国家强制力作为后盾的法律的"加持"。

运用义务道德的德治如何可能呢? 我们需要在德法兼治的意义上寻求一个结合点,以其为抓手,推进德治建设。这个抓手就是关于文明行为的促进立法。事实上,近年来,各地的《文明行为促进条例》立法如雨后春笋,自深圳市 2012 年制定文明行为促进条例以来,据不完全统计,就有近 40 部文明行为促进条例的制定和实施。《北京市文明行为促进条例》也于 2020 年 6 月 1 号颁布施行。

第一,《文明行为促进条例》实质上是一部以道德为目的的专门和系统的立法。中央曾明确提出,"坚持依法治国和以德治国相结合……以法治体现道德理念、强化法律对道德建设的促进作用"[1]。近年来,中国社会公共领域里的不文明现象较为严重和普遍,如何克服与消除这种现象,是国家治理中的一个突出的现实问题。一种传统的看法是通过道德的法律化,用法律的手段来解决当前的不文明问题;另一种看法是所谓让恺撒的归恺撒,上帝的归上帝,把法律对道德生活的干预视为狗拿耗子多管闲事。两种看法都有偏颇之处,前者忽视了道德的分层以及由此而来的道德法律化的限度;后者忽视了法律与道德在伦理精神上的内在一致性和功能上的互补性。《文明行为促进条例》的颁布施行从实践上为上述争论提供了答案。

第二,《文明行为促进法》中,"文明行为"是核心范畴。首先,文明行为是相对于非文明行为而言的,一种不可以文明与否来评价,不能用"文明"一词来修饰的行为,就是非文明行为。我们不会用"文明"来修饰机器人的被操作的运动,不会用"文明"来修饰植物的被刺激的反射性活动,也不会用"文明"来修饰动物本能的活动,甚至不会用"文明"来修饰人的无意识无目的的行为,与此对应,所谓文明行为,是指用是否文明来评价的行为,这种行为必然是人的有意识有目的的行为。其次,文明行为是相对于不文明行为而言的。《文明行为促进条例》中的"促进"二字很重要,要促进的东西自然是好的东西,要促进的行为自然是好的行为,是得到社会肯定评价的行为。可见,《文明行为促进条例》中的文明行为,事实上是文明的行为,也就是人在文明意识的支配下所表现出来的,遵守社会规范,提升公民文明素质和推动社会进步的行为。最后,《文明行为促进条例》是一部法律,法律所调整的行为必然是涉他的行为。道德调整的行为可以是涉己的,如"慎独",也可以是涉他的。但法律只能调整涉他的行为。涉己与涉他的区分是密尔自由理论的一个中心议题,两者的边界是否清晰也是常被质疑的地方。我们同意密尔的看法,大部分涉己行为事实上都或多或少地影响到他人,但这里的区分只是在行为对他人和社会的影响的方式与程度上的区分。涉己行为只是在推定的或间接

---

[1] 本书编写组:《〈中共中央关于全面推进依法治国若干重大问题的决定〉辅导读本》,北京:人民出版社 2014 年版,第 7 页。

的意义上对他人产生影响或伤害,涉他行为对他人的影响则是直接和现实的。显然,《文明行为促进条例》中的文明行为更多地是指涉他行为,立法的目的在于促进公共领域中的文明行为。

第三,《文明行为促进条例》的多元规范结构。目前已颁布的《文明促进条例》的规范设置有如下几种情况:(1)只有基本行为规范,如《太原市文明行为促进条例》。(2)大部分条例都设有基本规范与激励规范两部分。如杭州市、东营市、滨州市、宣城市、荆州市、鄂州市、贵州省、西宁市、西安市的文明行为促进条例等,都是如此。(3)设有基本规范与激励规范外,还有重点治理部分,如北京市、济南市、日照市、无锡市的文明行为促进条例,就设有专章。我们以为第三类规范设置更合理。由此,《文明行为促进条例》的主体内容应包括三部分:(1)倡导性规范。《文明行为促进法》要以"促进"为立法宗旨,譬如《北京市文明行为促进条例》的立法目的就是"为了培育和践行社会主义核心价值观,传承和弘扬中华传统美德,引导和促进文明行为,提高公民思想觉悟、道德水准和文明素养,促进社会文明进步"。既然要"促进",正面的鼓励自然不能少,譬如,《北京市文明行为促进法》中就鼓励和倡导见义勇为,参加抢险救灾救人,依法制止违法犯罪行为;无偿献血,捐献造血干细胞、人体器官(组织)、遗体的行为;积极参与志愿服务活动和公益活动的行为;拾金不昧,主动归还他人失物的行为,同时提倡绿色环保的生活方式。(2)义务性规范。义务性规范是那些使有序的社会生活尤其是公共生活成为可能的基本道德要求。这些规则的遵守则大家受益,得不到普遍遵守,生活安定和社会秩序都会被破坏。譬如《北京市文明促进条例》中,共列出公共卫生、公共场所秩序、交通安全秩序、社区和谐、文明旅游、文明观赏、网络文明、医疗秩序等8各方面51条规范。其中,还特别加入了疫情防控中带有普遍性的要求。需要注意的是,何种类型的规范是义务道德并非一成不变的,而是根据社会发展的需要而有所调整。有些要求原本属于愿望道德,但随着社会文明水平的提升,逐步成为社会的基本要求,此时就可以转化为法律调整的范围;有些要求原本只是涉己的,现在可能涉他了。譬如在家里裸体游走,原本是私生活领域的事,但在高楼林立的今天,可能会成为有碍他人观瞻的涉他行为,此时也可以有法律的介入;有些行为原本不重要的,现在很重要了。譬如公共场所吸烟行为,机动车礼让行人行为,在现代都市生活里的不良后果更加严重,故可以通过立法对其加以约束。(3)重点治理部分。重点治理意味着要通过立法予以惩戒的行为。这些行为主要涉及那些普遍的、重要的、需要急迫解决社会不文明现象,道德对这些问题的解决力有不逮,故立法者就可以且应该通过立法对其加以调整。其中尤其要重点关注现有立法没有规定,但可能造成一定社会后果的行为;或立法虽有规定,但实践中很难执法的行为。譬如虐待和虐杀动物的行为和传播其图片行为。譬如《北京市文明行为促进条例》第二十六条规定,本市持续治理违反法律法规规定,损害他人合法权利和自由,与首都城市形象不相符、人民群众普遍厌恶的顽症痼疾和陈规陋习,以及伴随经济社会发展新产生的不文明行为。条例中共列出了公共卫生、公共场所秩序、交通出行、社区生活、旅游、网络电信等 6 个方面 28 个需要重点治理的不文明行为。

总之,德治是个理论问题,更是一个实践问题,德治实践是个系统工程,只有理论上厘清法治的诸形态,在实践中抓住关键,协同推进不同形态的德治,方能实现国家治理能力的现代化。

真德秀与马基雅维里的"王道、霸道之争"

夏福英[*]

内容提要：在中国政治思想史上一向有"王道、霸道之争"。真德秀《大学衍义》所阐释的"帝王之学"在某种意义上代表了儒家的"王道"理想，即"人性本善，以德修身，以德治国"，而马基雅维里的《君主论》则认为，只要有利于君主统治，一切手段都是正当的，这一思想被后人称为"马基雅维里主义"。本文从对待神学与命运的态度、不同的人性观与道德观、社会理想与现实、不同社会制度背景下的政治设计、遴选贤臣，辨别忠奸、两书各自的历史命运六方面将《大学衍义》与《君主论》做比较研究。真德秀《大学衍义》所透显的是以道德教化为主的东方管理学灵魂，而马基雅维里《君主论》所透显的是以法制、征服为主的西方管理学灵魂，二者在现代东、西方政治学中仍存在相当的影响。超越时代与国别，这两种理论或可称为国际版的新"王霸之辨"。

关键词：王霸之辨；比较研究；大学衍义；君主论

真德秀（1178—1235），南宋思想家与政治家，他所生活的南宋时期属于中国古代君主专制社会的后期，其所著的《大学衍义》被称为"帝王之学"，书中的理想帝王说穿了就是中国君主专制社会的理想统治者。马基雅维里（1469—1527），意大利人，西方著名的思想家、政治家与外交家。他所生活的时代大致相当于中国明代中期，而此时的意大利，正掀开西方文艺复兴的序幕。其所著的《君主论》一书，所研究的对象是西方中世纪后期的欧洲，特别是意大利的君主类型。

在中国现代学术界，不少学者将韩非的政治思想与马基雅维里的政治思想做对比，二者之间的政治思想的确有许多近似之处。但本文采用另外一种研究取向，真德秀的帝王政治理论则在中国南宋以后备受推崇，代表了近千年来中国人或者说东方人的政治思想。在笔者看来，将真德秀与马基雅维里二人的政治思想做对比，更具有东、西方文化的比较意义。

笔者之所以持此观点，是基于如下考虑：在中国政治思想史上一向有"王霸之争"，真德秀《大学衍义》所阐释的"帝王之学"在某种意义上代表了儒家的"王道"理想，这

* 夏福英，湖南大学岳麓书院中国史博士，中国人民大学国学院哲学博士后，现任教于广西大学马克思主义学院哲学系，研究方向为中国思想史，中国经学史。

种"王道"理想是历史上儒者们所长期憧憬的。而马基雅维里的《君主论》教导君主"要像狐狸一样的狡猾,像狮子一样勇猛",只要有利于君主统治,一切手段都是正当的,这一思想被后人称为"马基雅维里主义"。真德秀、马基雅维里所处的时代与地域虽然相差很大,但他们同以帝王政治理论为研究目标,故两人的思想具有可比性。如果我们超越时代与国别将真德秀的《大学衍义》与马基雅维里的《君主论》做比较,毋宁说这是一种国际版的新"王霸之争"。

真德秀的《大学衍义》内容丰富翔实,相比之下,马基雅维里的《君主论》则显得要言不烦。本文首先从马基雅维里的《君主论》里提炼问题,大体依照"本体论""人性论""社会历史观""政治观"的框架,而第五点"遴选贤臣,辨别忠奸"则是作为君主成功与否的关键项来写的。最后一节"《大学衍义》与《君主论》各自的历史命运"则是对两者历史命运的叙述与比较。

一、对待神学与命运的态度

马克思肯定马基雅维里等近代思想家在国家观上摆脱了神学的束缚,认为他们"已经用人的眼光来观察国家了,他们都是从理性和经验中而非从神学中引出国家的自然规律。"①欧洲中世纪被称为"千年黑暗",在基督教的长期统治下,宗教神学的势力十分强大。由意大利兴起的文艺复兴可以说是欧洲黎明前的曙光。马克思肯定马基雅维里等近代思想家也在于肯定他们作为"破暗者"的历史地位。

马基雅维里冲破欧洲中世纪的神学束缚,提出一种新的"命运"观。他说:

> 我不是不知道,有许多人向来认为,而且现在仍然认为,世界上的事情是由命运和上帝支配的,以致人们运用智虑亦不能加以改变,并且丝毫不能加以补救。因此他们断定在人世事务上辛劳是没有用的,而让事情听从命运的支配。②

马基雅维里所指出的这种"听天由命"的思想无论在西方或东方的传统社会中都是普遍存在的。即使在马基雅维里所处的时代,仍有许多人持这样的观点。但是,马基雅维里提出:

> 命运是我们半个行动的主宰,但是它留下其余一半或者几乎一半归我们支配。命运之神是一个女子,你想要压倒她,就必须打她,冲击她。人们可以看到,她宁愿让那样行动的人们去征服她,胜过那些冷冰冰地进行工作的人们。因此,正如女子

---

① 《马克思恩格斯全集》第 1 卷,北京:人民出版社 1960 年版,第 128 页。
② [意]尼科洛·马基雅维里:《君主论》,潘汉典译,北京:商务印书馆 1985 年版,第 118 页。

一样,命运常常是青年人的朋友,因为他们在小心谨慎方面较差,但是比较凶猛,而且能够更加大胆地制服她。①

在他看来,所谓"命运"乃是尚未被人所认识的有形的和无形的客观条件,正因为人们不能完全了解和掌握它,所以它还保留着某些神秘性。但是,重要的是人们要利用好已经了解和掌握的主客观条件去实现自己的理想和目标,故马基雅维里的命运观是十分积极务实的。

下面来看真德秀的"命运观"。中国上古的殷商时代,是天命神学盛行的时代,那时人们认为天帝主宰人间的一切,逢事即向天帝问卜。入周以后,人们虽然仍相信"天命"神学,但认为"皇天无亲,惟德是辅",上天保佑有德之人,不佑无德之人,这就由殷商纯粹的天命神学向道德理性主义过渡了。到了春秋战国的诸子百家时代,基本上可以说是理性主义时代,除了墨家等少数学派之外,学者大多脱离了神学的藩篱。虽然此后的西汉时期,董仲舒等儒者曾掀起造神运动,但东汉时期的古文经学以及魏晋时期的玄学流派,基本上皆持理性主义的哲学立场,宋明理学也是如此。由于中国古人比较重视实用,由此在民众中形成所谓"平时不烧香,临时抱佛脚"的风俗。正因为在中国古人心目中(受佛教、道教思想影响的人除外)神学观念相对比较淡薄,思想家们怕人们肆意妄为,又特别讲求"神道设教"。② 依笔者的理解,所谓"神道设教"颇有一种策略性意味,鬼神是否存在虽然颇值得怀疑,但为了在民众中实施教化,人为地设立神道,这也就是荀子所说的"君子以为文,百姓以为神"。③ 以上是中国古代思想史的大背景,真德秀正是在这样的思想背景下强调"事天之敬"与"崇敬畏"的。

真德秀将"天"视作万物的最高主宰,认为"天"具有全知全能、超乎自然的力量,他提出:不要认为上天离我们很远,不要以为我们所做的事情上天看不到,其实上天时刻都在关心着人间,时刻监督着人们的所作所为。他说:

> 天之明命,至可畏也。常人视之,邈乎幽显之隔;圣人视之,了然心目之间。故常瞻顾而不敢斯须间断,惟恐己之所为少咈天意,则明命去之……天人之交,至近而非远也。④

宋代理学本是一种理性主义哲学,它本来并不为"上天"或"上帝"保留人格神的品性。但当时君权太过强大,儒家还需要一种能压制君权的超越力量,因此在对"上天"

---

① [意]尼科洛·马基雅维里:《君主论》,潘汉典译,北京:商务印书馆1985年版,第121页。
② "圣人以神道设教,而天下服矣"。见李学勤主编:《周易正义》,北京:北京大学出版社1999年版,第97页。
③ 王先谦:《荀子集解》(下),北京:中华书局1998年版,第316页。
④ 真德秀著,朱人求校点:《大学衍义》,上海:华东师范大学出版社2010年版,第447页。

或"上帝"的解释上,仍然保留了汉代董仲舒哲学中的某些神学成分。虽然如此,这并不意味儒者在"天命"面前消极无为,而是可以通过道德、学问与事功的努力,使事物朝着积极向上的方向发展。马基雅维里将有关命运的观念从神学中拉出来,尽可能由人们自己来认识与掌控;而真氏则是要将平时不太相信鬼神的人们(包括君主)拉到"神道"中来,要人们相信天帝鬼神时刻在监视着他们! 这正如庄子所说的"彼亦一是非,此亦一是非"。①

二、不同的人性观与道德观

马基雅维里说:

> 你最好不过的堡垒就是不要被人民憎恨。因为即使你拥有堡垒,如果人民憎恨你,任何堡垒都保护不了你。②

这段话看上去类似中国的古语"水可载舟,亦可覆舟",其实不然。中国古代儒者所谓的"水可载舟,亦可覆舟"是建立在肯定与尊重人性的基础上,而马基雅维里的思想则是建立在怀疑和否定人性的基础上。马基雅维里认为:

> 关于人类,一般可以这样说:他们是忘恩负义、容易变心的,是伪装者、冒牌货,是逃避危难,追逐利益的。当你对他们有好处的时候,他们是整个儿属于你的。正如我在前面谈到的,当需要还很遥远的时候,他们表示愿意为你流血,奉献自己的财产、性命和自己的子女,可是到了这种需要即将来临的时候,他们就背弃你了。③

马基雅维里认为,君主要时刻警惕与防范臣民的变心和背叛,而对于臣民的变心和背叛,他不是教导君主从自身寻找原因,而是将它说成是人类的劣根性,这是马基雅维里的人性论观点。而在古代中国,除荀子主张"性恶"论之外,很少有人主张"性恶"论,思孟学派、宋明理学所代表的中国主流学术基本持"人性本善"的观点。马基雅维里上面所描述"人类特征",在古代中国只是属于"小人"那部分人的特征,"君子"们乃至大部分人并非如此。

真德秀的人性论反映了宋明儒者的一般观点,他强调君主首先要"明道术",而"明道术"的首要之点在于要懂得和认同"天理人心之善"。他提出,君主要树立这样的信

---

① 张松辉:《庄子译注与解析》,北京:中华书局 2011 年版,第 30 页。
② [意]尼科洛·马基雅维里:《君主论》,潘汉典译,北京:商务印书馆 1985 年版,第 104 页。
③ [意]尼科洛·马基雅维里:《君主论》,潘汉典译,北京:商务印书馆 1985 年版,第 80 页。

念,即人性中存在一种原始的、根本的善的力量,人君的首要职责就是要开发与扶持这种善的力量。这种原始的、根本的善的力量就是"天理人心之善"。真德秀援引儒家经典作为理论根据,首先他援引成汤之语:

> 惟皇上帝,降衷于下民。①

他认为,所谓"上帝",即指"天"而言,"衷"即是"中"。他说:

> 自天所降而言,则谓之"衷",自人所受而言,则谓之"性",非有二也……性本至善,因而教焉,是之谓"顺"。若其本恶,而强教以善,则是"逆"之而非"顺"之也。②

在真德秀看来,后世孔子、孟子之所以能阐发"性善之理"而"开万世性学之源",皆导源于成汤"惟皇上帝,降衷于下民"之言。真德秀同时认为子思所说的"天命之谓性"就是成汤的所谓"降衷"。真德秀认为:

> 人君之于道,所当知者非一,而"性善"尤其最焉。盖不知己性之善,则无以知己之可为尧舜;不知人性之善,则无以知人之可为尧舜。③

在他看来,只有承认人性本善,人君才能尊任德教。反之,如果荀子"人性本恶"的思想流行于社会,便会有严法峻刑毒于天下,人君应当慎重。

在古代中国,儒家学者强调辩证地看待君民关系,他们将君主和人民看做舟和水的关系。如《荀子·哀公篇》引述孔子之言说:

> 君者,舟也;庶人者,水也。水则载舟,水则覆舟。

百姓犹如江河之水,君主犹如水上之舟,江河之水可载舟而行,亦可使舟船覆没,此比喻形象而深刻地阐述了君主与民众的关系。民心是执政者合法性的基础,得民心则得天下,若君主被民众推翻,多是因其实行残暴统治所致,儒家肯定民众对于暴君有"革命"的权利。

真德秀又援引《尚书·泰誓》之言:"抚我则后,虐我则雠。"意思是说,抚养、爱护我

---

① 李学勤主编:《尚书正义》,北京:北京大学出版社 1999 年版,第 199 页。
② 真德秀著,朱人求校点:《大学衍义》,上海:华东师范大学出版社 2010 年版,第 68 页。
③ 真德秀著,朱人求校点:《大学衍义》,上海:华东师范大学出版社 2010 年版,第 86 页。

的就是我的国君；残害、虐待我的就是我的仇敌，这是民本主义思想观念下的"君主论"。在真德秀看来，由民心向背可以见天命所在，民众单个看虽然力量很小，但整体看却代表了天命。而且民众的心易变，如果他们对君王由失望到绝望，那么，此君王将入万劫不复之地。故君王要好自为之，远离淫乐奢靡，多做治国安邦、抚恤民众之事，民众才会拥戴之。两相比较，笔者以为，以真德秀所代表的儒家思想更为合理，更为可取。

马克思指出：

> 近代的马基雅维里……以及近代的其他许多思想家谈起，权力都是作为法的基础。由此，政治的理论观念摆脱了道德，所剩下的是独立地研究政治的主张，其他没有别的了。①

马基雅维里以及近代的其他许多思想家试图将政治与道德相剥离，将政治看做纯粹的法律行为。因为西方基督教认为人有"原罪"，所以将人性看成是恶的，他们中的一些人——例如马基雅维里之后的霍布斯（1588—1679）——甚至把人与人的关系看做是狼与狼之间的关系，应该说类似的思想也潜存于马基雅维里的心中。因此，马基雅维里告诫君主要运用权术和诈术来对付人，他认为君主只有用狮子一般的雄心和狐狸一般的狡猾驾驭人们，才能稳固与保证自己的君主权威。中国古代的法家与纵横家有类似的思想，只是不似马基雅维里表述那样明显和形象。而宋代以后的儒者却反对这样做，如张九成在《孟子传》中就极力排斥韩非、苏秦、张仪、孙膑等人的权谋诈术，而主张纯以儒家仁义道德来管理国家，教化民众。

与马基雅维里相反，无论是真德秀还是其他理学家，他们所讲的君主政治学都是与伦理学、道德主义紧密联系在一起，所谓"齐家""治国""平天下"等，都是以"德"修身为主。他们认为，只要君主在道德修养方面做好了，政治自然清明，否则政治必然一片黑暗。

如上所述，西方文化受基督教的"原罪"论影响甚深，因此其人性论的基本预设是人性本恶，其君主理论因而强调以法治为基础。中国文化受儒家思孟学派和宋明理学影响甚深，因此其人性论的基本预设是人性本善，其君主理论因而强调以德治为基础，这可以说是东、西方君主政治理论最大的不同。

三、社会的理想与现实

马基雅维里在他的另一部著作《李维史论》中明确地阐明了他自己的社会理想是

---

① 《马克思恩格斯全集》第3卷，北京：人民出版社1960年版，第368页。

以古罗马共和国制度为楷模的共和制。但是当时的意大利政治腐败,内忧外患,一片混乱,若遽然实行共和制,无疑会导致更大的混乱。为此,马基雅维里不得不与实行君主专制的统治者相妥协,他的《君主论》一书正是在这样的背景下所著。君主专制并非他理想的社会制度,但他却又为实行君主专制的统治者出谋划策,告诉他们怎样才能谋求国家统一和独立以及怎样才能巩固自己的统治,等等。这一立场与中国晚清的康有为很相似,康有为的理想社会是大同社会,但他却要为晚清专制君主出谋划策,这看起来似乎有些矛盾和滑稽,但这或许是那个时代知识分子的宿命。马基雅维里甚至教导君王去做"像狮子一样凶猛,像狐狸一样狡猾"的人,因为如果不这样做,君主就有可能很快倒台,而如果君主像走马灯一样地轮换,会造成当时意大利政治的更大混乱,敌国也会乘机侵入,这显然是更坏的局面。为了避免意大利沦落到更坏的局面,马基雅维里不惜教君主"学坏",他说:

> 君主必须是一只狐狸,以便认识陷阱;同时又必须是一头狮子,以便使豺狼惊骇。①

在长期由儒学主导的中国传统政治生态下,这是完全不能被接受与理解的。

下面我们来看真德秀如何来看待社会的理想与现实。真德秀的理想也是儒家知识分子共同的理想,是尧舜时期的以德治国。真德秀按照《大学》"格物、致知、诚意、正心、修身、齐家、治国、平天下"的理论逻辑,认为君主只有做好"正心、修身",才能"齐家、治国、平天下"。真德秀以"正心、修身"作为标准,将本朝以前的君主分为五等:第一等完全符合标准,尧、舜、禹、汤、文、武是也;第二等比较接近标准,商高宗、周成王是也;第三等有时违背标准,但仍不失为贤君,汉高祖、文帝、武帝、宣帝是也;第四等,耽于章句之学,不明圣学根本,虽有天资,不能追圣王之盛,汉光武、明帝;唐太宗、玄宗、宪宗是也;第五等以技艺文辞为学,完全背离"正心、修身"的根本,其甚者则成为亡国之君,汉、魏、陈、隋、唐数君是也。真德秀认为,儒者的责任就是让君主以尧、舜、禹、汤、文、武为榜样,成为历史上的"圣君",要达到这样的目标,就要重视心性修养。中国的儒家没有像马基雅维里那样教导君主做"像狮子一样凶猛,像狐狸一样狡猾"的人。其中的缘由,也许是因为当时的中国王朝政治基本是统一的,社会相对稳定,只要君主遵守本分,政治运作就基本正常。

四、不同社会制度背景下的政治设计

马基雅维里鼓励君主集中权力,以谋求、维护国家的统一与独立,但他同时又提出,

---

① [意]尼科洛·马基雅维里:《君主论》,潘汉典译,北京:商务印书馆1985年版,第84页。

君主不能膨胀个人私欲,利用权力去霸占臣民的财产及其妇女。他说:

> 贪婪、霸占臣民的财产及其妇女,特别使君主被人憎恨。因此,他必须避免这两件事情。①

马基雅维里的话是基于西方的历史文化背景,在西方国家,无论是古代还是现代,社会契约论在社会中占据了重要地位,私有财产神圣不可侵犯,即使是高高在上的君主也不可以破坏这个规矩。

而在中国,自西周以来,"普天之下,莫非王土;率土之滨,莫非王臣",天下几乎所有的土地与臣民都理所当然是君主的财产。正因为君主可以合法地拥有足够多的财产与妇女,故他们不必去霸占,马基雅维里所说的情况在中国不太可能发生。《礼记·昏义》载:

> 古者天子,后立六宫,三夫人、九嫔、二十七世妇、八十一御妻,以听天下之内治,以明章妇顺,故天下内和而家理也。②

那时,周天子除正妻之外,还有一百多个妾妃。《春秋公羊传·庄公十九年》载:

> 诸侯娶一国,则二国往媵之,以侄娣从。③

政治联姻,门当户对,一国诸侯娶另一国的公主,需有其他两个同姓国选送八位侄娣辈的小妾随嫁,叫"媵妾"。卿大夫一级官员"一妻二妾"。最低的士一级小吏,"一妻一妾"。普通百姓是"匹夫匹妇",一个男人只能有一个妻子。至于后世王朝的君主和贵族的妻妾数量,远远超过上面的规定。既然中国古代君主有如此多的妻妾,那就根本不必去霸占臣民的妇女。据《史记·高祖本纪》记载,刘邦得天下之后,有一次为自己的父亲祝寿时,刘邦得意地说:"太公以前常说我无赖,不事生产,不如二哥,现在我的产业和二哥比起来谁大啊?"④在古代中国,"朕即是国家",天下所有财产在理论上都属于君主,故马基雅维里所说的君主霸占臣民财产及其妇女的情况,在古代中国不太可能发生。在古代中国的政治制度下,君主有如此至高无上的权力,儒者所能做的,便是尽可能限制君主的权力和私欲,因而提出"君道无为,臣道有为"的主张。这种国情与西方国家有很大不同。

---

① [意]尼科洛·马基雅维里:《君主论》,潘汉典译,北京:商务印书馆1985年版,第87页。
② 杨天宇:《礼记译注》,上海:上海古籍出版社2004年版,第820页。
③ 王维堤:《春秋公羊传译注》,上海:上海古籍出版社2004年版,第140页。
④ 参见司马迁:《史记》,长沙:岳麓书社1993年版,第107页。

五、遴选贤臣,辨别忠奸

任何政治体制,对于最高统治者来说,他不可能也不应该成为一位孤家寡人,遴选大臣并委托其管理国家是一件头等重要的事情。马基雅维里说:

> 遴选大臣,对于君主来说实在是一件重大的事情。他们是否是良臣,取决于君主的明智。人们对于一位君主及其能力的第一个印象,就是通过对他左右的人们的观察得来的。如果左右的人们是有能力的,而且是忠诚的,他就常常能够被认为是明智的,因为他已经知道怎样认识他们的能力,并且使他们忠贞不渝。但是如果他们不是这样的人,人们就往往会对他作出不好的判断,因为他所犯的第一个错误就是出在此项选择上。①

马基雅维里说得简单明了,也很到位。怎样辨识人才,选贤与能,的确是件不容易的事,而这却是君主首先要学会的本领。那么,究竟该如何识别真正的人才呢? 马基雅维里说:

> 一位君主怎样能够识别一位大臣,这里有一条屡试不爽的方法:如果你察觉该大臣想着自己甚于想及你,并且在他的一切行动中追求他自己的利益,那么这样一个人就绝不是一个好的大臣,你绝不能依赖他。因为国家操在他的手中,他就不应该想着他自己,而应该只想着君主,并且绝不想及同君主无关的事情。②

马基雅维里所说的确不错,一个好的大臣应该而且必然是为君主着想的,这确实是"一条屡试不爽的方法"。但这还不够,中国古人说"大奸似忠",有些臣子看似一心一意为君主着想,但实际是另有所图。例如齐桓公有一次开玩笑说,一生什么都吃了,只是没吃过人肉,不知是什么味道。他的烹调师易牙为求宠,竟将自己的小儿子烹了给齐桓公吃,这是真为君主着想吗? 又如,吴王夫差灭了越国,越王勾践表示愿意终身服侍夫差。当夫差生病时,勾践为表示忠诚,竟去尝夫差大便,以验病情轻重,夫差果然被感动,让他回越国复位。勾践经过二十年精心准备,最后灭了吴国。这能说当初勾践服侍夫差,是为君主着想吗? 因此,马基雅维里所说的"屡试不爽的方法"太过简单。

在如何识别人才,遴选大臣方面,真德秀的看法与马基雅维里有一致之处,但真氏所言显得更为周密。真德秀说:

---

① [意]尼科洛·马基雅维里:《君主论》,潘汉典译,北京:商务印书馆 1985 年版,第 111 页。
② [意]尼科洛·马基雅维里:《君主论》,潘汉典译,北京:商务印书馆 1985 年版,第 112 页。

盖知人者,智之事也,知人则官得其职……知人诚非易事,然亦不过以德求之而已。有德则为君子,无德则为小人,此知人之要也。

言人之有德者,必观其行事如何……凡人所为,皆有偶合于善者,必观其所从来,其为义邪,为利邪?若其本心实主于义,则其善出于诚,可以为善矣;若其本心实主于利,则其善也非出于诚,又安得为善乎?①

真德秀认为,考察识别人才首先要考察其道德,而考察其道德,并非看他说得怎样,而要看他做得怎样。考察方法就是看他做事是为公义,还是为私利。并且还要考察他是否伪装成为公义,而实际为私利。只要考察者本身"立心正,烛事明",被考察者立心是公是私,是真是伪,便不难被发现,此观点可谓与马基雅维里不谋而合。

而一位君主之所以不辨忠奸,并且容易受奸臣蒙蔽,往往由于君主不能克服人性本身的弱点,即人们通常喜欢听迎合自己的话。由于君主崇高的政治地位,导致一些善于投机的政客在他面前刻意说其喜爱听的话,这就是人们通常说的"谄媚"。马基雅维里专门讨论君主应该"怎样避开谄媚者"的问题,他指出:

一个人要防止人们阿谀谄媚,除非人们知道对你讲真话不会得罪你,此外没有别的办法。但是,当大家能够对你讲真话的时候,对你的尊敬就减少了。②

真德秀在《大学衍义》中论述了不少因谄媚害政之例,如隋炀帝因喜爱谄媚而导致亡国。隋炀帝朝中有一位叫虞世基的谄媚之臣,喜爱察言观色,逢迎上意。知隋炀帝嗜好音乐,于是奏请诏令天下散乐百戏集于京师,乐工至三万余人,使隋炀帝沉溺于淫哇之声,流连酣宴,无有穷极。知隋炀帝怠于政事,于是劝隋炀帝五日一视朝。隋炀帝很高兴,认为虞世基能顺从自己的欲望。其后盗贼四起,虞世基知隋炀帝恶闻四方表奏,当隋炀帝问及"天下为何有许多盗贼"时,虞世基回答说,那不过是些"鼠窃狗偷"之徒,他们不难被一扫而清。隋炀帝听后不以为然,不一二年隋朝便有了亡国之祸。这是君主因喜爱谄媚而导致亡国的典型之例,因此真德秀提醒君主说:"仆隶之臣,诺诺唯唯,则无世不有。君日以骄,臣日以谄,此所以多乱而鲜治也与!"③

比较真德秀《大学衍义》与马基雅维里《君主论》关于君主提防"谄媚"的论述,二人观点非常接近,只是后者用一章节稍加论述,而真德秀却用了较大篇幅来讨论此问题。由于谄媚之臣可能将君主引向邪路,使君主成为闭目塞听的昏君,故君主在开始遴选大臣之时就要防范,勿将此类人留在自己身边。

---

① 真德秀著,朱人求校点:《大学衍义》,上海:华东师范大学出版社 2010 年版,第 249—251 页。
② [意]尼科洛·马基雅维里:《君主论》,潘汉典译,北京:商务印书馆 1985 年版,第 113 页。
③ 真德秀著,朱人求校点:《大学衍义》,上海:华东师范大学出版社 2010 年版,第 168 页。

六、《大学衍义》与《君主论》各自的历史命运

《大学衍义》一书主要论述做一位好君主的基本规范，在真德秀看来，君主做好了这些规范，朝廷便不会有大的政治危机，故此书一出，便受到历代统治者的赞许。宋理宗曾称赞《大学衍义》"备人君之轨范"；①元武宗谓"治天下此一书足矣"；②明太祖曾问宋濂："帝王之学，何书为要？"③宋濂举《大学衍义》，明太祖乃命大书揭之殿两庑之壁，时睇观之。《圣主仁皇帝圣训》卷一载上谕学士傅达礼之言："尔衙门所进翻译《大学衍义》一书，朕恭呈太皇太后御览，奉慈谕云：'……此书法戒毕陈，诚为切要。尔特加意是编，命儒臣翻译刊刻，更令颁赐诸臣。'"由上述可见，自南宋理宗之后，历代君主都对《大学衍义》十分重视。清初统治者甚至将此书翻译成满文，供王公大臣学习。可是，当历史进入了近现代，真德秀的《大学衍义》几乎完全湮没无闻，只有极少数的学者还会关注到它。

在欧洲，当马基雅维里去世后 5 年（1532 年），《君主论》被赞助得以出版。此后 400 年间，人们对此书毁誉交加。16 世纪，在英国伊丽莎白女王一世时期，几乎没有哪位著名作家在著书立说时不提及马基雅维里的名字，并对他的《君主论》展开评判。在马洛、琼森、莎士比亚、韦伯斯特、博蒙特和佛莱彻的戏剧中，马基雅维里都是以狡诈、残酷、罪恶和伪善的负面形象出现的……"邪恶教父""魔鬼"等称呼与他的名字相生相伴。④

而到了 17 世纪，对马基雅维里及其《君主论》的评判走向了另一个极端。马基雅维里的学生弗兰西斯·培根认为，马基雅维里采取经验的方法来研究政治学。他在《学术的进步》一书指出：

> 我们要特别感激马基雅维里和其他一些作家，他们公开地宣布并描绘了人实际上是如何做的而不是应该如何行事。

欧洲中世纪的学术研究以《圣经》为解释的最终依据，正是马基雅维里的《君主论》最先坚定而明确地排除了整个经院哲学传统，根据自己凭经验积累起来的知识做判断，故《君主论》被相当一部分人认为是科学方法的开端。施特劳斯在他所著的《关于马基雅维里的思考》一书中直言不讳：

---

① 陆心源：《皕宋楼藏书志》，北京：中华书局 1990 年版，第 420 页。
② 宋濂等：《元史》第 2 册，北京：中华书局 1976 年版，第 536 页。
③ 张廷玉等：《明史》第 12 册，北京：中华书局 1974 年版，第 3786 页。
④ 参见李鹏：《从历代评价看君主论的历史意义》，《燕山大学学报（哲学社会科学版）》2009 年第 4 期。

《君主论》是一部科学著述,是因为它传播了一个普遍学说,这个普遍学说以源于经验的理念思维为基础,并且对于这个理念思维做出阐述。

马基雅维里被后世授予了"政治科学之父"的荣耀头衔。政治科学的独立研究自马基雅维里始,这似乎成为了一种共识。对马基雅维里的正面评价的趋势在19世纪达到了高潮,黑格尔、费希特等大思想家甚至用"伟大的马基雅维里""敏锐的科学家"等称呼来表达自己对马氏的尊敬。①

在20世纪,《君主论》又成了法西斯主义独裁者的新宠。意大利独裁者本尼托·墨索里尼很想成为书中所描绘的新君主,因而当《君主论》新版发行之际,他主动为该书撰写序言,据说第三帝国元首阿道夫·希特勒枕边的常备读物就是《君主论》。《君主论》也影响了当代的欧洲政治家,法国前总统查理·戴高乐和弗朗索瓦·密特朗都被认为既是狮子又是狐狸的"现代君主"。英国前首相、铁娘子撒切尔夫人被认为是一个天生的马基雅维里主义者。广而言之,美国前总统小布什又何尝不是这一类人物呢?因此,到了20世纪80年代,由于《君主论》所产生的巨大影响,这部薄薄的小册子被列为世界名著。

综上所述,真德秀《大学衍义》所透显的是以道德教化为主的东方管理学灵魂,马基雅维里《君主论》所透显的是以法制、征服为主的西方管理学灵魂。二者在现代东、西方政治学中仍存在着相当的影响,这两种理论或可称为国际版的新"王霸之辨"。孰优孰劣,或需假以时日,经历更长时段的历史检验。

① 参见李鹏:《从历代评价看君主论的历史意义》,《燕山大学学报(哲学社会科学版)》2009年第4期。

【专题:伦理维度与
政治维度之纠结】

主持人弁言

马　琳[*]

　　无独有偶，中国传统思想——尤其是儒学——与当代法国哲学——尤其是列维纳斯以对抗总体化的存有论为己任的哲学皆以伦理问题为其思考的焦点。此处我们不使用伦理学这一用语，因为它常常地甚至是不可避免地与社会学意义上的伦理规范相混淆。列维纳斯本人更愿意强调其哲学是伦理形上学，是一种独特的非对等的"为他人"的哲学，拒绝将其思考等同于、凝固为清楚明了、僵硬不变的伦理规范[①]。"为他人"的定言命令使得自我总是处于惶恐忧虑的失眠状态。相比之下，儒学的伦理思考更多地呈现出一种"为己"与"为他"同时兼有，相互涵括的中道精神。"为他"同时亦是自我成就理想人格的实践展开与最终赢获。

　　在另一方面，人当能群，人所面对的不会总是单个的他人，而是复数意义上的他人。用列维纳斯的术语来说，"第三方"（le tiers）总是会打破我与他人一对一的邻近关系（proximité）。第三方不同于邻人，但也是他人的邻人，也即我的邻人（复数），第三方的到来打开了计量的空间，产生了权衡正义的问题。从某种意义上说，仁慈的实现有赖于正义，而正义要求有法制、有权力机构，于是产生了不能完全免于独裁的国家。在这样的情形之下，伦理维度何以延续其有效性呢？列维纳斯借用犹太传统对《圣经＊申命记》中两句貌似相互矛盾的经文的诠释来说明伦理维度与政治维度如何在相互纠结之中获得其有效性。其中一句经文说："在审判之时不要看他的面孔"（Deuteronomy 1：17）。而另外一句经文则说："愿那永恒的把祂的面孔转向你"（Deuteronomy 6：26）。拉比们对这两句的解释是："在宣判之前不要看其面孔。一旦宣判之后，要看他的面孔。"[②]因此，即使在一项严苛的判决通过之后，仁慈仍然可以收获颇丰。列维纳斯认为，讲求正义的法律总是有待完善的，因此应当给判决留下修正的余地，给被告提供回旋之处；而这样的做法正是对国家提出质疑。对国家的质疑归根结底可以追溯到伦理维度。列维纳斯主张：

　　＊　马琳，中国人民大学哲学院。

　　①　参见 Robert Bernasconi, "Levinas's ethical critique of levinasian ethics," in Scott Davidson and Diane Perpich eds., *Totality and Infinity at 50*（pp.253-269）.Pittsburgh：Duquesne University Press, 2001。

　　②　Robbins, Jill ed., *Is It Righteous to Be？ Interviews with Emmanuel Levinas*. Stanford：Stanford Uiversity Press, 2001, p.194.

我们能够论及国家的合法性与非合法性，这只能是通过与面孔的关系或是说我与他人的关系来加以谈论。一个在其统治之下不可能具有个人关系的国家——因为个人关系先在地被取决于国家——是一个独裁的国家。因此，国家是受到限制的。①

与霍布斯等西方现代早期的政治哲学家不同的是，列维纳斯所谓的限制是对仁慈的限制，而非像霍布斯那样是对暴力的限制。倘若我们把主张国家绝对权威的利维坦式的统治模式称为霸道，把讲求修身齐家治国平天下、倡导道德教化的儒学理政传统称为仁道，那么，列维纳斯关于国家的思想几近于仁道矣！然而，他对以色列国所凭借为意识形态基础而建国的犹太复国主义的支持（至少是含混的态度），却使得他思想中的伦理维度与政治维度处于不断的、甚至是必然的纠结之中。当然，相比之下，中国历史上从来不可能只有纯粹的仁道，儒法结合或者说外儒内法是其政道所呈现出的常态，这可以被视为伦理维度与政治维度之纠结的一种中国的版本。

以色列建国以后，犹太教中的强硬思潮长期以来制约着以色列和犹太复国主义的走向。根据联合国1947年巴勒斯坦分治决议，以色列面积1.52万平方公里。经过四次中东战争后，以色列目前实际控制面积约2.5万平方公里，无数的巴勒斯坦人流离失所，成为难民。尽管从一方面来看，犹太复国主义运动在某个时期、某种程度上可以被视为犹太人反抗迫害的民族解放运动；但另一方面，从其建国计划来看，它对巴勒斯坦人的压迫和排斥，又使它在其实质上走向其反面，成为一个殖民国家。当今不少的以色列本土历史学家也指出了这种双重性，并由此而倡导一种后犹太复国主义。正如我们应当区分列维纳斯思想中的伦理维度与伦理学，我们也应当区分涵括了不同流派的犹太思想传统与以色列国殖民性的建国方针。

自由是哲学中的一个经典问题，关于自由本身的界定可以归为形上学的领域，但意志自由却是西方哲学源远流长的伦理学传统中的必要前设。在法国哲学、甚至在整个现象学领域，我们可以把萨特称为最后一位"自由至上者"。他的自由观具有复杂的多重性，具有"存有论的自由"与"处境中的自由"这两种面相。孟子的立命与有命说以及"不为"与"不能"之分和萨特的思路有异曲同工之处。尽管梅洛-庞蒂对萨特的自由观所提出的批评不够恰切，但是，"积极"意义上的、倡导人的绝对主动性的自由观由于不适应当今后人文主义（post-humanism）的生活处境而不再被奉为圭臬，在社会政治哲学领域中只有消极意义上的自由观仍然延续着其有限制的有效性。

梅洛-庞蒂试图超出人类中心主义，从某种宇宙论的匿名的自我出发，从基于我与自然的原初关联出发来把握"一般性的自由"。这样的思想尝试与他努力解构现代哲

---

① Emmanuel Levinas, *Entre Nous*: *Thinking of the Other*, trans. Michael B. Smith and Barbara Harshav, New York: Columbia University Press, 1998, p.105.

学中意识与对象、自我与世界、身体与精神、内在性与外在性的二元对立是一脉相承的。借用列维纳斯的术语来说，"他人"也应当包括自然物——无论是有生命还是无生命的自然物，自然物应当享有伦理上的地位。同样，"第三方"也应当包括自然，政治上的计量、正义与否的权衡万不能把使得生命成为可能的自然物置之不顾。难道没有人把新近出现的噬虐全球的病毒视为自然界对人类的惩罚吗？人与自然的关系问题同样也面临着伦理维度与政治维度之纠结，同样呼唤着哲学反思，甚至应当成为首要的哲学主题。

列维纳斯在《异于存有或逸出本质》的扉页中引用帕斯卡尔的名言："……'那在太阳下面的是我的位置。'这就是整个地球上的侵占之开端与图像。"①这也是他在不同著述中最为钟爱的譬语之一。不过，这句譬语被省略掉的前面部分是："'这条狗是我的，'这些可怜的孩子们说……"不少学者皆知，列维纳斯经常提到当他在德国战俘营时期，有一只流浪小狗每天都会前来欢迎从疲惫的劳动中回营的战俘们。它上奔下跳，兴高采烈，似乎是唯一看出这些战俘们身上之人性的生物，因此，列维纳斯把它称为纳粹德国最后的康德主义者②。不过，同样为人所知的是，虽然列维纳斯承认狗也具有面孔，当被询问"汝不可杀人"的诫命是否也由动物的面孔表达出来之际，他却迟疑了。

在引用帕斯卡尔的名言之时，列维纳斯想到的大概仅是自我相对于他人而宣称自己的主权，但是，或许他有意地省略了"这条狗是我的"这句话从而保留了他对待关于动物的伦理问题的含混性，那么，处于阳光普照之下的自然世界与自然物是否具有伦理地位呢？太阳与人的关系又是什么样的呢？海德格尔在《存有与时间》中把太阳的本质性存有归为"使用上手"（Zuhandenheit），将其视为有用性链条上的一个环节。假如我们采用列维纳斯的术语，也把他性（altérité）赋予太阳，这是否对其伦理形上学的一种根本性的改善呢？从另外一个角度来说，列维纳斯在《异于存有或逸出本质》中把人的主体性描述成纯粹的受动性，描述成他人的人质、他人的代身（substitution），以至于引发出一种从精神病态学理论出发对这些描述的解读。而为了拯救列维纳斯哲学，有的学者则试图把他在《总体与无限》中所阐述的自我的享受列为对他人之代身的前设：正是由于自我能够享受面包的美味，正是由于属于我的面包对我的生存具有重要性，自我才会把自己嘴边的面包让给他人，自我的让渡乃至于献身才会闪烁着根本性的伦理光辉。

以这种方式来拯救列维纳斯哲学说明，他坚决反对梅洛-庞蒂的可逆性思想而过分标榜主体性对于他人/他性的伦理行为的非对称性不是不可质疑的，难道这样的非对称性不正是以属权分明（或者说，自我与他人的绝对分离）——我的面包（即便是我最

① 帕斯卡尔：《思想录》，第112条。这不禁使人想到，某些犹太复国主义者坚决主张巴勒斯坦地区为其应许之地，这是否也在宣称："那在太阳下面的是我的位置！"

② Emmanuel Levinas, *Difficult Freedom: Essays on Judaism*, trans. Seán Hand, London: The Athlone Press, 1990, p.153.

后一片面包）、我的生命——为必要前提吗？但愿后列维纳斯（post-Levinasian）的哲学家能够真正地体会帕斯卡尔那句名言的深刻蕴意：这个世界是"属于"我们大家的，这个太阳照耀着的宇宙以及太阳以外的宇宙从某种意义上说也是"属于"我们大家的，它养育了我们，看护了我们，它也需要我们的照料。这样的"主体性"是一种多元的主体性，是一种天地与我并生，万物与我为一的主体性。不过，这并不意味着个体性没有意义，让我们吟咏苏轼《前赤壁赋》中的名句来领悟这种超宇宙视域之中的你我世界吧！

惟江上之清风，与山间之明月，耳得之而为声，目遇之而成色，取之无禁，用之不竭。是造物者之无尽藏也，而吾与子之所共适！

何以成"人"？为己与毋我的回环展开

宋 健 管习化*

内容提要:对"人"的形上思考其就内容而言以"成人"为坐标原点,沿着"为己"与"毋我"两个向度回环展开。具体来看,"为己"至少包含"自我意识的觉醒"、"个体身份的确立"和"内在德性的亲证"三重含义,标识着从自在走向自为的理想人格;而"毋我"则兼具"敬天畏命"与"人当能群"两层含义,说明理想人格并非个体的无限膨胀,对他者的肯定与关注恰恰是人性能力的重要内容之一。要之,孔子的理想人格既以完善自我为目的,又以群体价值为依归,其过程展开为自我与他者的互动、个体性与普遍性的统一。为己与毋我既是孔子成人思想的内容,又是践行成人思想的方式,并且是理解成人思想的方法。

关键词:孔子;成人;为己;毋我;回环

一、引 言

中国哲学自其伊始便在"究天人之际"[①],始终贯穿对"性与天道"的追问;然孔子在此议题上的态度,却因子贡一言而显得晦暗难明:"夫子之文章,可得而闻也;夫子之言性与天道,不可得而闻也。"(《论语·公冶长》)有关"不可得闻"的诠释,大体可分为三类:一,性与天道精微玄妙,难以言传,故孔子未曾详论;二,门人悟性欠佳,多谈无益,故子贡无法听闻;三,相较于发明性与天道,孔子更看重"下学"的思想意义。[②] 当然,亦有学者认为子贡所语乃后世羼入,不足为信。但无论做何解释,都不表明孔子对性与天

---

* 基金项目:国家社科基金青年项目"先秦儒家'成人'思想的形上意蕴研究"(编号:18CZX040),海南大学科研基金资助项目"文化育人功能及实现路径研究"(编号:19SQYR11)。作者简介:宋健(1987—),男,哲学博士,海南大学社会科学研究中心讲师,中国哲学专业硕士研究生导师;管习化(1995—),男,海南大学社会科学研究中心中国哲学专业硕士研究生。

① 庞朴:"在中国,尤其在古代中国,天人之学体大思精,特别发达,在同时代的人类中,堪称独领风骚,在域内的各派之间,却又异说纷陈。"(庞朴:《天人之学论述》,见陈明主编:《原道》第2辑,北京:团结出版社1995年版,第288—289页)

② 陈来:"下学而上达,说明好学之学经过一个过程后可以达到'上达'。上达是经由下学而达到的对天命的理解,也是对宇宙、社会、人生统一原理的把握。"(陈来:《孔子·孟子·荀子:先秦儒学讲稿》,北京:三联书店2017年版,第13页)故于"下学而上达"的过程中,孔子重"因"(下学)而不在"果"(上达/性与天道)。

道毫无领会或漠不关心,即使子贡未得"闻",也不等于孔子无所"思",或许是"子贡曾闻夫子言性与天道,但子贡不晓,故曰'不可得而闻也'"①

其实,孔子有关"性与天道"的洞察与觉解,以"成人"(《论语·宪问》)为坐标原点,沿着"为己"与"毋我"两个向度回环②展开:"为己"出自《论语·宪问》,"古之学者为己,今之学者为人";而"毋我"出自《论语·子罕》,"子绝四:毋意、毋必、毋固、毋我"。③ 两章所论均与"学"直接相关,各自看来似乎并不费解;但当并列对举时,首先在形式上就已构成某种张力——"己"与"我"意义相近,"为"与"毋"却恰恰相反。与此相应,更为实质的困惑在于:孔子"成人"思想究竟是肯定自我,还是否定自我?

儒家所谓的理想人格,到底是以自我完善为目的,还是以群体价值为旨归? 当然,我们大可采取"遮诠"的方式,言其"既不同于无视个体价值的极端的整体主义,也不同于排斥群体的极端的自我中心主义"④;但若继续追问,恐怕问题的症结并非专属孔子(或儒家),而是关乎"自我"能否在中国思想中占有一席之地,关乎这样一个问题:中国的传统究竟是偏重于集体主义呢,还是偏重于个体主义?

二、"为己"三义⑤

孔子曾明确区分了两类学习目的:一是,培养自身道德学问的为己之学;一是,装饰自我博取赞誉的为人之学。当"成人"以自我完善为旨归时,便有"足乎己,无待于外"⑥的至乐之境;当个人行为不再以他者夸赞与否为旨归时?"成人"就具有以下三方面的意义:

---

① 张载:《张子语录》,见《张载集》,北京:中华书局 1978 年版,第 307 页。

② 刘述先先生曾以《论"回环"的必要与重要性》为题属文,申论"必须由一个新的视域看理想主义与自然主义会通的可能性,正是在这里我们得以看到'回环'的必要与重要性"(刘述先:《论儒家哲学的三个大时代》,贵阳:贵州人民版 2009 年版,第 229 页)。其实,"回环"的意义不仅限于沟通"精神"与"自然",更关乎儒家哲学的思想特质,以及理解"何以成人"的重要法门。

③ 当然,尚需留意的是:"先秦的很多哲学范畴同时可以描述现代人们所说的伦理道德问题、本体论或者形上学问题、社会历史观问题,等等。"(周海春:《〈论语〉哲学》,北京:中国社会科学版 2013 年版,第 33 页)"为己"与"毋我"同样如此,不但在《论语》原文中具有多重内涵,而且两千多年来的对这部"最上至极宇宙第一书"([日]伊藤仁斋:《论语古义》,见关仪一郎编:《日本名家四书注释全书》第三卷,东京:凤出版株式会社 1973 年版,第 4 页)的不断诠释中,又赋予其种种"层累"的意味。

④ 杨国荣:《善的历程:儒家价值体系研究》,上海:上海人民出版社 2006 年版,第 21 页。

⑤ 此处所谓的"义",既指文本自身的"意义"(meaning),也有读者理解的"意味"(significance)。美国诠释学家赫施(Eric Donald Hirsch)曾对此作出明确区分:前者由"作者—文本"这对关系产生,是符号本身所呈现的;后者经围绕"文本—读者"这对关系展开,是身处不同情境的读者对符号给予的各种诠释;并进一步强调,"迄今为止,解释学理论中所出现的巨大混乱,其根源之一就是没有作出这个简单的然而是重要的区分"([美]赫施:《解释的有效性》,王才勇译,北京:三联书店 1991 年版,第 17 页)。从中不难看出区分二者的必要性,但如何翻译"meaning"与"significance",汉语学界见仁见智;笔者拟将前者译为"意义",而后者译为"意味"。

⑥ 韩愈:《原道》,见《韩昌黎文集注释》,西安:三秦出版社 2004 年版,第 15 页。

（一）自我意识的觉醒

成就理想人格以完善自我为目的，不再是他人实现某种价值的手段。"吾人自觉时则吾人所自觉者可认知吾人意识之内涵，且由吾人之自我意识所理解。"①此处所谓的"自觉"，既有自我意识的觉醒，同时也指理性活动的运转。也就是说，成就理性人格并非盲目或自发的机械生成，而是经过理性思考与价值判断的智性生成，其思考和判断的准绳简单来说就是"人是目的"。

而孔子关于"为己"与"为人"的分疏与区隔，不仅在儒家内部达成高度统一，且还影响到墨家对治学态度的理解②；作为先秦哲学的殿军，荀子更进一步用"身心之学"与"口耳之学"来彰显"为己"与"为人"的不同：

> 君子之学也，入乎耳，著乎心，布乎四体，形乎动静。端而言，蠕而动，一可以为法则。小人之学也，入乎耳，出乎口；口耳之间则四寸，曷足以美七尺之躯哉！（《荀子·劝学》）

上述看法亦被后世学者广为征引，如戴望对"为己之学"章的注解就导源于此："入乎耳者著乎心，古之学者为己也。入乎耳者出乎口，今之学者为人也。"③从中不难看出荀子思想的身影，为己之学即是君子之学，用来提高自身修养（"以美其身"）；为人之学则属小人之学，把学问当作礼物来讨好别人（"以为禽犊"）。要之，无论儒、墨，"为己"与"为人"总是相对而言；如此一来，不妨从为何否定后者入手，来反观前者有何值得肯定的地方；孔安国将"为人之学"的特质概括为"徒能言之也"，皇侃在其基础上又作出进一步的发挥：

> 徒，空也。外空为人言之，而己无其行也。一云，徒则图也。言徒为人说也。④

此处所谓的"徒"，又可细分为两类：一是，有"言"无"行"，没有实际行动，却常对外夸夸其谈；一是，别有企图，虽有一定的行动，但目的并不单纯——不是为了自身的充实与提高，而是意在取悦他人、博取赞誉。无论何种意义上的"徒"，究其根本皆与"诚"相

---

① 唐君毅：《中国方法论中之个人与世界——参见夏威夷第四次东西方哲学家会议论文》，见《唐君毅全集卷十八·哲学论集》，第 457 页。

② 《新序》中记载了齐王与墨子的一段对话，便与此有关："齐王问墨子曰：'古之学者为己，今之学者为人，何如？'对曰：'古之学者，得一善言，以附其身；今之学者，得一善言，务以悦人。'"今本《新序》未录，引自虞世南：《学校七》，见《北堂书钞》，北京：中国书店 1989 年版，第 307 页。

③ 戴望：《戴氏注论语小疏》，上海：华东师范大学出版社 2014 年版，第 221 页。

④ 何晏集解，皇侃义疏：《论语集解义疏》（三），上海：商务印书馆 1937 年版，第 202 页。

对。"诚"在《论语》一书中虽只出现 2 次①,但其精神却贯穿孔子思想始终,并且产生了极其深远的影响。② 此种影响,不但是学理层面的,如思孟学派、宋明理学围绕"诚"展开了一系列形上论述;而且在生活世界中生根发芽,"在日常的存在这一层面,贬斥伪善、崇尚真诚,成为一种普遍的价值观念"③。

(二)个体身份的确立

随着自我意识的觉醒,个体身份也得到进一步认同。自我旋即从群体中脱颖而出,不再是"我们"中的一分子了,"自立自重,不可随人脚跟,学人言语"④。中外不少学者指出,儒家很少谈及个体身份问题;相反,个体通常是嵌套在社会关系之中,有的只是"君君,臣臣,父父,子子"(《论语·颜渊》)的角色定位。⑤ 此类观点,一方面有意无意地忽略了儒家"道德自我"的丰富内涵,另一方面片面夸大了自我与他者之间的分际界限。

退而言之,即便判定儒家伦理只是一种角色伦理,亦应重视"角色"的根本意涵在于否定"原子式自我";其所"毋"之"我",并非是对"自我"的全盘否定,而是一种理解"自我"的方式或方法。原子式的自我观极易陷入"个人主义"的高度膨胀,而他者仅是某种"异己"的力量——不但压迫自我,而且阻碍自由;然而,在完全否定他者之后,个体又找不到安身立命的场所,人生留下的只是苦闷与荒谬,正所谓"如果个人否认了社会,也就等于否认了自身"⑥。对他者的恐惧最终导致的是责任意识的淡漠,"现在的人总以为道德是来束缚人的,所以就讨厌道德、讨厌宋明理学家,因为理学家的道德意识太强。其实,道德并不是拘束人的,道德是来开放人、来成全人的"⑦。

道德意义上的成全,往往体现在"修己"与"安人"⑧的交替展开:"把自我的完善与

---

① 分别是:《颜渊》篇"子张问崇德辨惑"章,引《诗·小雅·我行其野》"诚不以富,亦祗以异";《子路》篇"善人为邦百年"章中"诚哉,是言也"之说。

② 于民雄:"关于'诚',从历史上看,其影响最大的是儒家,最先的是儒家,其理论阐释最全面、最深刻、最具启发性的也是儒家。先秦儒学集'诚'之大成,先秦以后的一切关于'诚'的界说、实践、价值和意义,都可以在先秦儒学中找到原型。"(于民雄:《浅说"诚"——以先秦儒家经典为例》,《贵州文史丛刊》2008 年第 4 期)

③ 杨国荣:《中国哲学二十讲》,北京:中华书局 2015 年版,第 42 页。

④ 黄宗羲、全祖望:《宋元学案》,北京:中华书局 1986 年版,第 1894 页。

⑤ 唐文明:"儒家对自我的关注主要在于道德修养方面,而对关于自我之所是的问题很少论及。这是由于在传统社会的固定结构中,自我的身份基本上是被限定了的,自我之所是在一个伦理之网中呈现出来,在天命的不断呈现中呈现出来,所以被作为一个既定之事而在理论中隐而不显。"(唐文明:《本真性与原始儒家"为己之学"》,《哲学研究》2002 年第 5 期)

⑥ [法]涂尔干:《社会学与哲学》,梁栋译,上海:上海人民出版社 2002 年版,第 40 页。

⑦ 牟宗三:《中国哲学十九讲》,长春:吉林出版集团有限责任公司 2010 年版,第 70 页。

⑧ 梁启超先生以"修己安人"来概括儒家哲学的核心要义,其言:"儒家哲学,范围广博。概括说起来,其用功所在,可以《论语》'修己安人'一语括之。"(梁启超:《儒家哲学》,北京:北京大学出版社 2009 年版,第 34 页。)

群体的关怀理解为一个相互联系的过程"①，修己当以"老者安之，朋友信之，少者怀之"（《论语·公冶长》）为志向。其实，他者不但是自我需要关怀的对象，而且还是个体安身立命的基础。"力不如牛，走不如马，而牛马为用，何也？曰：人能群，彼不能群也"（《荀子·王制》），人的禀赋能力，不只劣于许多动物，而且终究有限，要想在大自然中存活，首先必须团结互助。此外，《论语》中的他者，不仅指实然意义上与自我不同的他人，有时还是应然意义上自我师法的对象；后一方面如"三人行，必有我师焉：择其善者而从之，其不善者而改之"（《论语·述而》），群体不但为个体生存提供了物质保障，同时也给予个体发展以智力支持。

（三）内在德性的亲证

无论自我意识的觉醒，还是个体身份的认同，皆非盲目的乐观自大，而是肯定自我有实现价值的能力，不再听命他力的支配或依赖他力的扶持，"舜何人也？予何人也？有为者亦若是"（《孟子·滕文公上》）。正如孔子所言：

> 子曰："十室之邑，必有忠信如丘者焉，不如丘之好学也。"（《论语·公冶长》）

即使像十户人家这样小的范围内，也必定有资质和我一样的人；这就是说，成就理想人格并非少数人独享的特权，而是人人可以追求的目标，此为"成人"的现实根据。质而言之，人之所以配称万物之灵秀②，是因为其具备"为己"（实现自我价值、成就理想人格）的可能。作为一种人格理想，"成人"与其他理想一样有着共同的品格，即化"自在之物"为"为我之物"③。人刚刚来到现实世界，无论身体还是心智，在某种意义上都还处在自在之物的状态，多半是由其生物本能来支配——饥而欲食、困而欲眠，正如孟子所言"人之所以异于禽于兽者几希"（《孟子·离娄下》）。

可见，自孔子以来的儒家虽高度重视人的存在价值，但其肯定的不是实然意义上的"是其所是"，而是应然意义上的"成其能成"。现实形态包含了可能的向度，这是肯定"人"存在的价值源泉；"'何为人'与'如何成就人'在逻辑上彼此联系"④，此种逻辑关

---

① 杨国荣：《儒学的形上内蕴》，见《善的历程——儒家价值体系研究》，上海：上海人民出版社1994年版，第421页。

② 周敦颐："惟人也，得其秀而最灵。"（周敦颐：《太极图说》，见《周敦颐集》，北京：中华书局2009年版，第6页）

③ 恩格斯："动植物体内所产生的化学物质，在有机化学开始把它们——制造出来以前，一直是这种'自在之物'；一旦把它们制造出来，'自在之物'就变成为我之物了。"（恩格斯：《路德维希·费尔巴哈和德国古典哲学的终结》，中共中央马克思恩格斯列宁斯大林著作编译局译，北京：人民出版社1997年版，第17页）当然，国内哲学界关于"为我之物"的译法存有争议：从字面来看，"Ding füruns"译为"我知之物"更为贴切；但结合上下文及其整体哲学思想，"Ding füruns"确有"为我（们）的目的服务"的意思，与中文"为我"之义相近。

④ 杨国荣：《中国哲学中的人性问题》，见《哲学的视域》，北京：三联书店2014年版，第182页。

联不仅是知识论意义上的相互推导,而且是本体论意义上的同气连枝。也就是说,"成人"并非后设的价值目标,而是人的存在方式,"为己"则标志了"成人"是由自在走向自为,完善自我、追求自由的向度。

三、"毋我"两维

"毋我"最初的含义同样与"学"相关,而"意"、"必"、"固"、"我"四者,既能分言,亦可合观:"四者相为终始,起于意,遂于必,留于固,而成于我。"①但就某种意义而言,"我"又是四者中的核心:"意"、"必"、"固"终成于我,而因"我"又起"意"、"必"、"固",如此循环无穷。上文曾言孔子提倡"为己之学",但如果其一生只知完善自我,决不能成为孔子;"为己之学"当与"毋我之学"合思并参,"孔子者,能毋我而以和诸时代,观时代之变化而变化斯为贵"②。毋我,集中体现了孔子"圣之时也"(《孟子·万章下》)的精神风范;当然其丰厚的意涵,远非顺应时代如此简单。

(一)敬天畏命

宏观地说,"毋我"可从"天道"与"人道"两个不同的维度分别加以理解。从天道的角度看,人与宇宙间的其他存在并无二致,皆会受到自然规律的支配;也就是说,人并不享有完全意义的自由。孔子曾提出:"君子有三畏:畏天命,畏大人,畏圣人之言。"(《论语·季氏》)"三畏"之首,即是天命;而敬天畏命,就成为"毋我"在天道领域内的集中体现与典型表征。当然,敬天畏命(或毋我)既可以是积极的形态,如"唯天为大,唯尧则之"(《论语·泰伯》),圣王效法天地,为人间创立典范;也蕴含消极的成分,如"天之将丧斯文也,后死者不得与于斯文;天之未丧斯文也,匡人其如予何"(《论语·子罕》),把文明的绝续完全交于"天"来决断,或显悲观(抑或盲目乐观?)。总之,敬天畏命是"毋我"在天道领域内的集中体现与典型表征。

(二)人当能群

再来由人道的视域理解"毋我",君子"三畏"中的后两畏(畏大人,畏圣人之言)即与此相关;不论"大人"还是"圣人之言",皆可视作广义的"他者"(the other)。本章第一小节曾将"成人"分开来解,并从"成"字入手,分疏出境界与工夫双重含义;此处不妨再由"人"字着眼,"成—人"中的"人"可有广、狭之分:广义之"人",泛指整个人类,通常用于"人禽之辩"。如,"厩焚。子退朝,曰:'伤人乎?'不问马"(《论语·乡党》)中的"人",即指广义的人。而狭义之"人",特指他人或他者,往往用来区分"人"、"我"。

---

① 朱熹:《四书章句集注》,北京:中华书局 1983 年版,第 110 页。
② 潘雨廷:《潘雨廷学术文集》,上海:上海人民出版社 2011 年版,第 20 页。

究

如，"修己以安人"（《论语·宪问》）中的"人"，即指狭义的人。故"成一人"还有扩展用法，如"君子成人之美，不成人之恶。小人反是。"（《论语·颜渊》）无论是广义的人类，还是狭义的他者，都标明"人"并非是以原子式的个体独存于世。人之为人，不但是因其有共同的"类本质"，而且始终与他人共处。有关于此，孔子早有确论：

> 长沮、桀溺耦而耕，孔子过之，使子路问津焉。长沮曰："夫执舆者为谁？"子路曰："为孔丘。"曰："是鲁孔丘与？"曰："是也。"曰："是知津矣！"问于桀溺。桀溺曰："子为谁？"曰："为仲由。"曰："是鲁孔丘之徒与？"对曰："然。"曰："滔滔者，天下皆是也，而谁以易之？且而与其从辟人之士也，岂若从辟世之士哉？"耰而不辍。子路行以告，夫子怃然曰："鸟兽不可与同群！吾非斯人之徒与而谁与？天下有道，丘不与易也。"（《论语·微子》）

引文结尾处的怃然慨叹蕴含着"人禽之辩"的哲学洞见：人从根本上说，不可能与鸟兽混同共居，"与人打交道"才是人的存在方式。孔子所谓的"人禽之辩"包括一破一立两个层面：就"破"而言，"人猿相揖别"标识着人类社会的开端；就"立"而言，社会关系（尤其是人际关系）构成了人的本质①。"鸟兽不可与同群，隐喻着人不能停留或限定于自然的状态，和'斯人之徒与'，则意味着以文明的形态为存在的当然之境。"②"自然存在"向"应然存在"的过渡，既开启了人类的历史，又确立了人（类）的本质。

进一步说，人生在"世"的根本特质是人生在"群"："力不如牛，走不如马，而牛马为用，何也？曰：人能群，彼不能群也。"（《荀子·王制》）从个体生命的每个环节来看，无论最初的孕育，还是后来的成长、衰老，直至死亡，都很难离群体特征。或许有人会说，死亡是最为自我的事件，貌似与"群"无关。其实，即便是生理学意义的死亡，都很难"自证"；更何况还有法理学、价值论意义上的"死亡"。此外，当我们说"这个'人'死了"（而不仅仅是"死了"）时，已经包含了某种群体认同。

"人"与生俱来就和"群"有着一段"不可解之情"③："自有生民以来，人本来都在社会中。……（引者省）没有社会底人，若何存在，亦是我们所不能想象底。"④若用海德

---

① 马克思、恩格斯："人的本质不是单个人所固有的抽象物，在其现实性上，它是一切社会关系的总和。"（马克思、恩格斯：《德意志意识形态》，见《马克思恩格斯选集》第1卷，北京：人民出版社1995年版，第56页）

② 杨国荣：《善的历程——儒家价值体系研究》，上海：上海人民出版社1994年版，第433页。

③ 黄宗羲："人生坠地，只有父母兄弟，此一段不可解之情，与生俱来，此之谓实，于是而始有仁义之名。"（黄宗羲：《孟子师说》，见《黄宗羲全集》第一册，杭州：浙江古籍出版社1985年版，第101页）对黄氏此语大可作广义的理解，不必拘泥于父母兄弟，可泛指血缘亲情；黑格尔同样视家庭为最基本的伦理形式："直接的或自然的伦理精神——家庭。"（黑格尔：《法哲学原理》，范扬、张企泰译，北京：商务印书馆1961年版，第173页）

④ 冯友兰：《新原人》，郑州：河南人民出版社2000年版，第542页。

格尔的话说,"此在"是在"共在"之中的:"由于这种有共同性的在世之故,世界向来已经总是我和他人共同分有的世界。此在的世界是共同世界。'在之中'就是与他人共同存在。"①共在(或"群")中的每个此在之间(自我与他者),并非"鸡犬之声相闻,民至老死不相往来"(《老子·第十八章》),而是具体化为一系列伦理关系:"凡社会的分子,在其社会中,都必有其伦与职。"②

　　人伦与职分中的"人"首先表现出"毋我"的样态③;成人并非自我的无限膨胀,有时恰恰相反,更多表现为克己复礼、改过自新。儒家所谓的"改过",不仅指纠正错误的认识,还包括遵从普遍的规范;而"自新"不但是自我意识的觉醒,更有"克己复礼"(《论语·颜渊》)的意味。"如读《论语》,未读时是此等人,读了后又只是此等人,便是不曾读"(程颐语④);成人同样如此,倘若某人未成之前是此样态,成后仍此样态,便是未"成"。"古今名儒倡道救世者非一:……(引者省)虽各家宗旨不同,要之总不出'悔过自新'四字。"⑤此语虽有清代实学的烙印,却也与孔子思想不远,"德之不修,学之不讲,闻义不能徙,不善不能改,是吾忧也"(《论语·述而》)。孔子将"改过"与修德、讲学、徙义相并列,足见其重要意义。"人不仅按理想来改变现实,而且也按理想来塑造自己。"⑥如果说从自在走向自为是"为己"的话;那么改过而后自新集中体现了成人"毋我"的一面。需要特别说明的是,"毋我"并非让人一味地泯灭个性、否定自我,而是成就理想人格的又一向度与重要法门。

四、结　语

　　孔子关于"性与天道"的追问与思索,以"成人"为坐标原点,沿着"为己"与"毋我"两个向度回环展开:儒家理想人格既以完善自我为目的,又以群体价值为依归,成就理想人格的过程是自我与他者的互动、个体性与普遍性的统一。无论"自我与他者"还是"个体性与普遍性"均是异常复杂的概念,不同的哲学进路对它们的理解可谓大异其趣;此处重点不在于区分"自我"与"个体性"或者"他者"与"普遍性"之间的差异,而是从"成人"的角度将其分疏为"实然"与"应然"两个方面:就前者而言,自我首先表现为

---

　　①　[德]海德格尔:《存在与时间》(修订译本),陈嘉映、王庆节译,北京:三联书店 2012 年版,第138 页。

　　②　冯友兰:《新原人》,北京:三联书店 2007 年版,第 546 页。

　　③　此处用"毋"而不用"无",基于两点考虑:一是,为了避免和"虚无主义"混同;二是,有意凸显"毋"的动词意味——"有而无之"。所谓"毋我",又可以进一步分为"形式的"与"实质的"两个层面;前者主要是指社会关系对人的"角色"定位,如"君君、臣臣、父父、子子"(《论语·颜渊》)。日常生活中,人们往往通过"角色"来认识彼此;尤其在传统社会,"血缘"(谁的亲属)、"地缘"(哪的人/谁的老乡,血缘的延伸)、"学缘"(谁的门生、故旧,血缘的变形)通常构成了一个人的"名片",即"有组织的客我"。

　　④　朱熹:《论语序说》,见《四书章句集注》,北京:中华书局 1983 年版,第 43 页。

　　⑤　李颙:《悔过自新说》,见《二曲集》,北京:中华书局 1996 年版,第 3 页。

　　⑥　冯契:《人的自由和真善美》,见《冯契文集》第三卷,上海:华东师范大学出版社 1996 年版,第 8 页。

个体生命,但从其诞生开始便与他者发生关联;就后者而言,自我又与个体人格直接相连,"代词'我'又被用来标记我们的'个体的人格'的'单个性'和'绝对的规定性'"①,但人格之所以为"人"格,势必包含普遍性规定。

进而言之,无论在实然层面还是在应然向度,成人都有着为己与毋我的双重品格。此种双重品格,一方面,极大地丰富了孔子成人思想的理论内涵,后世学者也可以根据时代所需,适时调整为己与毋我的比例,这或许是儒家思想绵延不绝的原因之一;另一方面,可供调整同时意味着稳定性差,稍有偏颇便会问题丛生,"具有重人道传统的儒学,不仅没有生长出近代人道主义,而且被指责为反人道即'吃人的礼教'"②,不能不说是双重品格衍生出的一大弊端。诚所谓:"天下可均也,爵禄可辞也,白刃可蹈也,中庸不可能也。"(《礼记·中庸》)若想把握"为己"与"毋我"错综复杂的回环关系,势必需有"中庸"的实践智慧。

要之,孔子既秉承了三代"敬天畏命"的旧旨,又创立了儒门"人人之际"③的新范;而其所定宏基④并非只是"一些善良的、老练的、道德的教训"⑤,更蕴含对"何以成人"的形上思考。"为己"与"毋我"的回环展开既是成人思想的内容,又是践行成人思想的方式,并且是理解成人思想的方法;虽不能说是孔子思想"真正的诞生地"⑥,却至少是其"秘密"所在,蕴含着本体论("能否成为")、工夫论("如何成为")与境界论("成为什么")的有机统一。⑦

---

① [德]曼弗雷德·弗兰克:《个体的不可消逝性——反思主体、人格和个体,以及回应"后现代"对它们所作的死亡宣告》,先刚译,北京:华夏出版社 2001 年版,第 27 页。

② 陈卫平:《论儒家人道原则的历史演进》,《浙江社会科学》1998 年第 4 期,第 91 页。

③ 杨向奎:"[孔子]树立了'人人之际'的思想体系。"(杨向奎:《宗周社会与礼乐文明》,北京:人民出版社 1992 年版,第 367 页)杨向奎先生根据中国古代史职的演变与分期,明确指出:孔子哲学的最大贡献是从"天人之际"走向"人人之际","仁"的提出就说明了这一点。当然,"走向"并不意味着反叛与对峙,而是某种扬弃与超越:"人人之际"为"天人之际"注入了人文精神,涤除其原始的巫觋色彩。

④ 熊十力:"中国学术导源鸿古,至春秋时代,孔子集众圣之大成,巍然为儒学定宏基。"(熊十力:《原儒》,北京:中国人民大学出版社 2006 年版,第 14 页)

⑤ [德]黑格尔:《哲学史讲演录》第一卷,贺麟、王太庆译,北京:商务印书馆 2009 年版,第 130 页。黑格尔对于孔子(乃至整个东方哲学)的批评为人所熟知,在其看来:"孔子只是一个实际的世间智者,在他那里思辨的哲学是一点也没有的";"这种常识道德我们在哪里都找得到,在哪一个民族里都找得到,可能还要好一些。"(同上)这种观点包含的偏见与所具的影响无疑都是巨大的——不但流传甚广,还且常引发一系列重要争论,如"中国哲学的合法性问题"、"哲学与思想之辨"等。

⑥ 此处借用马克思语:"现在看一看黑格尔的体系。必须从黑格尔的《精神现象学》即从黑格尔哲学的真正诞生地和秘密开始。"(马克思:《1844 年经济学哲学手稿》,见《马克思恩格斯全集》第 42 卷,北京:人民出版社 1979 年版,第 159 页)

⑦ 张岱年先生曾指出:"中国哲学中,伦理学说是和本体学说以及关于认识方法的学说密切联系、相互贯通的。"(张岱年:《中国伦理思想研究》,南京:江苏教育出版社 2005 年版,第 2 页)我们不妨结合孔子"成人"思想的特质对张先生的观点略做延伸,视其为本体论、工夫论与境界论三者的有机统一。

列维纳斯的伦理—政治学

——从贝鲁特难民营大屠杀事件的电台讨论谈起

林建武*

内容提要：列维纳斯对伦理与政治关系的区分，对正义问题出场过程的分析，使得他能够在现实政治的层面上谈论"敌人"和"亲人"的同时还守住自己的伦理立场。当第三方进入我与他人面对面关系所带来的计量之中，伦理主体从某种无可置疑的"伦理决断"变成了需要探究的事实，启动智慧的"政治犹疑"。这种"犹疑"在一定程度上是符合伦理精神的，是"人质"身份在更为复杂的道德处境之中的另外一种担当。列维纳斯的政治决断依然是一种伦理精神照耀之下的政治决断，它是伦理精神在现实政治生活中的呈现，是列维纳斯伦理思考的"去乌托邦化"。基于这些判断，本文分析了列维纳斯关于巴勒斯坦人与以色列犹太人的冲突以及犹太复国主义的一些看法。笔者认为，列维纳斯的伦理—政治学打开了一种政治现实主义的可能性。

关键词：伦理—政治学；弥赛亚主义；政治决断；政治现实主义

一、列维纳斯对贝鲁特难民营大屠杀的回应与后续批评

（一）贝鲁特难民营大屠杀事件与列维纳斯的电台回应

贝鲁特难民营大屠杀，又名萨布拉-夏蒂拉大屠杀（Sabra and Shatila massacre）是一场发生在 1982 年 9 月 16 日至 9 月 18 日的大屠杀，发生地点是黎巴嫩首都贝鲁特的萨布拉街区和邻近的夏蒂拉难民营，发动者是黎巴嫩的基督教民兵组织。遇难人数在七百人以上①，绝大部分是巴勒斯坦人和黎巴嫩的什叶派穆斯林。这一事件与以色列的关联在于，当时的贝鲁特已经被以色列军队包围，事件的起因是黎巴嫩民兵领导人巴希尔·杰马耶勒（Bashir Gemayel）在当选为黎巴嫩总统后于一次重要会议中被刺杀身亡，随后被称为长枪党的黎巴嫩基督教马龙派政党对此进行报复。以色列被认为默许、纵

---

* 林建武，南开大学哲学院副教授。

① 关于大屠杀的受害者数量争论很大，维基百科给出的数据是 460—3500 人之间。根据一份调查报告（*Commission of Inquiry into the Events at the Refugee Camps in Beirut, Final Report*）的说法，红十字会会员当时统计的是 328 具尸体，以色列国防军（I.D.F）情报来源称，受害者大概在 700—800 人之间。

容了这一事件的发生，即，以色列国防军没有采取措施防止黎巴嫩民兵团体对巴勒斯坦人的大屠杀。1982 年 12 月 16 日，联合国代表大会谴责了这一屠杀事件并将其定性为种族清洗。

1982 年 9 月 28 日，马尔卡（Shlomo Malka）邀请列维纳斯与法国犹太哲学家芬基尔克劳（Alain Finkielkraut）参加了一场关于以色列和犹太人伦理问题的电台讨论，这场讨论引发了广泛的争议①。讨论开始，马尔卡直接就问，"列维纳斯，首先，在贝鲁特难民营发生的事件上，以色列是无辜的还是有责任的？"②列维纳斯的回应是，这首先是一场灾难，毋庸置疑的灾难，"尽管在这里并没有罪过……紧紧抓住我们的乃是责任的荣耀"。按照列维纳斯的看法，责任是存在的，但是否是具体的责任尚不确定。不过，这种责任并不涉及任何具体的行动，让人觉得他似乎是在暗示，虽然以色列人有责任，但这种责任并不是对悲惨大屠杀事件具体的责任，亦非以色列人在事件之中所作所为的责任。这自然引起了不满。列维纳斯接着说，在任何责任面前，"自我"都是关切他人的，"自我"无法从这种为他人的责任之中挣脱。这种责任被看做是"原初的责任，原初意义上为他人的责任"。在质疑者看来，当列维纳斯强调这种原初的责任时，似乎他是在逃避某种具体的责任。不过，列维纳斯并不觉得这种责任会让逃避成为可能，他的想法是，这种责任带来的效果是一样的，"并不会让你睡得更好一点"。

芬基尔克劳则引述了以色列官员的话："没有人能在道德上教导我们"，"没有人可以向我们说出更多的东西"。芬基尔克劳将其称为"无辜的诱惑"，即，以色列人将因为自身过去的苦难而判定自己总是无辜的。针对这种"无辜的诱惑"。列维纳斯的回应是：事实上，大多数犹太人，从纳冯（Navon）总统开始，都对事件作出了直接的反应，这些人也是首先要求成立调查委员会的人。列维纳斯补充说，即使犹太人感到无辜，这种无辜并不意味着他们在良知上的"安然不动"，反而是一种责任的激发状态。我们会发现我们越感到无辜，我们就越有责任。在笔者看来，芬基尔克劳和列维纳斯是在两个意义上言说"无辜"，芬基尔克劳谈论的是一种具体的责任感消失的无辜，而列维纳斯的无辜则意味着一种关于人的伦理存在状态上的"无辜"，在这种无辜之中，我们全部身心都做好了担负"荣誉的责任"的准备。不过，列维纳斯也承认"抨击一种'无辜的诱惑'"是必要的，毕竟，如果对自身"无辜"的判断意味着全部责任的消失，那它一定是应当被质疑的。

列维纳斯认为，犹太人在"无辜"和责任之间处于复杂状态。责任的无可挣脱意味着，即使我们判断自身为"无辜者"，责任也缠绕着我们。但在这种缠绕中，似乎出现了一些我们要去捍卫的亲近之人，我们的邻人。这是人质身份在现实世界的新情况，是伦

① 具体的讨论文本发表于 *Les Nouveaux Cahiers*，18（1982-3），71，pp.1-8 上，后以"Ethics and Politics"为题被收录于列维纳斯文集中 Seán Hand ed.，*The Levinas Reader*，Oxford：Basil Blackwell Ltd.，1989。

② *The Levinas Reader*，p.290.

179

理状态在现实中的另一种呈现。由此,列维纳斯指出:"我将把这样一种捍卫称为一种政治,但这是在伦理意义上需要的一种政治。在伦理旁边,有政治的位置"①。这是一种新形态的政治的雏形。芬基尔克劳继续问道,如何看待用政治必要性来为大屠杀行为做合理化的辩护,毕竟存在着这样一种可能性:因为某种政治的需求,伦理的命令和道德的要求被遗忘了! 列维纳斯回应说,"对于伦理而言,不幸的是,政治有自身合法性证明"②。这看似一个重大的"让步",在许多人看来,这是将作为第一哲学的伦理学推入危险边缘的说法。但列维纳斯认为,政治的出现并不一定是对伦理的倒置与颠覆,而犹太复国主义的理想是可以获得伦理的合法性证明的。犹太复国主义的本质是给犹太人群体一个政治联合体,因为犹太人需要一个真正的国家;犹太国家的必要性是合乎伦理的,这源自一种捍卫我们邻人的伦理理想。此时,双方的问与答已经完全脱钩。芬基尔克劳询问的是犹太人对巴勒斯坦人的责任,而列维纳斯回答的则是犹太人对犹太人的责任,对犹太邻人的责任,以及犹太人对神圣历史的责任。之后,列维纳斯提出了在这个电台访谈中最具有争议的判断之一:"我的人民和我的亲人也是我的邻人!"③

回到政治问题上,芬基尔克劳认为,以色列用"国家理由"作为合法性证明,试图给出一种关于大屠杀的政治理由。列维纳斯的想法却是,大屠杀事件考验着每个人的道德责任(包括以色列和他的邻人)。在这一事件中,每一方都应带着责任入场,以色列和巴勒斯坦人都不例外。但犹太复国主义,以色列的国家角色,并不直接与此相关。这样的一个回答在当时的语境下确实很难为质疑者所接受。马尔卡直接问列维纳斯,作为一名关于他者的哲学家,列维纳斯是否认为,"以色列的他者难道不首先是巴勒斯坦人吗?"④对此,列维纳斯作出一次引发了更为剧烈反应的说明,在"我的人民和我的亲人也是我的邻人"的情况下,"如果你的邻人攻击另一个邻人,或者不公正地对待他,你能做什么? 此时,他性就具有了另一种特征,在其中,我们能够找到一个敌人,或者至少我们遇到了这么一个问题,去搞清楚谁对谁错,谁是公正的,谁是不公正的。总是有人犯错的"⑤。讨论到此处偏离了方向,因为在列维纳斯的对话者看来,列维纳斯拒绝直接指控以色列的"罪行"而诉诸于荣耀的责任,伦理与政治之间的张力,邻人、他者与敌人的可能性,这些都大大贬损了他作为一个"为他者"有的哲学家对"他人"应有的关怀与对"暴力"的责难。列维纳斯则显得颇为委屈,因为,他只是针对一般的哲学问题发言,哲学家要介入现实政治的冲突是一件困难和危险重重的工作,而且,他也并不清楚在黎巴嫩到底发生了什么。最终,列维纳斯只能回到自身的立场上:伦理绝对不会是腐

① *The Levinas Reader*,p.292.

② *The Levinas Reader*,p.292.

③ *The Levinas Reader*,p.292.

④ *The Levinas Reader*,p.294.

⑤ *The Levinas Reader*,p.294. 对这段话的指责参见 ZahiZalloua,"The Ethics of Trauma/The Trauma of Ethics",in *Terror:Theory and the Humanities*,London:Open Humanities Press,2012,p.28,note 15.

朽政治的良知保证,但"犹太复国主义构成了一个真正的弥赛亚要素,这存在于以色列和以色列日复一日的生活中。在艰苦的工作和日常的牺牲中"①。这是一种更现实,可能也更"伦理"的政治。不过,对于已经明确将以色列认定为战争中罪恶一方的对话者而言,所有这些都是列维纳斯的托词罢了。

(二)对列维纳斯态度的批评

不少著名学者对列维纳斯在电台访谈中的态度提出非常严厉的指控。出身为犹太人的朱迪·巴特勒(Judith Butler)认为,列维纳斯在访谈时使用种族主义色彩的言辞以及政治层面上的狭隘情绪破坏了他思想原有的整体性,毕竟,这些与他的伦理学主张可能是不一致的。在巴特勒看来,巴勒斯坦人在列维纳斯那里是没有面容的,这让列维纳斯的立场显得有些虚伪。当然,巴特勒从根本上拒斥犹太复国主义,她坚定地站在作为犹太复国主义支持者的列维纳斯的对立面。她说,所谓的没有面容,指的是其脆弱性不成为我们不能杀害他的责任之基础,也就是说,列维纳斯看到了巴勒斯坦人的脆弱性②,却没有为这种脆弱性赋予一种不可动摇的神圣性,因而也不能在巴勒斯坦人那里唤起某种"不可杀人"的神圣律令。蒂娜·钱特(Tina Chanter)也批评道:"列维纳斯主义者没有注意到妇女和巴勒斯坦人,不承认他们的面容也要求伦理的回应。"③列维纳斯因而被定位为一个种族主义者和性别主义者,似乎他对真正弱势的人不赋予面容,因此,蒂娜·钱特认为列维纳斯走到了自己哲学立场的反面。

就访谈中的几个表述,比如对于敌人的说法,也有不少学者提出了严肃的批评。伯纳斯科尼(Robert Bernasconi)将列维纳斯的这个说法称为"丑闻"。因为在列维纳斯那里,巴勒斯坦人似乎成了以色列的敌人④。夏皮罗(Michael J.Shapiro)认为,列维纳斯将巴勒斯坦人当做"犯了错"的人是难以容忍的⑤。大卫·坎贝尔(David Campbell)则指出,列维纳斯以这样一种方式将巴勒斯坦人排除在我应当为之负责的他人之外是不正确的⑥。马丁·杰(Martin Jay)指责列维纳斯关于敌人的说法是"冷漠的固执",并且,这种冷漠破坏了他的整个哲学基础:"他性的无限性,伦理命令的超越性,自我对他人人质一般的替换,被唐突地做了限制,这种来自被认可的亲属联盟给出的文化兼生物

① *The Levinas Reader*, p.295.

② 这一点是存在疑问的,因为列维纳斯总是强调以色列国家所处的位置上的尴尬,面对的敌意和犹太人的流离失所状态,似乎以色列和犹太人才是更脆弱的。

③ Tina Chanter, "Hands That Give and Hands That take", in MarinosDiamantides ed., *Levinas*, *Law*, *Politics*, New York: Routledge-Cavendish, 2007, p.76.

④ Robert Bernasconi, "Strangers and Slaves in the Land of Egypt: Levinas and the Politics of Otherness', in Asher Horowitz and Gad Horowitz ed., *Difficult Justice*, Toronto: University of Toronto Press, 2006, p.247.

⑤ David Campbell, *Moral Spaces: Rethinking Ethics and World Politics*, Minneapolis: University of Minnesota Press, 1999, p.68.

⑥ David Campbell, *Moral Spaces: Rethinking Ethics and World Politics*, Minneapolis: University of Minnesota Press, 1999, p.39.

学限制。我们应当对一切他人都担负的伦理命令,与'那个人是谁'的存在论考虑相互冲突"①。马丁·杰认为,列维纳斯选择了犹太人,选择了以色列,但压制了其他的共同体,列维纳斯的这种选择只不过是基于文化和血缘的结果。

另一种对于列维纳斯与巴勒斯坦人问题较为温和的批评认为,列维纳斯至少不应当在这件事情上表现得如此沉默。有不少学者也尝试为列维纳斯的这种沉默给出了一些理由。凯吉尔(Howard Caygill)认为,列维纳斯的沉默是因为他无法对以色列的犹太人提出要求。凯吉尔认为,这种沉默类似于海德格尔在纳粹问题上的沉默②,这种沉默是复杂和矛盾的,但也不是不可理解。巴特尼茨基(Leora Batnitzky)则认为事情可能没那么糟糕。毕竟列维纳斯并没有现实的"政治参与行为",而且以色列的占领与纳粹大屠杀也不是一回事。不过,巴特尼茨基批评说,"列维纳斯和海德格尔一样,也分享了一种过分膨胀的关于政治可能性的看法,认为政治与哲学、哲学家直接相关"③,这其中隐含的潜台词似乎是对列维纳斯参与政治的不解与痛心。问题是,在这种沉默当中,列维纳斯不断去强调的"荣耀的责任"又意味着什么? 它真的仅仅只是为以色列和犹太人开脱的一个借口吗? 要回答这些问题,我们有必要重新思考列维纳斯伦理、道德与政治思考之间的关系。

(三)政治事务中的犹疑:一种列维纳斯立场上的可能辩护

虽然批评之声不绝于耳,但也有不少人试图为列维纳斯的电台访谈作出辩护。有的学者明确指出,第一,当时对于列维纳斯来说,具体发生了什么,具体事实还不清楚。第二,他只能谈论更宽泛意义上的哲学问题。第三,列维纳斯对于责任与罪责之间的关系有自己独特的思考,他在访谈中进行了表述,但却引起了误解④。此一辩护意见的基本意思是,列维纳斯拒绝给出任何的决断,表现出来的犹疑,还是想要让政治参与者根据具体情形作出决定。笔者基本认同这样一个辩护路线,但有一些具体的细节可以做进一步的补充。

第一,具体复杂情形中的犹疑态度是合适的。列维纳斯对大屠杀事实可能是不清楚的,或者说,列维纳斯对于大屠杀的性质是不确定的。列维纳斯的电台访谈是在事件发生 10 天之后,实际上,大屠杀事件最终的定性是在当年 12 月,联合国大会投票决议之后。至于责任方究竟是谁,也存在诸多争议,以色列国防部长沙龙(Ariel Sharon)允许右翼基督教民兵进入难民营,被以色列贝鲁特难民营屠杀事件委员会认定需要担负个人责任。当然,进一步的问题是,以色列政府作为一个整体应当负责吗? 实施大屠杀的是黎巴嫩的长枪党成员,而据称,沙龙还严格要求长枪党不得伤害平民。另外,特拉

---

① Martin Jay, Hostage philosophy: Levinas's Ethical Thought, *Tikkun* (2016) 31:3, p.87.

② MarinosDiamantides ed., *Levinas, Law, Politics*, New York: Routledge-Cavendish, 2007, p.159.

③ Leora Batnitzky, *Leo Strauss and Emmanuel Levinas*, Cambridge: Cambridge University Press, 2006, p.161.

④ Oona Eisenstadt and Claire Elise Katz, "The Faceless Palestinian," *Telos* (Spring 2016), no.174.

维夫抗议者的存在是否可以否认谋杀中对以色列自认无辜的判定？因为正是这些抗议者，这些犹太人，要求以色列做出解释，成立了调查委员会。列维纳斯不了解事实也体现在他的陈述中，"尽管罪责尚未明了，但责任的荣耀还是……先在于任何行动，我关心他人，我无论如何都无法从这一责任中解脱"①。鉴于电台访谈发生的时间，我们有理由相信，这种对于"罪责"的尚未明了是真实的。因此，列维纳斯试图给出一个他认为"已然明了"的说法，那就是犹太人的责任问题。按照列维纳斯的想法，无论如何，不管具体罪责是否是以色列应当承受的②，责任总是先在于无辜问题。列维纳斯面对的事实是，以色列政府是否有罪是不清楚的，对这一不清楚的事件明确地表达一种"谴责"，可能是难以接受的，毕竟，"我不是在以色列的犹太人"。这种难以接受，与替代在大屠杀之中被杀害者原谅屠杀者一样，都是不应当去做的"逾越"。

正是在这种难以"明了"的"犹疑"之中，列维纳斯才转而去讨论更一般的哲学问题。最终的争议变成了如下一个事实：列维纳斯的反对者认为，即使在"罪责尚未明了"的情况下，列维纳斯也应当表达对于以色列的谴责和对于巴勒斯坦人的声援，因为巴勒斯坦人是以色列的他者，而以色列在政治版图中被认为是一个更强力的存在，作为他者的巴勒斯坦人则是脆弱的，合乎列维纳斯对于他者的定义。他们认为，基于列维纳斯的哲学立场，他必须在政治上作出这样的"决断"而不应当有一丝一毫的怀疑，即使在他自己说明"尚未明了"的情况下也是如此。他们也因为列维纳斯没有做出这种类似今天政治正确意义上的"决断"而怀疑他的哲学立场："作为一个为他人的哲学家，你为何如此？"但是，对列维纳斯而言，这样的一种"犹疑"有着恰当的理由。毕竟，首先，事实尚不明确；其次，伦理与政治之间也是有差别的。我们在政治事务上的决断本就应当依赖于清晰的事实，而因事实不明带来的犹疑也无损于我们的伦理立场，因为后者远在前者之前发挥着作用。

第二，具体政治不能简单还原为伦理问题。政治事务中的他人是更多样，更复杂，更具体的人。他人是有行动意愿和内在欲求的存在者，他甚至会是邪恶和暴戾的。当他人被定位分类时，政治的情形就出现了，我们也就走出了作为第一哲学的伦理学。发生的事情是以色列和巴勒斯坦人之间的冲突，在不确定以色列是否犯下种族清洗的罪责，以及以色列的犹太人究竟是否需要对此负责的情况下，特殊的多个他人到场，政治就发生了。此时，自我与他人的面对面问题就进入另一层次，从而可能会让我们认为，"巴勒斯坦人并不是犹太人的他者。"③

第三，无辜者与责任方的复杂同构。在访谈中列维纳斯的批评者看来，在大屠杀事件中犹太人似乎是在"无辜感与责任感之间摇摆"的，这种摇摆没有正义性可言。但列

---

① *The Levinas Reader*, p.290.

② 这里指向的是具体责任，是关于行动与结果的具体讨论，而不是伦理学意义上的责任，不是我面对他人的"无限"责任，而是具体的政治行动中的责任，因而可以是有或者"无"的。

③ Horowitz, Asher & Horowitz, Gad ed., *Difficult Justice*, Toronto：University of Toronto Press, 2006, p.248.

维纳斯的想法却是,一个人可以是负责任者,也可以同时是无辜者。芬基尔克劳就认定,以色列是更强大军事力量的象征,因而他应当为手无寸铁的巴勒斯坦人担负责任,而且,在大屠杀事件中,它不可能是无辜的,无辜是"弱者"、"他人"的"特权"。然而,首先,列维纳斯并不认为以色列是强大的,以色列处于巴勒斯坦国家的包围之中,他并没有强大到总是成为迫害者。而且,因着土地的原因,以色列根本上是脆弱的。但这种脆弱性并没有卸除他们担负道德责任的沉重束缚,以色列的人质身份将让作为无辜者的犹太人的责任成为可能。其次,列维纳斯并没有否认巴勒斯坦人作为无辜者与责任方的可能性,他不断强调的只是:以色列人没有看上去的那么充满力量,犹太复国主义本就意味着责任担负。因而,通过将以色列塑造为一个强权者,将犹太复国主义描述为一种霸权行径,来强化人们心目中巴勒斯坦人作为"弱者"与"脆弱者"的身份,其可行性是值得怀疑的。当列维纳斯说,亲人和朋友也是我们的他人,也是要被负责时,他已经毫无禁忌地选择了自己的立场,选择了对犹太复国主义伦理责任的希望。

二、作为敌人的他人与作为敌人的巴勒斯坦人

要进一步明晰列维纳斯在电台访谈之中所表现出来的政治思想及其与他伦理立场的关联,我们需要对其中几个关键性概念作出进一步的梳理,确定其在列维纳斯整个哲学与政治思考中的位置,从而为获得一种更好的辩护或者批评提供起点。笔者认为,其中关键性的问题是他人的敌人化和犹太复国主义运动中以色列的责任问题。

(一)列维纳斯与巴勒斯坦人

在列维纳斯讨论巴勒斯坦人的不同文本中,我们需要搞清楚的关键点是,他究竟是以一名哲学家还是一名公开的犹太复国主义者的身份来谈论巴以关系的。伯尔纳斯科尼认为,尽管列维纳斯在他的犹太复国主义和关于巴勒斯坦人的论述中提出了他的政治看法,但实际上他在这个过程中还是使用了自己成熟的哲学术语①,即,他是一个为他人的哲学家。基于此,用他所使用的哲学术语来分析列维纳斯对巴勒斯坦人的看法是很自然的。有些学者对此有不同意见,比如乔森·卡洛(Jason Caro)认为当列维纳斯开始谈论政治主题时,尽管许多人会在此解读出列维纳斯政治思考对其哲学的偏离,他所使用的"所谓"哲学术语其实是颇为武断和随意的,他只是使用哲学术语来讨论政治问题而已。

笔者认为,情况恰好相反,大多数情况下列维纳斯在讨论巴勒斯坦人时都是从一个犹太复国主义运动支持者的立场出发的,只是对于列维纳斯而言,犹太复国主义运动本

---

① Robert Bernasconi, "Different Styles of Eschatology:Derrida's Take on Levinas' Political Messianism", *Research in Phenomenology* 28, p.16.

身就意味着以色列巨大的道德责任,而这种责任是他对他者哲学与犹太人历史使命综合考量的结果——甚至,多数时候,列维纳斯连这种"综合"也不需要,二者本就是一体的。一个更自然但也存在更大争议的结果是,巴勒斯坦人并不是列维纳斯思考他者的起点,真正的起点是那些在大屠杀之中被纳粹杀害的犹太人。

基于此,有些人会认为,列维纳斯在巴勒斯坦人问题上完全陷入片面对于以色列的祖护。① 问题的关键是,这种"祖护"是什么性质的? 其理由又是什么? 在1979年的文章"政治在后"("Politics After!")中,列维纳斯明确指出,"犹太人和阿拉伯人冲突的起源可以回溯到犹太复国主义。这种冲突因为如下情形而尖锐起来:以色列在一小片领土上建国,而这领土原先三千多年前就属于以色列的子孙们,犹太人共同体从来没有放弃过这片土地。……但是这恰巧也发生在一小片其他人围绕着它居住的土地上,这一大片土地上都是伟大的阿拉伯人的,它们构成了一个整体。它们称自己为巴勒斯坦人。"②在政治描述中,列维纳斯并不首先把巴勒斯坦人当做一个个鲜活且具有面容的面对面之他人,而是作为一个"群体",一个与犹太人区分开来的"群体"。这为巴勒斯坦人是否有面容的问题埋下了伏笔:群体是否抹杀了个人面容的独特性? 可以确定的是,在列维纳斯那里,巴勒斯坦和以色列并不首先是个体与个体的关系。另外,"大片领土","伟大的阿拉伯民族"意味着,巴勒斯坦人并不是个体意义上的弱者。相反,在土地的意义上,以色列才是那真正的"弱者":它位于各个名正言顺的国家中间,这些国家天然就是彼此的盟友,以色列是被这些国家的领土所包围的,"土地、土地、土地,一眼望去都是他人的土地"③。列维纳斯的这两个判断是可能将巴勒斯坦人作为犹太人之"敌人"的前提。在土地的意义上,作为整体的"巴勒斯坦人"成了一个更加强大的存在者,甚至获得了一种"总体化"的可能。问题是,这些前提是否为如下判断提供了理由:以色列人并不亏负阿拉伯人(巴勒斯坦人)巨大而不容推卸的责任,因为巴勒斯坦人可能成为以色列的敌人?

(二)成为敌人的他人与正义问题的产生

在政治上,有可能成为敌人的是什么人? 到底什么时候敌人不是那个伦理中的他人而成为"敌对之人"? 这是我们弄清列维纳斯对巴勒斯坦人的看法中不可忽视的关键一环,敌人成为敌人,是因为他从列维纳斯所说的责任之烦扰中被去除④。敌人不仅仅是那个攻击邻人的人,敌人是我的无限之责任对之"减轻"之人。这样的看法将敌人

① 列维纳斯不一定会承认自己有这种"祖护"。实际上,他明确表示过,"阿拉伯难民所提出的对出生地的权利当然不应当被不公正地对待"(Emmanuel Levinas, *Difficult Freedom*, Baltimore: Johns Hopkins University Press, 1997, p.131)。但是,列维纳斯对巴勒斯坦人的承认并不意味着,他重新让对巴勒斯坦人的伦理责任先在于对巴勒斯坦人的政治事务。

② *The Levinas Reader*, p.278.

③ *The Levinas Reader*, p.282.

④ Emmanuel Levinas, *Basic Philosophical Writing*, Bloomington: Indiana University Press, 2008, p.82.

隔离于无限责任的伦理之外,因而对列维纳斯作为第一哲学的伦理学构成了威胁,这带来的后果,如大卫·坎贝尔(David Campbell)所说,最终从他性转化为敌人,让对他人的无限责任变少了①,量化、计算进入了责任的空间。这种转变就是列维纳斯政治关切的开端。如果说伦理的先在性意味着,"如果只有一个人,除了责任,我什么都没有"②,那第三方的存在却意味着正义对责任的可能溢出,意味着敌人的可能。不过,与纯粹的政治不同,敌人虽然不再是纯粹的伦理问题,但依然还是一个现实的"伦理问题"。正义之所以到来当然是伦理与政治双重作用的结果。敌人和正义所要求的公正意味着作为第一哲学的伦理学的责任概念发生了扭曲,此时,面对着现实生活中可能的敌人,

> 必须有公正,也就是说,必须有比较、共存、同时代性、聚集、秩序、话题化、诸脸的可见性,因而,也许有意向性和理解力,而在意向性和理解力之中,又必须有系统的可理解性,再进而,也必须有一种基于彼此平等的同在。③

在政治生活中,正义面对的不是一个他人而是多个他人,敌人的出现需要多个他人。正义问题让我们从伦理过渡到了政治;因而敌人根本上也是个政治问题。邻人与敌人之间的转化就依赖于这个"正义"。正义是几个邻人出现之后,我们的责任划界"去描述那对多个他人之责任的根本性纽带(纠结)"④。多个他人提出的正义要求,意味着我们不能仅仅给出作为人质的自身,担负责任了事,不能"劳一身"而永逸。敌人意味着责任计算中复杂性因子的出现:我们不仅面对不同的他人,且他人之间的相互争斗可能会在价值上区分开来,负价值进入伦理计算方程。我们对他人的责任在此被修正和更新:

> 从再现之中就产生了公正这一秩序,它缓和着或测量着我对另一者的替代,并且将己放还给计算/算计。公正要求着再现所具有的同时代性。近旁之人就因此而成为可见的,并且在被盯着看时将自身呈上。于是也就有了对于我的公正。⑤

责任有了边界,原先不可置疑的人质之责任被"我应该做什么呢?"替代。比较成为必须,计算的智慧带来的可理解性成为可能,他人不再绝对超越于自我,这为政治的到来

---

① David Campbell, *Moral Spaces: Rethinking Ethics and World Politics*, Minnesota: University of Minnesota Press, 1999, p.39.

② Emmanuel Levinas, *Is it Righteous to Be*? Stanford: Stanford University Press, 2002, p.166.

③ 列维纳斯:《另外于是,或,在超过是其所是之处》,伍晓明译,北京:北京大学出版社 2019 年版,第367 页。

④ Emmanuel Levinas, *Alterity and Transcendence*, Columbia: Columbia University Press, 2000, pp.142-3.

⑤ 列维纳斯:《另外于是,或,在超过是其所是之处》,伍晓明译,北京:北京大学出版社 2019 年版,第370 页。

打开了一种"平等"的空间。

现在的问题是,我们如何保证能够正确地认出敌人而不随意戕害他人,放任可能的仇恨意识,对一切人都实行"计量"的策略而彻底摒弃责任? 这是我们思考列维纳斯在以色列和巴勒斯坦人问题时所能收获到的东西。巴勒斯坦人自然不是犹太人先天的敌人,列维纳斯也曾表示,"或许可以从穆斯林朋友那里学到绝对的慷慨"①,犹太人也需要穆斯林提供的智慧②。在这个意义上,没有永恒的敌人,也没有永恒的朋友,有的只是永恒的责任。在列维纳斯看来,对于以色列而言,部分巴勒斯坦人可能的敌人化乃是一个正义的事件,是一个政治中特殊的伦理事件。虽然列维纳斯明确地说明哪些巴勒斯坦人可能是以色列"合理"的敌人,凭着什么标准将他们看做是敌人而不是他人,但我们可以从其政治思考中得出如此推论:由于巴以冲突的存在,由于以色列的神圣使命的存在,由于犹太人作为中东地区可能的脆弱者而存在,当犹太人可能受到部分巴勒斯坦人的攻击时,当这种攻击没有合适的理由时,"我们"、受攻击的犹太人和攻击者,就构成了一个存在着第三方的复杂政治关联。此时,让"我们"跳过"受攻击的犹太人"——他们可能是我们的邻人和亲人,是担负神圣使命的人——不顾他们可能处于其中的危险状态,而去担负对于攻击者的无限责任,就像我们将"纳粹"看做是我们的他者而替奥斯维辛的受害者去谅解他们一样,都是在现实意义上对于"责任"概念的误用。问题的关键似乎落到了别处:攻击者对于"犹太人"的攻击是否合理? 犹太人的诉求和攻击者的诉求到底谁更应该被满足? 此时,政治计量就取代了伦理责任。

(三)面对敌人与决断时刻:从伦理走向政治的可能与问题

列维纳斯政治哲学的风险在性质上与海德格尔是同质的,当他们都努力想要作出决断时,危险就相伴而来。在面对敌人时,列维纳斯的首要难题是如何从一种伦理的决断转换为一种政治的决断。这是伦理与政治的具体转换进程。这种转换的关键在于,要保证政治不是对责任荣耀的背弃,而是对后者的肯定。这个关键点似乎也是列维纳斯认为自身的政治思考在根本上区别于海德格尔的政治问题的根本所在,即,列维纳斯的政治是一种处于伦理光照之下的政治。这也可以被看做是列维纳斯对指责他在以色列问题上丧失伦理立场的批评者的可能回应。另外,政治的现实性,第三方、正义和敌人与亲人的区分,确实也让列维纳斯从某种宗教迷狂式的伦理号召中获得某种挣脱出来的可能性,毕竟,现在要面对敌人。

如果说列维纳斯为他人的伦理责任本身是一种无可争议,不可摆脱的"决断",即,我在与他人的面对面之中坚定了自己的责任意识,明白了自己的"人质"身份,我们毫不犹豫地说出"您先请","我在这里"这样的担当;那么,当第三方进入我与他人面对面

---

① Levinas, *Difficult Freedom*, p.264.

② Emmanuel Levinas, *In the Time of the Nations*, Bloomington: Indiana University Press, 1994, pp.100-103.

关系所带来的计量之中,我们必定陷入某种"犹疑",这种犹疑是列维纳斯在贝鲁特大屠杀问题上所呈现出来的态度的一个侧面,也是他那些令人惊诧的表述——"作为亲人的邻人","作为敌人的他人"——背后的原因。因为有了更多的人,因为不同的他人之间可能发生的伤害和迫害,原先处于责任之中可以"一往无前","一股脑儿"的伦理主体从决断进入到"犹疑"之中:我应当为谁承当责任,应当为谁承当更多的责任,当某一个他人在伤害另一个他人时,我是否还可以负起责任地抽身于这种冲突之外而宣扬一种无差别的责任?

伦理主体从某种无可置疑的"伦理决断"变成了需要探究的事实,启动智慧的"政治犹疑"。这种"犹疑"在一定程度上是符合伦理精神的,是"人质"身份在更为复杂的道德处境之中的另外一种担当,它不是对列维纳斯所谓的伦理精神的背离。当我们获得了某种知识,某种确定性,完成了计算和权衡之后,我们可能进入一种"政治决断"的状态中。这样的"政治决断"由于事实的不明,计量上的错误而导致某种误判是完全可能的,但这并不会动摇"政治决断"的意义。虽然存在着巨大的风险,存在着重新陷入总体化的风险,列维纳斯的这种政治决断依然是一种伦理精神照耀之下的政治决断,它是伦理精神在现实政治生活中的呈现,是列维纳斯伦理思考的"去乌托邦化"——列维纳斯的伦理学经常被批评为一种虚幻又过于严格的"乌托邦"理想——的结果。

列维纳斯的敌人不会变成"非人"。敌人还是"他人"。就算是敌人,列维纳斯的自我也不是对其全无责任[1]。巴勒斯坦人是敌人,但不是以色列可以无视的"敌人",只是对敌人的责任已成为政治领域中的责任。政治领域的打开,敌人的到场意味着我们陷入第三方对我们伦理责任之冲击造成的犹疑困厄的状态之中,也意味着一种挣脱此种困厄状态的政治决断成为迫在眉睫之事。因为敌人是对邻人、对亲人的巨大威胁,是对原初伦理责任的巨大威胁。陷入一种"犹疑"而不做出政治上的决断,就是无视我们自身已经允诺过的"为他人的伦理责任"。政治决断的作出是为了避免犹疑对我们伦理责任的侵害。许多人担心,列维纳斯的很多主张可能在正义之中走向反面,又或者认为,列维纳斯的正义观念太过空泛,没有提供一个完整的论证路径和社会建构的可能模型,可能会带来很多的"不正义"。另外,在对第三方的权衡之中,人们的权衡标准也可能是任意、武断的。这是从犹疑进入政治决断之后的必然担忧。我们自然会问,列维纳斯为什么不选择继续犹疑?为什么不将所有的他人,无论是第三方还是敌人全部当作我们的责任对象呢?实际上,这才是一种偷懒和不负责任的做法,当亲人和邻人受到第三方的冲击,当现实的情形表明了冲突已经发生和蔓延,继续将自己裹在犹疑状态之中可能是安全的,但也是毫无担当的。问题在于,在对敌人的权衡与计量之中,是否存在因为其敌人身份而将其固化为永恒敌对者,永恒憎恨对象的可能?或者说,是否应该为

---

① Amanda Loumansky, "Levinas, Israel and the Call to Conscience", in *Law and Critique* (2005) 16: 2, p.191.

敌人能够重新变为他人保留一个通道？敌人是否可能成为相互的"世仇"而永无原谅的可能和责任的空间？

这一问题背后所隐含的乃是伦理责任与政治正义的性质差异,这种性质差异在两种"决断"模式的转化过程中显得颇为生硬,而列维纳斯似乎很难令人信服地证明这不同性质的决断模式其实是具有连续性的,是能够圆融地实现的,是每个人都可以做出的自然选择。这同时也是神圣国度和现实国度之转换中的困境,是以色列对人类的责任带来的困境:似乎只有相信以色列神圣使命的人才可以解决这个困境,就像只有对于相信无限伦理责任在先,且无限伦理责任主宰我们政治决断的人而言,政治决断才具有伦理意义。对于真正的敌人,对于并不认可伦理学乃是第一哲学的人,对于仇恨以色列的巴勒斯坦人而言,这一切是否具有意义的是值得怀疑的。当然,这种怀疑并不意味着列维纳斯对以色列责任问题和某种先知政治学的思考就是没有价值的,毕竟,在其理论自身的逻辑中,以色列和现实政治似乎为自己找到了某种辩护的理由。

三、弥赛亚主义与另一种政治现实主义的可能性

(一)土地、流浪与失去家园的犹太人:政治上的脆弱与神圣

担负着为他人的责任的伦理主体需要生活在土地上,人质生长于土地之上,这是无条件之伦理要求的现实条件。对于列维纳斯而言,土地是犹太人的最为脆弱之处,丧失家园与不断流浪是犹太人脆弱性和神圣性的根源。在奥斯维辛之后,对土地的诉求似乎成为了犹太人民族认同和承担伦理使命的必要条件。没有土地——或者处于危机之中的土地——意味着,大屠杀的苦难将是超历史、超时间、不可终止的,随时可能重新降临到离散的犹太人头上,从这个角度来看,犹太人对土地的要求是一种政治需求,也是一种伦理需求,是犹太人能够牢记那巨大痛楚与迫害,并在大屠杀之后重新恢复自身历史使命的依托,是犹太人作为人类之"人质"身份的依托。在1968年的论文"空间不是一维的"中,列维纳斯解释道:

> 并非因为圣地采取了国家的形式,它就更接近弥赛亚的统治。而是因为,在那里定居的人想要抵抗政治的诱惑;因为这个在奥斯维辛之后被宣布的国家拥抱了先知的教诲;因为它产生了舍弃与自我牺牲。①

对先知教诲的拥抱,对自身作为全部人类之人质身份的确证,让犹太人的土地诉求获得了伦理上的确证可能。

---

① Levinas,"Space is not One-dimensional,"in *Difficult Freedom*,p.263.

因此,以色列国家的建立,在列维纳斯看来不仅仅是对犹太人长期以来流离失所生活的一种补偿,它更像是一个伦理的起点,是实现某种以色列人对于人类之人质责任的起点:"从1948年以来,这些人就被敌人包围,他们依然被看做是有问题的,他们也卷入了现实的事件中,以便能够思考、创造、再造一个国家,这个国家能够实现先知的道德理念和和平的理念"①。列维纳斯认为,犹太人对这片土地的占有不是强取豪夺的结果,因而也不是伦理上的不义之举,他们不是因为拥有了这片土地而成为霸权主义者,成为巴勒斯坦人的敌人。相反,他们占有这片土地是神圣历史的要求,是伦理责任的要求,他们也没有因为占有这片祖先曾经居住的土地而在政治上"实力大增",他们处在包围之中,在某种意义上他们将自己置身于更大的危险和更大的敌意之中(因为周围都是敌视者)。但是,一方面,奥斯维辛之后,建立以色列国家,为这些犹太人提供某种意义上的"家园"与庇护之所,这是对离散的犹太人,对可能的犹太受害者,对列维纳斯"亲人意义上的邻人"的责任的要求;另一方面,伴随着以色列国家的建立,原先犹太人在世界之中的少数派形象转变为一种以色列在中东政治版图中的少数派形象。但对于以色列这个少数派来说,犹太人是国家内部的多数派,这让以色列可以作为一个完整的,担负"人质"身份的伦理主体而呈现出来。这是伦理意义上的"人质"在现实政治生活中的呈现,但这种政治呈现必定对原先的"人质"责任有所修正。即使以色列是全人类的"人质",也不一定意味着它要向全部的人献出自身,献出具体的犹太人。

当然,列维纳斯后期对军国主义的犹太复国主义有所批评。但那不是他心目中的经典传统的"犹太复国主义"②,对其而言,人比土地神圣,伦理胜过政治和国家。这无论如何都不是一种帝国主义的犹太复国主义,而是一种责任胜过权利、权力的犹太复国主义。这意味着,土地是责任的需要,要担负责任需要土地;但土地不是最终的归宿。重要的是,在涉及土地问题时,以色列的使命是否受到威胁?

摩根(Michael L.Morgan)认为,列维纳斯需要将犹太复国主义奠基在一种关于实现正义、人道社会之目标的先知视域中,在其中人们从事政治行动是为了通向正义③。但也正是因为这个目标,以色列不能全部给出自身。如果这个世界上只有两个人,那我们对于他人所担负的只是道德责任,但以色列的存在本就意味着世界上不只存在着"两个人":以色列的存在是对于大屠杀受害者的允诺,是对于离散的犹太人的允诺,也是对于犹太人作为一个时间与空间意义上之整体的允诺。无论是犹太人数千年来的颠沛流离还是纳粹对于犹太人的残忍灭绝,都是对以色列国家建立并为犹太人提供可以安身之土地的热切召唤。对于以色列而言,失去家园的"脆弱性"已经给太多的犹太人,

① Emmanuel Levinas,*Beyond the Verse*,Bloomington:Indiana University Press,2007,p.194.

② Howard Caygill,*Levinas and the Political*,New York:Routledge,2002,p.193.

③ Michael L.Morgan,*Discovering Levinas*,Cambridge:Cambridge University Press,2007,p.409.

作为"他人"的犹太人带来了难以承受的灾难与苦楚。由于我们的邻人可能是我们的亲人,这些灾难和苦楚并不是犹太人,无论是生活在以色列的犹太人,还是列维纳斯自己这样的犹太人所能够忽视和承受的:活着的犹太人无法替在大屠杀之中死去的犹太人去原谅刽子手;活着的,在世界之上的其他犹太人也无法替以色列的犹太人去放弃以色列,去给出土地。就像摩根所说,"现代犹太复国主义应当尽最大可能保持伦理性,应当记住苦难深重的历史,特别是大屠杀残酷迫害之后它对于犹太人的意义与作用"①,这种"伦理性"的保持是政治视野之中的"伦理性",是面对了第三方、第四方之后的"伦理性",是一种审慎的"伦理性"。

(二)犹太复国主义与弥赛亚政治

至此,我们可以得出这样的结论:从根本上说,列维纳斯之所以坚持犹太复国主义,乃是基于一种伦理的立场,他认为以色列的建立标志着一个奠基在伦理义务之上的国家的生成。在 1951 年,列维纳斯就说,"以色列乃是实施犹太教社会法的最后机会。"②另外,列维纳斯还表示:"正义乃是国家存在之理由,而这就是一种宗教。它预设了正义的更高层次的科学。以色列国家将是宗教性的,因为伟大之书的智慧是不可忘记的。"③所谓"正义的更高层次的科学"意味一种伦理神圣性的恢复。以色列这个国家的建立是一个政治事件,但也是一个预先被设定为正义的伦理事件。这一事件有赖于以色列所打开的某种先知政治,某种弥赛亚政治的可能。这种政治是伦理性的,是基于第一哲学的伦理学的政治。正是因为如此,以色列"意味着伦理责任在社会正义层面的实现"④。以色列因而是一个分裂的国家:一方面,在世俗意义上,它是一个被包围的国家,一个脆弱的,处于危险之中的国家;另一方面,它是一个承担着道德重担的神圣国家,一个充满荣光和责任的国家,一个国家层面的"人质"。

不过,或许人们会质疑,以色列对于列维纳斯而言可能意味着某个伦理义务的现实化,但那只是存在于某种对于神圣历史和先知政治的想象之中,以色列的现实化必定意味着其伦理基础的动摇与神圣性的中断。德里达就表示,列维纳斯的政治是在所谓的"恺撒国家"之外的,他的政治关涉的是"大卫之国"的弥赛亚政治⑤。德里达赞同列维纳斯对先知政治的解读,认为它是相对于现代政治的一种"溢出",或许能够启迪一种更为根本的正义形式。对列维纳斯而言,以色列可能是普遍意义上的伦理政治的一个代表。因而,列维纳斯是以一种无限永恒的秩序来衡量以色列。不过,有的学者认为,

① Morgan, *Discovering Levinas*, p.408.
② Levinas, *Difficult Freedom*, p.218.
③ Levinas, *Difficult Freedom*, p.219.
④ Diamantides ed., *Levinas, Law, Politics*, New York: Routledge-Cavendish, 2007, p.95.
⑤ Jacques Derrida, *Adieu to Emmanuel Levinas*, Stanford: Stanford University Press, 1999, p.81.

对于列维纳斯来说,以色列才是弥赛亚政治的唯一实现者①。但问题在于,这符合以色列的真实情况吗? 或者说,这是以色列在其他国家和其他人民眼中的形象吗? 巴勒斯坦人会如此看待以色列吗?

要回答这些问题,要回应列维纳斯的犹太复国主义立场在这里所面对的质疑,需要我们澄清先知政治和弥赛亚政治。先知政治来自于列维纳斯对犹太人身份和犹太人世界历史处境的反思,其中的一个基本预设是,犹太人在世界历史中的特殊经历并不纯粹是偶然的特殊事件。凭此,犹太历史的神圣性进入普遍性之中。神圣历史在启示打开的伦理使命之中。这是"必须做出回应的那必要的时刻,就是永恒进入瞬间的时刻,这是启示的本质。"②先知政治学的工作就是启示,就是寻找这一必要的时刻,为这一时刻作出伦理上的证明。另外,先知政治,或者说弥赛亚政治,乃是一种"非政治的政治的可能性"。列维纳斯一再强调,一种真正的弥赛亚主义"将上帝的方法与人类联系起来,并以神圣的恩赐终结历史。犹太复国主义中真正的弥赛亚元素是以色列的日常生活本身"③。因此,犹太复国主义是历史必然性和国家权力的必然结果,也是犹太人伦理使命的必然结果。犹太复国主义讨论的不是以色列应对邻人做什么,它是关于"犹太人的必要性,与邻人和平共处,不在政治结构中继续扮演少数派的必要性"④。

回到以色列所打开的政治图景之中,尽管以色列国的建立带来了各种冲突的现实,但对列维纳斯而言,以色列的伦理身份在理想状态中是要被肯定的。然而,以色列似乎也面临着重大的麻烦,如摩根所说,"列维纳斯可能将政治当作伦理弥赛亚主义的必须,而以色列将历史性地投身于创造一个公正的社会和政治秩序,然而,没有一个国家可以免于堕落或失败,以色列也会如此。"⑤不过,笔者认为这个麻烦并不致命,自我对他人的责任担负难道就一定预设了伦理主体的永不堕落? 进言之,堕落或失败的可能风险难道就意味着责任担负的毫无必要,或是虚伪造作? 在列维纳斯那里,以色列作为国家的堕落与以色列的神圣使命并不相互冲突,难道不可以说,给予以色列某种神圣使命就是防止以色列堕落和免于失败的最好担保? 普遍历史和神圣历史之间当然存在差异,但普遍历史的可能败坏无损于我们对于神圣历史的渴求。以色列是一个现实的国家,也是一个超越的国家;现实的国家要保卫它的人民,要与周边国家互动,而超越的国家有自己的伦理任务。这是双重历史的打开,但无论如何,以色列要实现先知的允诺,

---

① Howard Caygill, *Levinas and the Political*, New York: Routledge, 2002, p.194。持有这种观点的也包括 Simon Critchley,参见"Five Problems in Levinas' View of Politics and the Sketch of a solution to them", in *Levinas, Law, Politics*, p.174, 以及 Gillian Rose, *The Broken Middle: Out of Our Ancient Past*, Hoboken: Wiley-Blackwell, 1992, p.248。这些学者认为,列维纳斯对以色列的所作所为的沉默与推脱说明他将犹太国家提升到了一个独一无二的地位。

② *The Levinas Reader*, p.270.

③ *The Levinas Reader*, p.295.

④ Levinas, *Beyond the Verse*, p.XVII.

⑤ Morgan, *Discovering Levinas*, p.406.

担负道德的重任,它首先必须是一个拥有领土和人民的国家,"这是具体实现先知的道德法则,实现和平理想的国家"①。

(三)作为一种政治现实主义的列维纳斯伦理—政治学

实际上,列维纳斯以某种神圣性来缓解以色列在政治与伦理之间面对的巨大张力,受到不少学者的质疑。凯吉尔认为,虽然列维纳斯的政治评述与他在第三方与他人之间所做的区分有关,但列维纳斯的观念作为一个整体反映了他只是将哲学、宗教、政治糅合起来。② 这可能带来的一个后果是,列维纳斯为某种具体的政治生活,为以色列的存在以及巴以之间的冲突提供弥赛亚式治疗方法的尝试,会让他的政治思想在理论和现实层面上失去应有的价值。人们对于他在贝鲁特大屠杀立场上的质疑就是一个例证。巴特尼茨基认为,列维纳斯的政治观念所导致的结果是因为他没有一个连贯的政治理论,他总是将犹太教的政治维度奠基于某种自认为深刻的伦理性之上,奠基在某种神圣性之上,而这种混合只会破坏其思想的解释力和适用性③。按照列维纳斯的观点,从现实政治出发,巴以之间的关系应该"超越邻人之间单纯的和平,而成为一个友爱互助的社区"④。这是政治的理想状态,是伦理政治的最终实现,也是以色列最终对自己道德责任的完全担负的可能结果。然而,现实却是,"总有人是错的!"⑤在这个前提下,当列维纳斯面对贝鲁特大屠杀的境况时,由于具体情形的不明确,他所表现出来的含混、闪烁其词,对于某种更高程度的伦理责任的继续坚持,都是要提醒我们,在复杂的现实世界中,即使是担负责任,也要认真对待每一种不同的情形,看清楚谁是邻人,人们做了些什么,人们的关系是怎样的。

笔者将列维纳斯的这种取向称为一种特殊的政治现实主义,它可以以一种非常果决的方式拒斥当今流行的"政治正确"倾向。列维纳斯的政治思想,尤其是他关于犹太复国主义的思考,也能够和政治现实主义一样实现对于某种"政治正确"的拒斥。在当代政治现实主义代表人物伯纳德·威廉斯(Bernard Williams)看来,政治不能等同于道德,应当拒绝政治的道德主义倾向,政治的价值具有自身的独特性。笔者认为,威廉斯的出发点与列维纳斯可能是不同的,但最终所达到的对于政治与伦理关系的解读却有相似的地方。列维纳斯也强调,在政治与伦理之间存在着某种差异,我们应该通过将伦理与政治区分开来,为一种更具有现实意义的政治计量提供可能性条件。

政治现实主义的一个倾向是质疑政治事务中道德规范本身的有效性,即,认为在涉及政治事务时道德本身并不是一个毫无问题,不证自明的系统,政治事务不能依赖此种

① Levinas, *Beyond the Verse*, p.193.

② Batnitzky, *Leo Strauss and Emmanuel Levinas*, p.159.

③ Batnitzky, *Leo Strauss and Emmanuel Levinas*, p.155.

④ *The Levinas Reader*, p.278.

⑤ *The Levinas Reader*, p.294.

道德系统来作出价值判断。列维纳斯虽然并不采取这一进路,但他强调伦理学是第一哲学,而道德规范是在伦理学之后产生的,由此,政治事务上的决断似乎应当依赖于作为第一哲学的伦理学,而不是流行的道德规范。其次,政治现实主义强调政治本身的特殊性,对于列维纳斯而言,第三方带来的政治空间同样是极为特殊的。列维纳斯在巴勒斯坦人问题上的"犹疑"与"含混"就是对于政治空间之特殊性的承认。或许在列维纳斯看来,犹太人的历史和处境,犹太复国主义在当代的发展,他们所面对的巴勒斯坦人的状况,本就是政治空间之中的特殊事件,是处于神圣伦理光照之中的特殊事件。

无论列维纳斯著述中的整个政治图景引发多少争议,尽管由于他对犹太复国主义和贝鲁特大屠杀的态度被一些人批评为完全违背了作为一位"为他者的哲学家"应有的主张,但列维纳斯始终坚持,他的政治思想并没有脱离或者否定他的哲学立场:伦理学乃是第一哲学。这里存在着一个问题,列维纳斯的政治思想给出的不是一种"道德政治学"吗?笔者的看法是,不同于传统意义上的道德政治学,列维纳斯所给出的是某种"伦理—政治学",这是一种可以与政治现实主义相互调和的"伦理—政治学"。在威廉斯看来,认为道德先在于政治就可以被视作"政治道德主义"(political moralism),这种政治道德主义提出,政治事务应当以某种道德的方式进行思考,不仅要使用道德术语,而且要使用"属于政治理论自身的道德术语"进行思考。政治乃是道德在政治事务上的应用。在列维纳斯的伦理—政治学中,政治绝对不是伦理原则的简单应用,因为列维纳斯的伦理原则只有一个,那就是强调为他人的责任,强调自我对他人的人质身份所引发的伦理担当;而政治意味着计量与智慧,意味着第三方进入之后的正义问题,因而,政治可以被看做是现实世界之中伦理目标的具体实现,却很难被看做伦理原则的具体应用。

对于政治现实主义者而言,权力的获得以及如何正当地使用权力是政治的首要问题,政治中的敌人应该被置于权力的框架之下来加以考察。威廉斯认为:

> 政治的差异是政治的本质,政治的差异不是一种理智关系或者解释上的不一致,而是政治上对立双方之间的差异。对立方这个说法可以涵盖很多东西。但它们都带来一个问题,即,我们如何理解我们的对手。①

联系列维纳斯对于敌人问题的说明,我们可以确定的是,列维纳斯的政治思想认同某种意义上的"政治差异",第三方的进入带来的就是这种"差异",这种将我们从担负责任的伦理一惯性之中拉拽出来的差异,也是在这种差异中,我们遇到了"对手"和"敌人",窥见了政治的现实样貌。

对政治现实主义的一种反对意见认为,政治终究是要考虑善恶的,不考虑善恶的政

---

① Bernard Williams, *In the Beginning Was the Deed*, Princeton: Princeton University Press, 2007, p.78.

治现实主义试图将政治与伦理完全割裂开来,这是违背人类直觉的。但威廉斯认为,"从柏拉图那里继承下来的好人的概念产生了好人根本上如何才能有所作为的问题,马基雅维利的现实世界的概念则提出了任何人面对这个世界如何才能有所作为的问题。"①因此,指向善恶的政治考量可能只是对某种意义上的"好人"才有效,而对于"任何人"来说,在"这个世界如何才能有所作为"并不是或者至少不首先是一个善恶的问题。这其中根本的原因是,某种好人的概念,某种善恶的观点将与我们在世界之中的"有所作为"发生冲突,而对于"任何人"来说,他们往往会选择放弃"好人"的概念。对此,列维纳斯的政治思想或许可以给出一种新的方案:我们可以在不使用好人概念,善恶观念的基础上实践某种现实主义的政治抉择,与此同时,我们可以不让我们的政治抉择陷入黑暗和邪恶之中,我们以某种方式维持政治抉择对人类最诊视的价值之守护,不让政治抉择成为人们残害他人,施加暴力的借口,不让政治现实主义滑入彻底的价值虚无主义与价值相对主义之中。此外,列维纳斯的伦理政治还可以提供对于人类善的最终守护:在政治现实主义中,通过不断的淘汰与选择,通过行动与效果,政治家可能会无意识地接近某种"善"。

---

① 伯纳德·威廉斯:《道德运气》,徐向东译,上海:上海译文出版社 2007 年版,第 96 页。

从亲密性到正义
——论列维纳斯的"第三方"政治

林华敏*

内容提要：关于正义和政治的思想是列维纳斯整个思想的重要内容和落脚点。列维纳斯通过"面对面"揭示了我和他人之间的非对等的爱与责任关系，这种关系是封闭、私密性的、前表象的经验关系。它终究要被打破。第三方构成了我和他人的亲密性的打破，激发了意识的形成。正义的基础是对伦理（也即亲密性的爱与责任）进行限制。第三方使得我和他人的亲密性成为问题，在面容的普遍性中，第三方要求对爱和责任关系进行限制，要求对诸多他人的正义，进而寻求理性、组织和国家去实现这种正义。但是第三方和正义仅仅是列维纳斯政治思想的开启，要避免可能的暴政，还需要真正的政治，即弥赛亚政治。

关键词：爱；责任；第三方；正义；列维纳斯

如何"老吾老以及人之老，幼吾幼以及人之幼"？从列维纳斯的角度提出这个问题：我如何爱自己亲密之人，又爱亲密之人之外的他人；我如何同等地爱和对所有的他人负责——而不仅是我面对面的那个他人。这是列维纳斯伦理议题的内在难题，也是人类的难题。这不仅是爱的问题了，已然是正义问题。

正义（justice）是政治学的重要议题，也是伦理学的重要议题。列维纳斯作为20世纪重要的伦理学家之一，他主张伦理关系的优先性，这种关系是我和他者之间的形而上超越关系，具体落实为我和他人之间的面对面的非对等的爱与责任。但是，这种面对面的爱与责任关系无法避开第三方——第三方对亲密性提出了问题，要求距离、平等和对等，即正义。

一般认为，列维纳斯思想的焦点是面对面的伦理关系——爱和责任关系，但实际上这并非列维纳斯的真正重点。列维纳斯意识到爱的亲密性之现实局限性，并试图打破这种关系进入社会正义关系：从面对面责任关系出发，进入到第三方的关系，从单纯的"我—他"关系进入到社会关系，从爱进入到正义，从伦理进入到政治。前表象关系终

---

* 林华敏：哲学博士，西南大学哲学系副教授。国家社科基金一般项目"列维纳斯的政治思想及其与伦理学神学的关系研究"（19BZX09）阶段性成果。

究需要进入到表象关系,从言说进入到所说,这是意识的发生和社会展开的基础。如果说列维纳斯的爱和责任的思想是在形而上(超越于胡塞尔表象性意识和海德格尔存在论)层面上展开的,那么正义则是意识和存在层面展开的。这是列维纳斯思想的基本框架,也是其政治思想的基本出发点。

一、"第三方"(le tiers)导致"我—他"亲密性的中断

列维纳斯以伦理著称,这种伦理往往被与他人的"面对面"关系描述所限定。在列维纳斯那里,"面对面"描述了一种"两方"关系。这种关系基于他人(面容)的绝对异质性和隔离而成为形而上的超越关系。列维纳斯通过异质性、迫害、爱、好客、无条件的责任、非对等性、人质、替代等术语描述这种"面对面"亲密性。在这种关系中,面容从来不是一个见到的"面容",它是超越者的踪迹;不是所说(le Dit),而是言说(le Dire)。面容的超越性不仅超越于具体的经验事件,而且也理论地忽略和隐去了社会关系层面,成为一种绝对的感性抽象。

在《总体与无限》《异于存在,或本质之外》等文本中,列维纳斯描述了我和"他人"(第三人称意义上的"你")的爱和责任(回应)关系。这种关系是一种绝对的、非对等、非互惠的关系。按照列维纳斯,爱的关系发生在我和他人组成的两人的封闭的关系中,我被他人触发无条件地回应和承担对他的责任。这种关系都是非对等的。在这种"两人"关系中,其他的许多他人被排除在外,我看不到其他人的存在和对他们的责任。这是"两方"之爱的关系的本质:"普世性的缺乏,不是因为缺乏慷慨,而是因为爱自身内在的本质。所有的爱——除非它成为法官或正义——都是夫妻之爱。封闭的社会是夫妻。"①

这样一种关系是一种理想状态下的关系,因为在现实社会中,我所面对的某个他人之外,还有许多其他人。不仅有远处的其他人,而且还有未来的其他人。"我—他"关系总是受到第三方的干扰。从这个意义上,绝对的爱的伦理状态是一种基于形而上的预设的讨论,它终究要被打破,进入社会。第三方的存在,意味着形而上伦理在现实社会中的局限性。

我们知道,列维纳斯所说的伦理经验是一种裸露、绝对的、超越的、形而上学的原初经验。在这个意义上,他所说的我和他者(或他人)的面对面关系,也是超越经验的,或者说是非社会化的理想关系。可以说,列维纳斯在伦理学中考察的第一步本身就是要将所有关系都还原到我和绝对他者之间的"意识—唤醒"关系,即"我—上帝(绝对外在性)"之超越关系。在这层关系中,对于列维纳斯而言,伦理、宗教和形而上学本质上是

① Emmanuel Levinas, *Entre Nous:Thinking of the Other*, trans.Michael B.Smith and Barbara Harshav.New York:Columbia University Press,1998,p.21.

共通的。这是列维纳斯关于意识的现象学描述所要做的第一件事情。在匿名的 il ya 中,在意识对世界的表象之前,在存在绽出之前,意识与他者的关系是非意向性关系——只有待第三方出现之后,意识(意向性的意识)才得以发生。这种与绝对他者(上帝)的超越关系,列维纳斯进一步将其落实为(或者说,肉身化为)"我和他人"的关系。这是列维纳斯作为第一哲学的伦理学要做的前期工作。

这种形而上的"我—他者"之间的"原初"关系从理论上看似没有任何问题,但是它并不是整个意识经验发展的全部过程。因为第三方的进入,这种意识关系还是会遇到问题。在《异于存在,或本质之外》列维纳斯明确地指出这个问题和过度。

> 如果亲密性仅仅是他人对我下命令,那么将不会有任何问题,即使是一般意义上的问题也没有。(在这种情况下)疑问将不会产生,意识也不会产生,自我意识也不会产生。对他人的责任是先于一切问题的直接性,它是亲密性。当第三方进入,它(这种责任)被扰乱并成为了问题。①

这段话标志着列维纳斯对"我—他"之双方关系的基本定位以及这种关系的性质与走向。与他人的"两方"之亲密责任关系是原初的,在这种原初关系中"呼唤"与"无条件的回应"事件本身在封闭状态下没有问题,但随着其他"他人"的进入而成为问题。从列维纳斯的意识现象学的基本思路看,这是意识(胡塞尔意义上的"关于……的意识")产生、自我意识产生的必要条件。封闭关系只有朝向第三方,真正的意识(思)才能现实化——从被动性回应(情感触发)到主动性的认知(对象化世界)。

列维纳斯指出:"从公正出发,它已经预设了主题化的思、一个位置,也预设了连续性之空间的分离和整体。"②当我们考虑到诸多他人的时候,就已经介入了对他人的主题化和整体。但是,这个时候,第三方也并非是作为外在于我的道德规则被安放在我身上,他同样基于亲密性。

> 第三方的进入不是一个经验事实,我对他人的责任并不是被"事物的力量"的约束为一种算计。在他人的亲密性中,所有人的他人压迫着我,这种压迫提出了正义,要求衡量和知识,这种压迫已经是意识了。③

我们知道,通过亲密性(爱与责任),列维纳斯并没有提出一种普遍主义的伦理学。在列维纳斯的伦理学之中,"我"总是自我抑制的,将所有的责任都放在我身上,恰如他

---

① Emmanuel Levinas, *Otherwise than Being or Beyond Essence*, trans. Alphonso Lingis. The Hague:MartinusNijhoff, 1981, p.157.

② Levinas, *Otherwise than Being or Beyond Essence*, p.157.

③ Levinas, *Otherwise than Being or Beyond Essence*, p.158.

多次引用的陀思妥耶夫斯基的话"我们都对所有事物和所有人有愧疚,(但)我比其他所有人都多"。① 列维纳斯并没有将责任和义务推广到每个人,没有规定任何的普遍的道德法则。从列维纳斯的基本立场看,正因为伦理是个体私密的、非对等的、非普遍性的,它才可能够得上超越,才具有神圣性。

但是,这种个体化和非普遍性的伦理状态需要被打破,我如何能同等地(无条件地)爱他人之外的其他他人? 第三方的到场使得"我—他"的关系成为了问题:

> 第三方不同于邻人,但也是另一个邻人,而且也是他人的邻人,而不仅仅是他的伙伴。那么,他人和第三方,对于彼此而言又是什么呢? 他们跟彼此是什么关系呢? 哪一个走在前面? 他人与第三方保持一种关系,即使我独自一人能够(在出现任何问题之前)为我的邻人负责,我也不能完全为第三方负责。他人和第三方,我的邻人(复数),他们是同时代者,使我和邻人、和第三方之间拉开了距离。②

列维纳斯引用了《以赛亚书》的一段话"和平,予以邻人和平,也予以远道而来的人和平。"复数的"第三方"的存在,要求我与邻人之间拉开距离,也要求我和第三方的距离拉开,同等的距离意味着同等的责任。同时,第三方让我意识到,他人不仅仅是为我存在,他还是其他人的第三方,而且,我实际上也可能是第三方。他人绝不仅仅是我的他人,我对于他人也是他人。每个人都可以对其他人扮演他者的角色。

第三方的发现扰乱了我和他者的亲密性,激发了一种激进的对平等的请求,这种请求开启了更广阔的视野并为社会奠定基础。第三方导致了真正的意识(理性)的诞生并激起了对社会正义(平等与计算)的关切。社会并不是建立在我的单纯的被动性和触发性(affectivité 也可翻译为"情感性")基础之上的,社会必须建立在各种交互的请求和责任之上,这种"交互"已经打破了"非对等",进入了正义的程序。

二、正义:面容的普遍性要求对所有人的同等责任

在列维纳斯那里,第三方必然进入我和的"两方"关系中,这种进入依然是通过面容激发的。一方面,面容不是意识表象之对象,而是绝对他者不在场的踪迹。面容是独特的,"我"与每一个"面容"的关系都是独一与不可替代的。因为这种关系的不可替代性,我对他人的回应也是不可替代的。但是,从另一个层面上讨论,面容又是普遍的。这个普遍是指面容所具有的他者性之普遍性。在面容的神显中出现的"他者性"不是个别的和私有的,而是普遍的。他者并不寻求秘密的亲密性,而是将自己置于启示之光

---

① Levinas, *Entre Nous*, p.105.
② Levinas, *Otherwise than Being or Beyond Essence*, p.157.

下。这种启示通过面容,既是超越的又是可见的。

> 面容压迫(obsesses)我,也显示自身,在超越和可见性/不可见性之间。……他
> 人从一开始就是所有其他人的兄弟。压迫我的邻人已然是一个面容,(面容)既是
> 可比较的也是不可比较的,既是独一的面容也是与所有面容关联的面容,这些面容
> 在正义的维度上是可见的。①

面容的不可见性对应着感性的超越,我因被触发(情感)而发生的对他人的无条件
的爱与责任。面容的可见性对应着意识的对象化,我识别并比较他人的面容和诸多他
人的面容。在这里,列维纳斯指出了从面容到正义、从独一性到普遍性的内在逻辑。不
论是非对等的亲密性,还是寻求平等的正义关系,都从面容这个议题中发生。在这个过
程上,面容从不可见进入到可见,从不可计算到可以计算——这也是列维纳斯意识现象
学的基本道路。在《总体与无限》标题为"他人和诸他者"中,列维纳斯指出:

> 面容的呈现把我置入与这样的存在者的关联。这一存在者的实存……它迫切
> 要求一种回应。这种回应不同于所予物激起的"反应",因为它不能保持在"我们
> 之间",如同在我对物采取处置措施时那样。在"我们之间"发生的任何事情都与
> 所有人有关,那注视着我的面容置身于公共秩序的朗朗乾坤之中,即使在我借助与
> 对话者一道寻求一种私人关系的共谋性和秘密性而脱离这种公共秩序时,也仍然
> 如此。②

根据列维纳斯的思想,面容不同于"物",面容包含着独特的超越与启示之普遍性。
这使得我和他人的面容关系无法仅仅停留在"我们"之间。赤裸的面容显示了他人的
苛刻命令,这不仅对我的邻人有效,而且对所有的邻人的邻人都有效。在这个意义上,
在我对他人面容的回应中包含着一种公共性。我对我所面对的他人的责任与爱,总是
暴露在整个社会公共秩序中。这个过程的关键环节是语言——作为面容的在场的
语言。

> 语言,作为面容之在场,并不导致与受偏离的存在者之间的共谋性,也不导致
> 自足的且遗忘了普遍之物的"我—你"关系;语言在其开放性中拒绝爱的秘密性,
> 在爱的秘密中,语言丧失了它的开放与意义,变为微笑或呢喃。第三者在他人的双

---

① Levinas, *Otherwise than Being or Beyond Essence*, p.158.
② 列维纳斯:《总体与无限》,朱刚译,北京:北京大学出版社 2016 年版,第 198—199 页。着重为笔者
所加。

眼中注视着我——语言就是正义。①

语言,是从面容到第三方的关键环节。在这里,语言表达了社会公共层面所有人之间的开放与同一性,我和他人的关系通过语言得到表达——面容以语言而在场,这种表达本身拒绝私密性,它要求开放和意义。在这个过程中,所有的他人都进入了"我和他人"的关系中。语言是一种临显,同时是一种在场。这已经是进入社会了。在这里,诸多他人被呈现给我。

> 作为面容的面容的临显,打开了人性。在其赤裸中的面容,把穷人和陌生人的赤贫呈现给我;……穷人、陌生人,表现为平等者。他在这种本质性贫困中的平等性乃在于对第三者的参照,第三者因而亦在此相遇中在场,它处于不幸之中,其已为他人所侍奉。穷人、陌生人与我结合在一起。……成为我们,并不是在一个共同的任务周围"挤"成一团或融为一体。面容的在场——他者的无限——是贫乏,是第三者的在场(也就是说,是注视着我们的整个人类的在场),是命令去命令的命令。②

列维纳斯在描述面容和语言时,始终隐含着一个更高的普遍性——上帝之神启在人身上的普遍性。这种普遍性表现为人性。这也是面容之为面容(the face qua face)它的易感性和赤贫的本质。从他人的面容中,不仅有来自他人之虚弱与裸露的请求,还有上帝的权威和命令。列维纳斯说,面容的现象,有必要上升到上帝。③ 这里我们可以通过列维纳斯所引用的西班牙诗人与哲学家哈勒维(Jehuda Halevy,1075-1141)的一句话"上帝对每个人单独地言说"④来理解:上帝通过面容对每个人单独地说,说同样(普遍)的诫令。我从独一的他人的面容中听到上帝的普遍的诫令。因此,我面前的面容既近又远,是现在的另一张面容,又是不在场的其他面容,是整个人类的面容。远处的"面容"总是已经对我所面对的面容造成一种干扰。但是,当远处的面容进入我,意识就不再是"直接"和"赤裸"的,它连带着"我"将目光从他人转移出来,"看到"他人之外的他人。思虑与计算就已经产生了。所以说,第三方的面容是对原初经验的调校,也是意识的发生之激发。列维纳斯说:"再现、逻各斯、意识、工作、中性的存在概念,它们潜在地生发于对不可比较者的比较之中。"⑤"意识产生于第三方的在场。"⑥

---

① 列维纳斯:《总体与无限》,第 199 页。着重为笔者所加。
② 列维纳斯:《总体与无限》,第 199 页。
③ E.Levinas, *Entre Nous*, pp.198-199.
④ E.Levinas, *Otherwise than Being or Beyond Essence*, p.184.
⑤ E.Levinas, *Otherwise than Being or Beyond Essence*, p.158. 着重为原文所有。
⑥ E.Levinas, *Otherwise than Being or Beyond Essence*, p.160.

我们一直认为列维纳斯的面容是纯粹抽象甚至于象征意义上的,但是,在正义问题的视角下,面容成为了一个表象性的对象。只有这样,面容才获得了比较性和普遍性,责任从一开始因面容的普遍性而获得延伸,面对面就不再简单地是我和他的关系,而是一种社会关系。

> 与第三方的关系是对面容被凝视之亲密性的不对等性之不断的调校。这里面有衡量,有思考,有对象化;因此,我与异质性(illeity)之间的无端的(anarchic)关系之律令被背叛了,但这是先于我们而被传达给我们的。①

这是列维纳斯《异于存在,或本质之外》中所说的"从言说到所说,或欲望的智慧"这个表述的根本②。言说意味着面对面,这是一种绝对的伦理命令,绝对的形而上经验,这个过程发生在意识的表象之前,它激发了我和他人之无条件的爱与责任关系。但言说终究要进入所说,即进入到对象化和存在之中,也就是从爱与责任之亲密性(无法言表的关系)进入到正义(可以言表并且可以衡量的关系)中。对于列维纳斯,前者是欲望,形而上的欲望,后者则是智慧,关于欲望的智慧。按照列维纳斯,从古希腊开始,哲学作为对智慧的爱,实际上正是在所说(le dit)的层面上开展的。哲学是关于欲望的智慧,"知识的诱惑……诱惑的诱惑是哲学","哲学能被定义为知对行的优先性","诱惑的诱惑(哲学)揭示了其哲学的和科学的一面。"③列维纳斯反对这点,他认为哲学应该回归到形而上学,回归到言说,真正的超越。人与上帝(他者)之间的启示关系"揭示了比诱惑的诱惑(哲学)之思更为古老的秩序"。④ 这种古老的秩序就是行优先于知,服从优先于认知。在这个意义上,哲学回到知识之前,回到亲密、启示关系。这是列维纳斯整个哲学前半部分(伦理)要做的事情。但这并没有结束,因为启示与亲密性还是要再次回到社会化关系中,伦理还是要回到哲学(列维纳斯意义上的传统哲学,知识的诱惑)。这是列维纳斯后半部分思想(必须)要做(面对)的事情。

我们可以用列维纳斯《总体与无限》的一段话来概况列维纳斯从面容到正义这个发生学过程:

> 就面容证明了第三者和整个人类在凝视着我的双眼中的在场而言,这一环节本质上是由面容的临显激发起来的。一切社会关系,作为一种派生物,都回溯到他

---

① E.Levinas, *Otherwise than Being or Beyond Essence*, p.158.

② E.Levinas, *Otherwise than Being or Beyond Essence*, p.153.

③ Emmanuel Levinas, *Nine Talmudic Readings*, trans. Annette Aronowicz. Bloomington:Indiana University Press, 1990, pp.34,35.

④ Levinas, *Nine Talmudic Readings*, p.36.

者向同一的呈现上；这种呈现没有任何图像或符号的中介，而只是通过面容的表达。①

这再次证明了面容对于列维纳斯整个理论的极端重要性。但是，此时的重要性，不仅仅是它所包含的爱与责任，更重要的是，它所包含的正义与社会。在这里，正义和政治成为列维纳斯"面容"理论的后半部分，也是重要的部分。

三、哲学、组织和机构——正义的维持

随着第三方社会关系的展开，可能出现了一个优先性问题：谁是我最亲密的邻居？谁优先，我的邻人还是第三方？由于邻人与第三方有关，即使我对某个第三方负责，我还要对他之外的复数的第三方负责。因此，我必须在我和他人、乃至于任何一个第三方之间保持距离，而不是无止境地亲密和爱的关系。他人和第三方，我的邻人，它们是同步的，这要求我在他们之间都拉开距离，保持正义。在某种程度上，我如果承担了我对第三方的责任，就会削减对我的邻人的责任。如果我把注意力放在我的邻人身上，我无疑会减少对邻人之外的第三方的责任。

第三方的进入造成我和他人关系的紧张，甚至是对"我对他人的无限责任"的限制。面对面中，他人的请求是一种绝对的命令，它不允许有任何顾虑和迟疑，不允许有任何限制，不允许有任何计算，它命令我承担起全部责任，把我的一切给予他，代替他，甚至于作为他的人质。这种给予是完全和不保留的。但这时我发现我对其他人也有责任。这种情况下，第三方就会限制我对我面前的他人的责任。第三方也同等地要求我同等地（甚至于也是绝对无限地）对他负责——他不仅要求公平，而且进一步地要求伦理。这无疑造成一种紧张——我的责任如何能够面对诸多无限的请求？列维纳斯将第三方引入讨论，指出了我和他人以及第三方之间责任的复杂而紧张关系。这种紧张实际上要求自我将在独特他者面容上遇到的不可比的善与所有其他同样独特的人的权利相平衡。

事实上，我无法只对一个他人承担所有的责任，我更无法对他之外的每个第三方承担所有的责任。在这种情况下，就要求我去判断和平衡，这种判断和平衡导向正义——公正地对待每一方。我的责任的普遍性要求我把独一无二的他人与所有的同样独一无二的其他第三方进行比较，行使我的计算和平衡。无论远近，此时彼时，为了保证对其他第三方的责任，我必须限制我此时此刻对邻人的责任和爱。我必须考虑到其他每个人。这要求我去比较和判断、权衡不同的面容的请求，去制定规则满足不同的责任请求。进一步地，我必须——并且要求——所有人协作与团结，确保在责任承担中保持公

① 列维纳斯：《总体与无限》，第200页。

平与平衡。我们需要组织、机构、法律、哲学等,这已经是理论层面,而非伦理层面。否则,我们无法有效地处理与许多第三方的复杂责任关系。

正义无法用在与他人的关系中,而只能用在与第三方的关系中。这时候已经不再是伦理,它需要政治。在1975年的一次访谈对话中,列维纳斯对他的第三方和正义思想进行了一定的概况与总结:

> 无论如何,在与他人的关系中我就总是已经处于与第三人的关系中了。……从此刻起,亲近性变得问题重重了:必须要比较、掂量、思考,必须力求正义,这是理论的源头。在我看来,正是缘于第三人,我们才必须重新捡起各种组织机构,重新捡起理论本身——也就是说哲学和现象学:即对显现的阐明。只有在"公正"处——而不是在我向他人的"臣服"中——才能谈得上"正义"。要想有公正的话,就需要比较和平等:那些没法相互比较者的相互平等。①

出于对他人和第三方的责任考虑,我们要求建立某种平等的理论和规则,这是政治结构的理论前身。对他人的绝对的善被限制进入到政治系统和机构中,被"合乎理性"地分配给第三方。伦理性转为政治。从这点可以看出,严格意义上的正义,也意味着对我与他者之间伦理不对等关系的不断修正和限制——我必须限制和减少对他人的责任。随着第三方的出现,责任的对等性产生。平等构成了我们共同存在的要求。这使得互惠成为可能。这个时候,平等互惠就是处于"社会和政治"的层次上,而非仅仅是私密的伦理层面上。在社会平等中,面容之超越退回到它的不可见之中;我们只看到一张张可见的面容。我从与他人的私密关系中抽离出来,他人的不可还原的异质性被搁置。我所面对面的他人和诸多他人,他们都作为"差异性"的存在,但都是可以被同等对待的差异体。这是所有社会组织和机构运行的基本出发点。

对于列维纳斯,伦理关系转换为社会关系、正义关系;我和他人的关系将与第三方的关系同步。历时性进入了顺时性。原初经验中,绝对外在性对"我"的触发以及我所给予的无限责任,这种无限责任受到了限制,但不等于消失。回到《总体与无限》的基本主题(基于外在性而重构主体性),我们看到第三方在社会层面对这个主题的作用:第三方的进入,主体——理性计算、自由选择的主体——被确认,这是现代性的基础。

由此,我们看到列维纳斯思想的一个基本脉络:从前期的感性自我到伦理性自我,再进入到社会性主体。"主体性"的确立,不仅是我和私密性的他人之间的伦理过程,而且是一个社会化的过程。"主体"是社会身份,而不仅是伦理身份。正是基于这种社会身份,我和他人、第三方,每个人,都可能获得正义和平等。这个时候不是我和他人的和平,而是我和一切的他人的和平。这已经进入政治,而不再是伦理的领域了。

---

① 列维纳斯:《论来到观念的上帝》,王恒、王士盛译,北京:商务印书馆2019年版,第135页。

四、结论

我们常认为列维纳斯试图用伦理为政治奠基。但这种奠基是什么意义上的？事实上，这个判断显得过于粗糙，伦理（爱与责任）可能为政治（正义）奠基，但是，正义的基础恰恰首先是对伦理（也即亲密性的爱与责任）进行限制。这点非常重要。从列维纳斯的基本思路往下走，本文认为列维纳斯真正而最后的目的应该是寻求一种普遍性的正义，这种正义建立在对所有的他人的尊重和保护上——试想，手握屠刀的纳粹可能是在某个亲密性中的爱人，但他一定没有正义——这才是真正的责任与爱。

关于列维纳斯，我们不能只关注他关于我和他者之间非对等的爱的伦理关系的理论，而忽视其第三方理论。我们不能不看到他对平等、互惠和正义关系的强调。在1982年一次以"哲学、正义与爱"为题目的谈话中，列维纳斯提醒道：

> "不对等的主体间性"……在这个议题上，我总是引用陀思妥耶夫斯基的"我们对一切事和一切人都是有罪的，但是我比其他所有人都要多。"但是对于这个观点——不用去反驳它——我立即加入了对第三方和正义的考虑。……如果没有正义的秩序，那么将没有对我的责任的限制。在正义上，有必要存在衡量暴力的标准；但是如果一个人说正义，有必要允许法官，有必要允许机构和国家；在公民的世界中生活，而不仅仅是在"脸对脸"的秩序中。①

伦理（也即亲密性的爱与责任）是基础；但政治（也即公平正义）一定是列维纳斯思想的落脚点。我们只有真正理解了列维纳斯的第三方理论及其指向，我们才能真正理解列维纳斯的思想和高度，一种关于人类社会的普遍的焦虑和爱。才能真正理解一个经历过奥斯维辛的思想家真正的深切关注，这种关切绝对不仅仅是爱，而且更是正义，一种普遍的团结与和平。也只有到这里，我们才能从列维纳斯的思想的晦涩和私密性中看到一条道路，看到透明性和清晰性，看到公开与公正。这是列维纳斯思想真正的"可见性"所在。

不过，我们发现，第三方和正义仅仅是列维纳斯政治思想的开启，并不是其全部。随着从面对面的伦理到第三方的社会，理性、平等、正义重新被召回，进入意识和存在的视域之中。这是规则、制度和国家的开端，也可能是暴政的开端。如果要克服这种可能的暴政，还需要继续往前走，进而到弥赛亚政治。这是列维纳斯神学政治真正要做的事情。向弥赛亚政治的迈进将促成列维纳斯政治哲学的思想脉络的进一步发展延伸。

---

① Levinas, *Entre Nous*, p.105. 着重为笔者所加。

重探梅洛-庞蒂对萨特自由观的批评

马　琳*

内容提要：本文探讨梅洛-庞蒂在其早期名著《知觉现象学》中对萨特的自由观所提出的批评。其批评主要有两项，一是萨特的自由概念具有内在融贯性的问题；二是萨特的自由观使得行动毫无意义。文章认为，梅洛-庞蒂的这两项批评忽视了萨特哲学中的含混性，故有不够恰切之嫌。然而，梅洛-庞蒂在《知觉现象学》中所阐述的他本人对自由的思考值得我们进一步地探讨。尽管萨特认为自由的选择活动总是在具体的处境中做出的，但他仍然是从人的立场出发来对处境加以界定的。对萨特更为恰当的批评应当针对其人类中心主义而提出。梅洛-庞蒂则试图超出人类中心主义，从某种宇宙论的匿名的自我出发，从基于我与世界的原初关联出发来把握"一般性的自由"。

关键词：梅洛-庞蒂；萨特；自由；处境；沉积；一般性的自由

　　萨特（Jean-Paul Sartre, 1905—1980）是梅洛-庞蒂（Maurice Merleau-Ponty, 1908—1961）哲学思想的重要对话者。梅洛-庞蒂始终把萨特的早期存有论视为其思想道路所不可趋避而又必须超越的桥梁。在晚于《存有与虚无》两年出版的《知觉现象学》（1945年）的最后一章，他对萨特的自由观提出诸多批评；在1955年的《辩证法的冒险》中，他对萨特的批评变得更加严厉而明确；在其遗著《可见的与不可见的》（1964年）的第二章《质疑与辩证法》中，他以大量的篇幅评论《存有与虚无》的存有论，并且，在其研究笔记之中，他针砭萨特的自为（pour soi）与自在（en soi）之二元论。直至今日，国际学术界对萨特哲学——尤其是对其早期存有论——仍然倾向于消极的评论，这与梅洛-庞蒂的批评不无关系。例如，人类学家列维—斯特劳斯曾直接称萨特为"我思的囚徒"[①]。而在2010年的一篇文章中，威尔克森（William Wilkerson）根据两位哲学家不同

---

　　* 马琳，中国人民大学哲学院《哲学家》副主编，比利时鲁汶大学哲学博士，联系方式：malin2008@ruc.edu.cn。代表作有 *Heidegger on East-West Dialogue: Anticipating the Event*（New York/ London: Routledge, 2008），*Fundamentals of Intercultural and Comparative Philosophy*, co-author, New York: State University of New York Press, 2016, *Beyond the Troubled Water of Shifei*（同前, 2019），《重新发现海德格尔、列维纳斯与中国哲学》（2019年）等，在 *Continental Philosophy Review*, *Journal of the British Society for Phenomenology* 等国际国内期刊上发表论文60篇。

　　① Claude, Lévi-Strauss, *The Savage Mind*, Chicago: University of Chicago press, 1969, p.249.

的时间概念以及含混在其概念模式中是否真正具有一席之地来解释这些差异所导致的迥然相异的自由观,对萨特的思想显然持批评的态度。①

为萨特的哲学进行辩护的著名哲学家即是波伏瓦(Simone de Beauvoir,1908—1986)。她在《现代》杂志中发表的长文《梅洛－庞蒂与伪萨特主义》中对梅洛－庞蒂加以辛辣的讥讽与有力的驳斥。她认为,梅洛－庞蒂所批评的是他自己所塑造出来的一个"伪萨特主义",而并非萨特自己的真正思想。尤其重要的是,萨特总是强调自由是在处境之中发生的,他并没有如同梅洛－庞蒂所刻画的那样忽视了实事性。波伏瓦写道:"倘若梅洛－庞蒂的思想较之伪萨特主义具有原创性,那么较之萨特本人的思想,它的原创性顿时就相形见绌了。"②

梅洛－庞蒂与萨特的思想关联在中文语境中尚未得到深入的研究。本文将在兼顾为萨特辩护与支持梅洛－庞蒂思想这两种不同的立场基础上,重新审视这场持续了半个多世纪的争论。文章着重于阐明梅洛－庞蒂在《知觉现象学》中对萨特哲学的讨论,厘清其批评的主要内容与实质,并且衡量这些批评是否合理、是否可以得到证成,从而为研究梅洛－庞蒂与萨特的思想关联起到一定的抛砖引玉之功效。最后,本文阐述梅洛－庞蒂在《知觉现象学》所提出的他本人的自由观。

一、萨特的自由概念具有内在融贯性的问题吗?

梅洛－庞蒂对萨特的批评出现在"自由"这一章,这是《知觉现象学》的收尾之章,共有15个小节③。令人不解的是:梅洛－庞蒂在这一章中的讨论在总体上缺乏清晰的结构与连续性,如同未完成的草稿、断想,或笔记。与之相比,《存有与虚无》则显得结构谨严,文笔流畅。从梅洛－庞蒂晦涩含混的行文中厘清他对萨特的批评的具体条目,这本身就是对研究者的一个挑战。

---

① William Wilkerson,"Time and Ambiguity:Reassessing Merleau-Ponty on Sartrean Freedom,"*Journal of the History of Philosophy*,48(2):207-234,2010.

② Simone de Beauvoir,"Merleau-Ponty and Pseudo-Sartreanism,"in *The Debate between Sartre and Merleau-Ponty*,ed.Jon Bartley Stewart,Evanston:Northwestern university press,1998,p.455. 本文所引用的外文资料由笔者翻译为中文。

③ 梅洛－庞蒂的《知觉现象学》的版本值得一提:其原著皆是长篇大论,很少有小的分段,有的段落长达数页。在出版之际,梅洛－庞蒂在书末提供了一个类似内容提纲的详细目录,列举了一系列短语或主题词,但并没有在正文中分出小节,其小节标题与其大段落分段大致吻合。此书有三个版本:第一个是最早的1945年版,一直重印至2004年;第二个是2005年至今通行的版本,作了一些修订,页码也是新的;第三个是2010年收入《梅洛－庞蒂全集》(*Œuvres*)的版本。英文翻译有两个版本,第一个是1962年出版的Colin Smith的译本(London:Routledge),它根据第一个法文版译出;第二个是2012年出版的Donald A.Landes的译本,它根据2005年法文版——即第二个版本——译出(London and New York:Routledge)。这个英文版增加了一些新的分段,并参照Rudolf Boehm的德文版《知觉现象学》把梅洛－庞蒂原来提供的小节标题添加入正文之中。现有的中译本出版于2001年,它根据1945年法文版译出,那个提纲式的详细目录被逐字翻译出来,但并没有被加入正文之中。

梅洛-庞蒂首先以萨特的口吻描绘出一种作为心灵上的逃脱能力的自由。当一位残疾人抱怨其身体之残缺之际，或是当一位老人哀叹其衰弱之时，他们在通过别人的眼睛来观看自己，或是在把自己与别人相互比较，换言之，他们在从一种统计的、客观的角度来观看自己。然而，这种抱怨常常带有自欺性，这是因为，每当一个人反观自身之际，她总是能够感受到她能够超越自身所具有的这些特征，此时，其社会角色、体态特征、性情以及情绪等等皆失去了意义，有的只是一种无名的河流(flux)①。对于一位残疾人而言，其意识并非亦是"残疾"的；对于一位垂死的人而言，其意识并非亦是"垂死"的。这就是他们何以能够在此种处境中生存的原因，此即：他们具有这种反观的能力，他们总是能够逃脱②。但与此同时，人们也认可这些自身特征，它们是人们在世界而在所需要付出的代价。因此，我们可以批评我们自己脸上的缺陷，但实际上却并不希望用另外一张脸来取代它。

如此看来，这种逃脱的能力似乎是不可被约束的。唯有当人是一件物事之际，她才有可能受制于外物。我不可能在某些行动中是自由的，而在另外一些行动中不自由。倘若人是自由的，那么她就不可能是事物总体之一分子。并且，这种自由是延续性的、不受限制的。从这种理论所可能推导出来的结果是：我处于最为严酷的折磨之中与我平平安安待在家中，在这两种迥然相异的处境之中，我都具有同等的、完全的自由。

在对萨特哲学这种阐释的基础上，梅洛-庞蒂评论道：如果所有的行动都是自由的，人们在每一时刻都享有完全的、同等的自由，那么我们可以由此而推导出与这个观点完全相反的结论，即自由的行动是没有意义的。这是因为，如果自由总是已经先在于所有的行动，那么它就是一种空洞的在世的方式，差不多等于我们的自然状态，缺乏任何规定性。因此，这种绝对自由的概念是不能够成立的。换言之，从萨特的立场出发，"自由无处不在，但又不在任何地方"③。这样的自由概念是荒谬的，因为如此一来，"生活在恐惧之中与砸开镣铐的奴隶就具有同等程度的自由"④。

不少评论者认为，萨特的《存有与虚无》之中实际上有两种自由的概念在运作，而梅洛-庞蒂只是批评了其中的一种。第一种自由概念是生存论上的自由。萨特认为，自由是人的存有中永远被追问的问题，它并非附加于人的本性之上的一种特质或是性能。它正是人的存有之所是。自由是绝对的选择的自由。此即，人们总是具有选择自己的筹划的自由，自由即是把人从其他生物区别开来的根本性的特征，自由即人之本质

① 梅洛-庞蒂加了个注释说，河流的意思即是我们根据胡塞尔而赋予的：Maurice Merleau-Ponty, *Phenomenology of Perception*, trans. Donald A. Landes (London and New York: Routledge, 2012), 563. *Phénoménologie de la Perception* (Paris: Éditions Gallimard, 1945), 497. 以下简称 PP。

② "逃脱"这种表述令人联想到列维纳斯的《论逃匿》(载《哲学家·2010—2011》，马琳译，北京：人民出版社 2011 年版，第 207—220 页)。不过，列维纳斯的论点恰好相反。他认为，反观自身从而发现的 il y a (有)把我们紧紧地裹挟起来，永不得逃脱。

③ pp. 461/500.

④ pp. 461/500.

性存有。"人是自由的,因为它是不足的",她被虚无从其所是、从其将是而分离开来;"对于人来说,存在即是选择自身,没有任何来自外部或是来自内部的东西它可以只是收到或是接受"①。她注定要不断地做自己,不论是哪方面的事情。评论者称这种自由概念为"存有论的自由"(ontological freedom),或者"定言的自由"(categorical freedom)②。他们认为,梅洛-庞蒂所意欲批评的其实只是这种"存有论的自由";然而,他在《知觉现象学》中所转述的却并非评论者所说的萨特本人的这种存有论的自由观,而是一种思想上不受束缚的"消极自由"。

萨特的《存有与虚无》中的另外一种自由的概念是"处境中的自由"(freedom in a situation)③。这主要针对为获得特定的目标而对其方式进行选择的过程之中的自由,而这样的自由的选择总是发生在特定的处境之中。本文在最后一节中将讨论的梅洛-庞蒂本人的自由观与这一概念具有相似之处。不过,笔者以为,评论者所指出的这两种自由的概念可以说是萨特自由观的两种面相。所谓存有论的自由是就人的本质存有性而言,人不能没有选择的自由,选择是人所不可能逃避的责任,此可谓从存有论的视角来看。然而,人们作出选择这种具体行为本身却总是在某种处境中进行的,此可谓从现象学的视角来看。以下接续上文的讨论。

萨特对"存有论的自由"的界定与他的自在与自为的存有论框架密不可分。自在是荒谬的、没有意义的;而对于自为而言,去存在即是不断地否定它原本所是的自在。自由即是这种否定运动。通过自由(即否定),自为逃脱出其僵滞的本质性,也即,其作为"曾是"(Gewesen)之所是。因此,

> 说自为必须成为其所是,说它在不是其所是的同时又是它所不是,说在它之中存有先于本质并制约着本质,或者借用黑格尔的说法,"本质是其所曾是(Wesen ist was gewesen ist)"。所有这些说法都是一个意思:人是自由的。④

正是从这种存有论出发,萨特提出了绝对的根本性的自由观,他认为,人最为基本的特征即是自由,这种自由是完全的、普遍的。如果在拥有完全自由的人之中去寻找她可以拥有自由的那些特定的时刻或是心理的区域,这与在一只溢满到边缘的水缸之中寻找

---

① Jean-Paul Sartre, *Being and Nothingness: An Essay on Phenomenological Ontology*, trans. Hazel Barnes. London and New York: Routledge, 1966, 440. 着重来自原文。以下简称 BN。

② 参见 Jon Stewart, "Merleau-Ponty's Criticisms of Sartre's Theory of Freedom," *Philosophy Today*, 39(3): 315, 1995。

③ 参见 Margaret Whitford, *Merleau-Ponty's Critique of Sartre's Philosophy*, Lexington: French forum, 1982, p. 57。Situation 通常被译为"处境",但"处境"这个词语传达出更多的不依赖于人的不容更改的客观性;而"情境"则传达出依赖于主体,是"主体在其越过之中照亮了事物"(BN 20)。因而,若严格依照萨特的界定,应以"情境"为佳。

④ BN 439.

空虚一样荒谬。"人不可能时而是奴隶，时而是自由人；他或者是完全、永远自由的，或者根本不自由"。①

可以看出，萨特本人的绝对自由观与梅洛-庞蒂在其著作中的陈述具有很大的差异。这种自由是人的根本特性，而并非一般意义上的可计量的自由，也即，并非意味在精神与行动上不受限制。梅洛-庞蒂首先以萨特的口吻所描绘出的心灵上的逃脱能力，这种自由是在思想上不受限制的自由。严格地说，这种精神上的自由也是可以计量的，个人有可能由于在意识形态上被洗脑或是出于坐井观天、眼界狭窄的原因而达不到心灵上的洒脱，从而永远摆脱不掉把自己限制在"残疾人"或是"垂死者"的自我身份认定之中。接着，我们可以发现，梅洛-庞蒂在做结论时做了概念偷换，把论题的焦点从在精神上不受限制的自由转换为在行动中不受限制的自由。因此，尽管梅洛-庞蒂以"自由无处不在，但又不在任何地方"以及相关的归谬法来指责萨特的绝对自由的概念存在内在的逻辑融贯的问题，但这种针对萨特所提出的"内在的批判"是不能够自洽的。萨特本人也承认，生活在恐惧之中与砸开镣铐的奴隶诚然享有不同程度的"自由"，但这种自由概念——即行动不受限制的自由——是一般意义上的可计量的自由，并非萨特所谓的绝对的自由。

如果以中国学者所熟知的伯林（Isaiah Berlin,1909—1997）在1958年所谈到的两大类自由来看，梅洛-庞蒂此处所呈现的自由类似于伯林所说的"消极的自由"（negative freedom,或者说 liberty from），也即，"不受他人干扰；越是不受干扰，自由的范围就越宽"②。不过，伯林所说的"消极的自由"指的主要是在行动上不受外在力量的干涉，这种理论常见于现代以来的政治哲学之中，例如休谟与霍伯斯。而梅洛-庞蒂以大量篇幅所呈现的实际上是个人在精神上不受限制、不受外在因素干扰的"消极自由"，但在做结论时又转向这种意义上的行动上的"消极自由"。

在另一方面，萨特本人的自由观应当更加接近于伯林所说的"积极的自由"（positive freedom,或者说 liberty to），也即，"被理性、被属于我自己的有意识的目的所推动，而非似乎是来自外面的原因影响到我"③。这种理论经常与自由意志、选择的自由等论说联系在一起，常见于阿奎那、笛卡尔等人的形上学之中。虽然萨特有所谓我们被判定为自由的说法，从而使得一些学者认为这体现出其哲学思想的悲观、绝望，这看似"消极"，但是，萨特的这一言论的主要意图是强调：自由是我们所不能摆脱的特性，它是我们不论在任何处境中都不会失去的特征。生而为人，我们不能不随时都必须选择，甚至可以说是我们自己选择了来到这个世界上。在此意义上，有的学者也称萨特的自由是必然的自由，是一种事实。

---

① BN 441.

② Isaiah Berlin, *Liberty: Incorporating Four Essays on Liberty*, ed. Henry Hardy. Oxford: Oxford University Press, 2002, 170.

③ Berlin, *Liberty: Incorporating Four Essays on Liberty*, 133.

二、萨特的自由观使得行动毫无意义吗?

在上一节,我们看到,梅洛－庞蒂对萨特的自由观的第一项批评(即,其自由概念具有内在融贯的问题)本身即具有内在融贯的问题。并且,梅洛－庞蒂在《知觉现象学》中对萨特的自由观别出心裁的陈述并不符合萨特的本意,他没有忠实于萨特对存有论的自由所作出的界定。从这一点来看,波伏瓦对梅洛－庞蒂的反唇相讥不无道理,可以说,他所攻击的是一位他自己塑造起来的"伪萨特主义",是一个稻草人。梅洛－庞蒂的第二项、同时也是更为重要的批评是:萨特的自由观使得行动、选择与作为(faire/doing)不可能,或者说缺乏意义。下面我们探究这个问题。

梅洛－庞蒂认为,只有借助于不自由或是自由较少、受限制的背景,自由才能具有实在的意义,我们才能指出自由出现的时刻。而从萨特的立场出发,

> 我们无法宣称:"此处出现了自由!"为了得以辨别为自由的行动,自由的行动必须从一个完全,或是几乎完全没有自由行动的背景中站立出来。①

如果不用我们去争取,自由就已然在手,那么似乎只要有意图,结果便会紧随而来。梅洛－庞蒂认为,这颇似康德的思想,即意图本身就具有行动的价值。他征引舍勒(Max Scheler)针对康德的反驳:"有意救起溺水者的残疾人与真正把溺水者救起来的善泳者并没有同样的自主经验。"②倘若我们依循萨特的思路,其结果便是:自由变成了现成品,成了不劳而获的东西,从而,争取自由的行动失去了意义。

从梅洛－庞蒂的观点来看,萨特把自由局限在思想的领域之内,人们甚至可以赞扬被束缚在镣铐之中、被关押在地牢之中的囚徒的自由,或者是被钉在十字架上的奴隶的自由③。安德森(Thomas C.Anderson)接续了这一批评,把《存有与虚无》中的自由概念解释为意识的自发性,它"仅仅是意识的自由",仅仅是梦幻与想象的自由,而"不是置身于处境之中的人的具体的自由"。他举例说:

> 被锁在镣铐之中的奴隶确实可以想象并且选择目前并非现实的获得解放——或是在海滨度假——的目标,从而在某种意义上超越、否定、摆脱自我,从目前的束缚之中逃匿出来——然而,这一切仅仅发生在思想之中,而并非在现实之中。④

① pp.461/500.
② pp.461/500.
③ 参见萨特的戏剧《苍蝇》。
④ Thomas C.Anderson, *Sartre's Two Ethics*: *From Authenticity to Integral Humanity*, Chicago: Open Court, 1993, p.24.

威弗德（Margaret Whitford）则认为,倘若萨特使用已经出现在他之前撰写的《自我之超越性》一文中的"自发性"（spontanéité）而非通常的 liberté 一词来表达《存有与虚无》中的那种具有独特蕴涵的自由,这或许可以减少对他的误解。她认为,存有论的自由与萨特意义上的"意识"概念是同义词,具有同样的内涵与外延①。在上面的例子中我们看到,如果把萨特的绝对自由完全等同于意识的自发性,这会引起误解,萨特本人对此并不认可。

萨特并没有把绝对自由完全等同于意识的自发性,对这一点最好的文本证据是:当他在纪念梅洛-庞蒂的一篇文章中叙述他们如何一起发现了现象学的意向性概念之时,他特意提到:"自发性与自由,它们之间的区别既无足轻重,又意义重大。"②虽然自发性与自由具有相似性,都是意识的根本特性;但是,萨特本人倾向于把自发性与意向性相关联,意识总是自发地、不由自主地指向某一对象。而他对自由的关注则旨在瓦解西方哲学传统对理论哲学与实践哲学之区分,自由不仅是自为最为基本的特性,并且,自由亦是"行动的首要条件"③。他赞扬康德以"作为"（faire）替代存有而为行动的最高价值,"自为即是由行动定义的存在者"④。

除了批评萨特把自由局限在思想的领域之外,梅洛-庞蒂进一步批评萨特的时间观使得自由的行动在义理上不可能。他认为,萨特的时间观是一种纯粹的创造的时间,这意味着人们在每一时刻都必须对自己进行革新,从而,萨特把自由的行动当做是发生在与过去与未来相分离开来的单子一般的瞬间之中。而对于梅洛-庞蒂来说,自由的行动要求一种时间上的延续性,我们所做出的选择应当投入到将来的行动之中,后一个瞬间应当从前一个瞬间获得这种自由选择的裨益。梅洛-庞蒂借用德文词语 Augen-Blick 来解释瞬间,它是我们的观注从一个目标移向另一个目标的转折之点。任何一个瞬间都不可能是一个自足的、封闭的世界;同样,任何一个自由的选择都不可能立即被另外一个新的选择所完全替代。人们必须坚持所选择的行动。自由的行动需要有切实的结果,需要有承诺。倘若一切都处于流变之中,人们随时都具有选择的自由,那么,自由就等于是孤立的众多瞬间,这种根本的自由（radical freedom）的概念使得责任变得不可能,人也谈不上具有自己的个性。

三、梅洛-庞蒂的"一般性"的自由观

在批评萨特的同时,梅洛-庞蒂也大致勾勒出他自己关于自由的观点。他认为,我

---

① Whitford, *Merleau-Ponty's Critique of Sartre's Philosophy*, p.64.

② Sartre, "Merleau-Ponty I," in *Merleau-Ponty: Critical Assessments*, vol. I, ed. Ted Toadvine, London: Routledge, 2006, p.173.

③ BN 433.

④ BN 431. 法文词语 faire 具有宽广的意义。除了常见的"做"以外,还表示"成就某事、某人"、"制造某物"、"产生"、"构成"、"学习"等等。

们的行为中应当有稳定的因素或是可理解的结构。这种结构形成了我们在世界中的"沉积"（sédimentation），或者说习惯①。倘若习惯对于自由而言毫无牵制之力，倘若自由的选择总是起着决定性作用的，那么，任何习惯都会在任何时刻被轻易毁灭。然而——梅洛-庞蒂反驳道——这并非事实。假如我二十年来都生活在一种低人一等的情结之中，那么我就"不可能"（probable）改变我的个性②。从萨特的观点来看，这种"不可能"的设想是不成立的：如果存在着自由，那它就必须是完全的，否则就根本没有自由。梅洛-庞蒂则认为，既然二十年来我都驻足于这种低人一等的情结，那么这样的过去（倘若不是命运）对我的在世模式就具有决定性的意义，它构成了我现在生活的氛围，一般性与可能性并非虚构出来的，而是先在于我们的自由。

自由并不能一蹴而就地改变我们的处境，而是要与之相契合、相谐调。在自我周围环绕着一般性的存有者以及已经完成的筹划，在我们与事物之间蕴含着丰富的意义，使得我们成其为"人"、"小资"，或是"工人"。我们不可能只是纯粹意识，正如自然或社会环境并非无名的、无意义的，而总是构成某种处境。

选择若要有意义，就必须考虑到在选择之前已有的信念，自由不能被等同于与动机或情感做斗争的意志的抽象决定。我们在无意之中就已经决定了由各种可能性所构成的提供给自由选择的领地。"真正的选择是对我们整个的个性、对我们归属世界而在（être au monde）的存活风格的选择。"③不过，这种整体意义上的选择行为从来不会突兀地显露出来，它沉默地体现在我们归属世界而在的风格之中，几乎像命运一般。即使当我们选择一种新的存在模式之时，也是预设了之前的习惯，我们或许将对这种习惯加以修正，或许将彻底地痛改前非，不过，由此出发，一种新的习惯又被建立了。

我们的行为具有一定的规律，自由需要有一个要求有所完结的处境，换言之，自由必须具有一个"领地"（champ/field），也即，"特别的可能性或易于粘贴在存有之上的实事性"。那么，什么是这种实事性的领地呢？梅洛-庞蒂首先根据他自己的理解勾勒了萨特的观点。根据萨特，人们称为自由之障碍的东西是通过自由而显现出来的。一个著名的例子是攀岩的例子，对于萨特而言：

> 一座峭壁不可攀登，它是巨大的或是小型的，它是垂直的或是倾斜的，这些特征只是对于计划攀岩来说才具有意义。主体的筹划从一般性的自在之中将这些规定性切划出来，从而才摹地显出一个具有方位的世界以及事物的意义。④

---

① pp.465/503.

② pp.467/505.

③ pp.463/502. 海德格尔的 In-der-Welt-sein 在法文中原本的翻译是 être dans le monde，梅洛-庞蒂改用介词 à 用以表达我们与世界之间更多的关联，包括 in, to, of, at, toward, belong to，因此在新的英文版《知觉现象学》中，有时 être au monde 也被翻译为 being in and toward the world。不过，就梅洛-庞蒂的自由观而言，此处更多强调的是 belonging to 这层含义，因此也可以把它翻译为"归属世界而在"。

④ pp.460—61/499.

梅洛-庞蒂评论道：从萨特的立场出发，事物本身作为"自在"（en soi）是没有意义的，只有意识所构造出来的主体才能给予事物以意义与价值，而事物则对主体不能造成影响，即使它们会构成主体筹划的阻碍。这是因为，一切的阻碍只是出于主体根据其自由的筹划而设定的，换言之，它们是内在于主体的，除却主体它们毫无意义。从而，最终没有任何东西可以限制自由，除非是自由本身所确定的限制。当然，这样的推论的立足点是归于萨特所谓无所拘囿的绝对自由观。

我们在本文第一节提到过萨特的"处境中的自由"，自由本身是绝对的，是人不可或缺的本质性存有，然而，自由的选择活动总是在具体的处境中做出的。就此而言，选择的范围是有限的，自由的实现总是受到实际现实的约束。不过，萨特悖论般地宣称："只有在一个处境中才有自由，而只有透过自由才谈得上有一个处境"①。对于萨特来说，处境并非完全独立于人的，它在事物与主体的关联性中体现出来。萨特从五个方面详细地说明处境的含义，即：我的地方，我的过去，我的周遭事物，我的邻人和我的死亡。处境的形成都是自由选择的结果，一个处境具有促进作用还是阻碍作用，这取决于人是否贯彻其拥有的绝对自由。就萨特对处境的人类中心主义的界定来看，梅洛-庞蒂的批评倒是不无道理。

在批评了萨特的立场之后，梅洛-庞蒂认为，我们应当区分开我想要攀岩的意图与赋予我的处境以特定价值的一般性的意图（intentions générales）②。我有手有脚，有一个身体，处于某种世界之中，我接受着我周围不是人为决定的、影响着我的环境的意图，这些意图不由得我的选择。它们具有一般性，这有两层意思：一是指它们构成一个涵括着所有可能对象的体系，也即，它们之间具有融贯性：倘若山峰比较高大笔直，那么树木就会比较矮小倾斜。二是指这些意图并不出于我，而是来自我的外部，来自远方。似乎在我们的自由活动之前，事物、所予者就已然具有意义和结构。这如同一种"自发的估量"（valorisations spontanées）③。没有这些自发的估量，我们就不会拥有一个世界，也即，一系列可以触摸、可以把握、可以攀登的东西。自由的行动需要借用这些自发的估量。

梅洛-庞蒂接着论辩道：不论我是否决定攀岩，由于这块岩石大大超过了我身体的高度，它就显得很大。但是这种估量并非是由主体根据其筹划而赋予给岩石的。似乎在自然与我之间的存在着一种非人类中心的交互主体性，或者说一种宇宙论的匿名的自我（sujetcosmique）——梅洛-庞蒂本人并没有使用这一术语，这是笔者针对于他所批评的"非宇宙论的自我"（sujetacosmique）所提出的④。这种宇宙论的自我在地球的环境之中无言地不断刻画出各种估价，例如岩石很大，等等。作为我思的我可以随意想象

---

① BN 18. 着重出自原文。
② pp.464/503.
③ pp.464/503.
④ pp.464/503.

我是住在天狼星还是住在地球之上,但是,如果我想从天狼星的角度来观看事物,我仍然需要依赖于我的地球经验,假如我说:阿尔卑斯山是一堆鼹鼠丘,这一判断是从我的地球经验得来的。因此,从我思出发所构想的意图、计划最终是建立在这种种自发的估量的基础之上的。自由并非处于主体的内部,完全属于"自为"的东西;而是存在于事物之中,存在于基于我与自然的原初关联所产生的"一般性的意图"之中。

在《知觉现象学》中,梅洛－庞蒂经常使用"一般性"这一术语来表述自然界中不完全依赖于人的意志的天然的可能性与意义,这与他后来在《交织—交缠》手稿中大量提到的"一般性"遥相呼应,例如,他把大写的"可见性"称为"可感性自身的一般性"①。此时的"一般性"是更加明确地扬弃了主客体二元之分、不断趋近二者之融合的"一般性"。只有在这种游弋于归属于世界的人与自然之"一般性"的敞开之中,自由才能获得其意义。这可谓一种"一般性的自由",虽然梅洛－庞蒂本人并没有使用这个术语。

四、结 语

从梅洛－庞蒂在《知觉现象学》中批评萨特自由观的文本来看,确实在有些地方存在着言过其实,忽略萨特早期哲学的含混性的问题。故而,虽然在当时不少评论者(除了波伏瓦之外)不加评判地接受了其中对萨特的批评,数十年之后,让松(Francis Jeanson)、威弗德(Margaret Whitford)与康普顿(John J.Compton)等学者为萨特进行辩护。他们认为,尽管各自运用了不同的概念模式,梅洛－庞蒂关于自由的观点实际上与萨特并无二致,他所有的洞见几乎都能够在萨特的著作中发现,这两位哲学家之间的区别主要在于程度与着重点之差异②。我们可以考虑这样的问题,对萨特的阐释与辩护是否考虑到萨特本人后来的思想变迁? 是否受到现今的后人类主义(post-humanism)哲学思潮倾向之影响? 在二战之后,萨特与梅洛－庞蒂因为持不同的政治立场而分道扬镳,这一点众所周知。然而,何以萨特对梅洛－庞蒂的批评从来没有作出过直接的回应呢?萨特仅有一次谈及这场争论:

> 他[即梅洛-庞蒂]……对我提出严峻的挑战。波伏瓦以同样严厉的言辞在《现代》杂志中对其作出回应。这是我们第一次——也是最后一次——在文字中

---

① Maurice Merleau-Ponty, *The Visible and the Invisible*, trans. Alphonso Lingis, Evanston: Ill: Northwestern University Press, 1968, p.139; *Le Visible et l'invisible* (Paris: Gallimard, 1964), 183.

② Francis Jeanson, *Sartre and the Problem of Morality*, trans. Robert Stone, Bloomington: Indiana University Press, 1981. Margaret Whitford, *Merleau-Ponty's Critique of Sartre's Philosophy*, Lexington: French forum, 1982. John J. Compton, "Sartre, Merleau-Ponty, and Human Freedom," *The Journal of Philosophy*(79,10):577-588. 在 20 世纪 90 年代,斯特瓦特(Jon Stewart)与霍尔(Ronald L.Hall)等支持并且延续了类似的观点:Jon Stewart, "Merleau-Ponty's Criticisms of Sartre's Theory of Freedom;" Ronald L.Hall, "Freedom: Merleau-Ponty's Critique of Sartre." 这两篇论文皆载于 *The Debate between Sartre and Merleau-Ponty*。

的交锋。①

如此看来,萨特应当是赞同波伏瓦对梅洛-庞蒂的回应的。尽管萨特对他与梅洛-庞蒂的思想关联保持缄默,伯纳斯戈尼(Robert Bernasconi)提出,事实上,他认真地接受了梅洛-庞蒂对他的批评,并且以此为依据而对其早期哲学作出了修正。在作于1957年的《寻求一种方法》中,他对《存有与虚无》的中心观点与方法论之不足做出了弥补,这正是对梅洛-庞蒂的批评之回应,同时亦是萨特的自我批判②。在1955年《辩证法的冒险》中,梅洛-庞蒂的一个主要批评是:萨特哲学是笛卡尔主义,是主体主义哲学,缺乏社会维度,并非真正的马克思主义。针对于此,在《寻求一种方法》中,萨特一开篇就宣称马克思主义是这个时代的哲学,而笛卡尔主义则是资产阶级的哲学,它已然成为昨日黄花③。从这个角度来看,正是在梅洛-庞蒂批评的影响之下,萨特竭力摆脱笛卡尔主义的影响,摆脱主体主义哲学的阴影。

尔今,倡导人的绝对自由的主体主义哲学已然黯淡,后文主义(posthumanism)哲学思潮新兴未艾。尽管萨特认为自由的选择活动总是在具体的处境中做出的,但他仍然是从人的立场出发来对处境加以界定的。对萨特更好的批评应当是针对其人类中心主义的批评。梅洛-庞蒂则试图超出人类中心主义,从某种宇宙论的匿名的自我出发,从基于我与自然的原初关联出发来把握"一般性的自由"。在重探梅洛-庞蒂对萨特自由观的批评之际,我们可以考虑这样一个问题:倘若梅洛-庞蒂对其在《知觉现象学》所阐述的这种"一般性的自由"具有完全的信心,那么,为何对于自由的关注在其后期哲学中却几如游丝絮影,难寻踪迹? 在当今学术界,自由的问题在大多数情况下只是在政治哲学领域中作为消极意义上的自由才得到讨论,而积极意义上的古典的人类中心主义的自由概念则似乎已然消解,其痕迹仅仅留存于哲学史的档案之中。在这样的情况下,我们是否能够建构起一种新的处境之中的"一般性的自由"概念? 道家的逍遥哲学是否能够、如何能够推进我们对自由问题的再探讨? 这些问题都期待着新一代学人在跨文化的语境中对其作出深入的考量。

---

① Jean-Paul Sartre, "Merleau-Ponty," in *Situations*, trans. Benita Eisler, London: Hamish Hamilton, 1965, p. 318.

② 参见 Robert Bernasconi, "Sartre's Response to Merleau-Ponty's Charge of Subjectivism," *Philosophy Today* 2006 suppl.: 113-125。

③ Jean-Paul Sartre, *Search for a Method*, trans. Hazel E. Barnes, New York: Alfred Knopf, 1963. 这篇著述后来收入1960年出版的《辩证理性批判》。

孟子人性论中的自由与命运

许咏晴[*]

内容提要：孟子对人性的论述被称为性善说，性善指的是：若顺人的真实状态，就可以做到善，而人的真实状态则是具备恻隐、羞恶、恭敬、是非之心，这四种心是仁、义、礼、智的开端。心是天赋予人的，"性"的根源自然也归于天，积极养育人性的态度，等待随时可能到来的任务，就是建立正确的方法。人能够自由地选择是否顺从人性而行，但是人在实现人性时，受到寿命、身体能力，以及不可测度的命运之限制。天赋予人可能埋解的使命，同时给予人不可测度的命运，孟子基于对天的确信，虽然命运难测，受到命运限制身体与行动能力时，人仍然拥有选择用什么态度面对命运的自由。使命与命运之拉扯所形成的张力，使得人的自由得以落实，并且在对命运的肯认中将它转化为践行使命时的考验，因而激发实现使命的动力与勇气，使人超越命运所造成的威胁。

关键词：孟子；自由；命运；使命

一、作为潜能与倾向的人性

孟子哲学广及政治、伦理、修养理论。就政治而言，有关各种团体或个人缔结成特定关系互相依存；就伦理而言，它侧重行为的规范，众人依据此规范可使社会和谐稳定；就修养而言，它隐含现状的不圆满，需要透过努力才能向上提升。三者与人都有直接的关联，孟子哲学虽然广及政治、伦理、修养，但最后总是回到人性。对于孟子哲学的分析，直捣核心的途径即是人性问题本身。一旦掌握了孟子对于人性的认识，便可以为了解孟子政治、伦理、修养哲学建立稳固的基础。令人遗憾的是，孟子对于人性的说明，往往被误解为一种"已然"的局面。①

孟子对其"性善说"有清楚的解释，并且明确地说明"善"的意义。首先，依据孟子对于人类的观察："人之有道也，饱食暖衣，逸居而无教，则近于禽兽。圣人有忧之，使契为司徒，教以人伦，父子有亲，君臣有义，夫妇有别，长幼有序，朋友有信。"（《孟子·

---

* 许咏晴，台湾大学哲学博士，西南交通大学哲学与历史研究所助理研究员。

① 关于"已然"，梁漱溟指出："性是何所指。孟子所说的性善，差不多全被人误会。最大的误会是把所谓性看成一个已成的呆板的东西。所有死板的东西、呆板的局面，他的善恶好坏，统通都是已然的。……既是已然，如果说是好，则好者不能变坏；如果说是坏的，则坏者又何能变好。"（李渊庭、阎秉华整理：《梁漱溟先生讲孔孟》，上海：上海三联书店 2008 年版，第 96 页。）

滕文公上》）人类生活的法则是：吃饱穿暖，生活安逸而没有教育，就和禽兽差不多。圣人因此感到忧虑，于是以人伦教育百姓，使百姓和野兽区隔开来。对照《孟子·梁惠王上》："是故明君制民之产，必使仰足以事父母，俯足以畜妻子，乐岁终身饱，凶年免于死亡。然后驱而之善，故民之从之也轻。"（《孟子·梁惠王上》）国君养育百姓，使百姓饱食暖衣，目的是为了让百姓可以走上善道。必须先教导百姓明白什么是善，才能督促他们走上善道。由《孟子·梁惠王上》与《孟子·滕文公上》论述国君治国安民的段落可知，孟子所说的教育以人伦为核心，目的是为了使人民行善，善即是人与人之间的适当关系。《孟子·离娄上》又说："仁之实，事亲是也；义之实，从兄是也。智之实，知斯二者弗去是也；礼之实，节文斯二者是也。"由此可知，仁、义、礼、智就是善的四种具体表现。

基于孟子对人类的观察，一般人缺乏教育往往就和禽兽差不多，现实中人类"已然"的样貌并不足以支持孟子的性善说，那么孟子又如何断言"性善"？

> "今曰'性善'，然则彼皆非与？"孟子曰："乃若其情，则可以为善矣，乃所谓善也。若夫为不善，非才之罪也。恻隐之心，人皆有之；羞恶之心，人皆有之；恭敬之心，人皆有之；是非之心，人皆有之。恻隐之心，仁也；羞恶之心，义也；恭敬之心，礼也；是非之心，智也。仁义礼智，非由外铄我也，我固有之也，弗思耳矣。故曰：'求则得之，舍则失之。'或相倍蓰而无算者，不能尽其才者也。《诗》曰：'天生烝民，有物有则。民之秉彝，好是懿德。'孔子曰：'为此诗者，其知道乎！故有物必有则，民之秉彝也，故好是懿德。'"（《孟子·告子上》）

孟子认为"性善"是指若顺人的真实状态，就可以做到善，而人的真实状态则是具备恻隐、羞恶、恭敬、是非之心。但是恻隐、羞恶、恭敬、是非之心并不等于仁、义、礼、智。《孟子》中至少有两个例子可以直接说明，恻隐之心与羞恶之心的发用，也可能仅导致一些无关善恶的行为。

> 其妻告其妾曰："良人出，则必餍酒肉而后反；问其与饮食者，尽富贵也，而未尝有显者来，吾将瞷良人之所之也。"蚤起，施从良人之所之，遍国中无与立谈者。卒之东郭墦闲，之祭者，乞其余；不足，又顾而之他，此其为餍足之道也。其妻归，告其妾曰："良人者，所仰望而终身也。今若此。"与其妾讪其良人，而相泣于中庭。而良人未之知也，施施从外来，骄其妻妾。由君子观之，则人之所以求富贵利达者，其妻妾不羞也，而不相泣者，几希矣。（《孟子·离娄下》）

妻妾发现丈夫以不正当的方法谋求饮食，激起羞恶之心，一同嘲骂丈夫，在庭院中相对哭泣，但是丈夫还不知道这一切，仍洋洋得意地从外面回来。妻妾的羞恶之心虽然引起了对于不正当行为的厌恶，并刺激情绪反应，但是尚未导致具体的善行，至少未能改变丈夫的行为。

曰:"臣闻之胡龁曰:'王坐于堂上,有牵牛而过堂下者';王见之,曰:'牛何之?'对曰:'将以衅钟。'王曰:'舍之;吾不忍其觳觫,若无罪而就死地。'对曰:'然则废衅钟与?'曰:'何可废也? 以羊易之。'不识有诸?'曰:'有之。'……曰:'无伤也,是乃仁术也,见牛未见羊也。君子之于禽兽也,见其生,不忍见其死;闻其声,不忍食其肉。是以君子远庖厨也。'"(《孟子·梁惠王上》)

齐宣王对动物产生不忍之心,隐其无罪而就死地,引发以羊易牛的举动被孟子评为"仁术",显然齐宣王的不忍心尚不等于"仁"。孙奭疏:"此亦为仁之一术",①朱熹注:"术,谓法之巧者",②说明齐宣王的不忍之心是实践仁的好方法,而不等于"仁"。③ 孟子直谏齐宣王"今恩足以及禽兽,而功不至于百姓",又劝勉齐宣王:"推恩足以保四海,不推恩无以保妻子;古之人所以大过人者无他焉,善推其所为而已矣。"心对于特殊处境产生反应,只是展现出能为仁、义、礼、智的潜能与倾向,这些倾向与潜能有待自身觉察,④主动推发、落实为具体行动,并且施于人际之间,才可能实现为善行。

二、自由与使命的建立

由孟子对于心的反应的描述可知,心的作用必须配合实际的行为才能够促成善行,而不能贸然将心所展现的不忍或羞恶的反应以及人性视为"已然"的局面。心的作用之触发只是善行的起点,因此孟子在《孟子·公孙丑上》更进一步说明这四种心是仁、义、礼、智的"开端"⑤:

① (汉)赵岐注,(宋)孙奭疏,廖名春、刘佑平整理,钱逊审定:《孟子注疏(十三经注疏)》,北京:北京大学出版社2000年版,第31页。下引本书只注书名。
② (宋)朱熹:《四书章句集注》,台北:大安出版社1999年版,第291页。
③ 徐复观:"四端为人之固有,随机而发,由此而可证明'心善'孟子便把这种'心善'称为'性善'"(徐复观:《中国人性论史——先秦篇》,台北市:台湾商务印书馆1969年版,第172—173页)。徐氏由乍见孺子将入于井例,以心善说性善。但由齐宣王的不忍之心仍不是"仁",妻妾羞其良人的羞恶之心也尚未构成"义行",可知直接以"心善"说明"性善"的说法有待商榷。
④ 冯友兰:"如无了解,他的行为,虽可以合乎仁义,但严格地说,不是仁底行为,或义的行为。他的行为,虽可以合乎礼,但亦不过是普通底'循规蹈矩'而已。无了解底人,只顺性而行,或顺习而行,他的行为虽合乎道德,但只是合乎道德底行为,不是道德行为。"(冯友兰:《新原道》,台北市:台湾商务印书馆1995年版,第10页。)
⑤ 赵岐:"端者,首也"(赵岐语,《孟子注》,引自清·焦循撰,沈文倬点校:《孟子正义》全二册,北京:中华书局1987年版,第234页。下引本书只注书名)、孙奭:"端,本起于此也"(《孟子注疏(十三经注疏)》,第114页)。朱熹:"恻隐、羞恶、辞让、是非,情也。仁、义、礼、智,性也。心,统性情者也。端,绪也。因其情之发,而性之本然可得而见,犹有物在中而绪见于外也。"(《四书章句集注》,第329页)由本文所援引的妻妾的羞恶之心和齐宣王以羊易牛的例子可知,朱熹以"绪"解"端",以为仁、义、礼、智是性的解释,不免有倒果为因之误。赵岐、孙奭的解释反而更能符合孟子重视"扩而充之"、"善推其所为"的用心。

恻隐之心,仁之端也;羞恶之心,义之端也;辞让之心,礼之端也;是非之心,智之端也。人之有是四端也,犹其有四体也。有是四端而自谓不能者,自贼者也;谓其君不能者,贼其君者也。凡有四端于我者,知皆扩而充之矣,若火之始然,泉之始达。苟能充之,足以保四海;苟不充之,不足以事父母。

孟子肯定实现仁、义、礼、智的开端与倾向是内发的,不是外界加给我的。由此可知,"乃若其情,则可以为善矣,乃所谓善也"所说的人性不是一种"已然"的局面,而是一种潜能与倾向。① 孟子不仅指出这种向善的潜能与倾向是内存的,更向上推源于天:

心之官则思,思则得之,不思则不得也。此天之所与我者,先立乎其大者,则其小者弗能夺也。此为大人而已矣。(《孟子·告子上》)

孟子肯定人心有"思"的作用,即一种觉悟的能力,一旦运用了心的功能,顺着自然涌现的四心,应用在人际之间落实为具体的行为实践,就可以做到善。德行完备的"大人"与平凡"小人"之间,差异就在于"思"与"不思"。"思"与"不思"的能力显示人可以意识到发生在自己身上的内在力量,于是人可以对这些力量采取反思的距离。"思"与"不思"的选择操之在我,我若不选择使用心"思"的功能,那么心就好像不存在一样,因此孟子指出"求则得之,舍则失之"。相对于"心",身体则容易受到外物吸引,而受制于自然。然而,一旦人自觉心的官能,就可能身在自然之中,同时超越自然。人虽然受限于自身身体的能力,但是人有自由可以选择不受身体的本能和伴随而来的欲望影响,主动实践善行,甚至牺牲生命。② 究其根源,孟子指出心是天赋予人的器官,运用心的功能,人得以脱离身体的裹胁。天将心赋予所有人,心具备共同的倾向与潜能,顺从心的要求而实现的仁义忠信,以及乐于行善而不疲倦者,被孟子称为"天爵",《孟子·告子上》:

1. 孟子曰:"有天爵者,有人爵者。仁义忠信,乐善不倦,此天爵也;公卿大夫,此人爵也。古之人修其天爵,而人爵从之。今之人修其天爵,以要人爵;既得人爵,而弃其天爵,则惑之甚者也,终亦必亡而已矣。"

2. 孟子曰:"欲贵者,人之同心也。人人有贵于己者,弗思耳。人之所贵者,非良贵也。赵孟之所贵,赵孟能贱之。"

---

① 傅佩荣指出:"孟子强调人与禽兽的根本差异,在于人心有四个'善端',可以扩充发展为'仁义礼智'。善端是善的开始与萌芽,而不是善的完成。"(傅佩荣:《儒家哲学新论》,台北市:联经出版事业有限公司 2010 年版,第 18 页。)

② 例如《孟子·告子上》:"生亦我所欲也,义亦我所欲也;二者不可得兼,舍生而取义者也。"

孟子无非是想要强调人爵的基础应该建立在德行修养之上。人给的爵位与尊贵，亦可为人所轻贱，重要的在于所有人自身具备的可能发展为贵重德行的东西，只是不去思考罢了。思考是心的官能，可见孟子所说的"人人有贵于己者"，即是指心。心的要求只是行仁与礼的开端，不等于仁与礼，君子的特色就在于能够以仁礼省察①自己，省察自己是否能够彰显心的要求，因此《孟子·离娄下》说："君子所以异于人者，以其存心也。君子以仁存心，以礼存心。"君子与一般人的不同之处，在于君子能够用仁德和守礼来考察自己是否能够主动而真诚地发挥心向善的倾向与潜能。②

在人能够自由抉择"思"或"不思"的基础上，人若能够充分实现心发出的要求与倾向，并且配合实践，"尽心力而为之"③。落实为具体的善行，就是"尽心"。顺着这样的思路，孟子构筑了一套"立命说"，《孟子·尽心上》：

> 孟子曰："尽其心者，知其性也。知其性，则知天矣。存其心，养其性，所以事天也。夭寿不贰，修身以俟之，所以立命也。"

"仁义礼智之端，源于性而见于心。"④儒家哲学配合经验，人在日常生活中遭遇特定情况——例如，妻妾发现丈夫以不正当的方法谋求饮食、"王坐于堂上，有牵牛而过堂下者"——触发心的官能，自觉"心"（四端）所发的要求，使其真实地呈现，顺势将"心"的要求充分扩充实践，就会了解对于善行有所要求是人的本性。孟子基于《诗经》"天生烝民，有物有则。民之秉彝，好是懿德"的古代传统，既然天是人类存在的来源，那么"性"的根源自然也归于"天"。⑤ 人性是天所赋予，面对寿命的客观限制也不改变积极养育人性的态度，等待随时可能到来的任务，就是建立使命的正确方法。孟子虽肯定人可以主动建立使命，"夭寿不贰"却凸显了人自由实现其本性时，可能面对的隐忧与阻力——人的生命有限，同时受到种种客观环境的影响与限制。

三、使命与命运之间的张力与超越

人类在自由选择是否顺其本性而行的同时，不得不面对不受人类意志左右的种种

---

① 焦循："赵氏以在释存，盖以在为察；在心即省察其心。"（《孟子正义》，第595页）

② 本文中"向善"一词是参考傅佩荣对于儒家人性论的研究所得。傅佩荣指出："以'向'来形容人性，表示人性是开方的、动态的，是等待被实现的潜能，必须在人生的过程中，经由个人的选择而付诸实现。……至于以'善'来描述人性的共同趋向，则是因为道德是人的一切可能性之中，最根本、最重要的一种。"（傅佩荣：《儒家哲学新论》，台北：联经出版事业有限公司2010年版，第19—20页）

③ （清）毛奇龄著，胡春丽点校：《四书改错》，上海：华东师范大学出版社2014年版，第377页。

④ 焦循语，《孟子正义》，第877页。

⑤ 《孟子·尽心上》所说的尽心、知性、知天应该是就人的认识先后而言，认识在先的经常是存有次序在后者，天是存有次序上最先存在的，至于心与性的先后问题，孟子并没有明确说明。

限制力量。人固然能选择是否顺性而为,但是这种"看似"自由的选择并不是绝对自由的。首先,选择行为的自由受到身体能力的限制。孟子明确地区分了"不为"与"不能"。① "不为"是能力上可以做得到,但是意志上不愿意做;"不能"是能力上做不到,即便意志上想要作也无法达成。孟子虽然认为人有选择行为的自由,但是这种选择的自由是有限的,人至少受限于自身身体的能力。再者,选择行善时也受到心的独特"倾向"影响,关键在于行为者是否意识到心的特殊倾向,而主动付诸实践。② 人虽有良知、良能,若不行善就会不忍,但人依然可能漠视心的要求,甚至根本未曾自觉它们的存在。孟子探讨人性问题时,强调自觉心的各种要求,显示孟子观察人类行为的时候,已经触及到一般人经常没有意识到的、影响我们追求善行的力量,并且将这种推动行为的力量区分为恻隐、羞恶、辞让、是非四类。③ 在尽心、知性的过程中,"自觉"使得人类在有限能力与心的特殊倾向影响之下,保有相对的选择自由——我自觉心的功能并且顺从它行动,或者拒绝与之配合。孟子洞见人有这样深层的自我意识,意识到发生在自己身上的内在力量,可以审思是否将这种力量当成行为的理由以证成自己的行为,即便"不作为"也是有理由的不作为,也是一种具有理由的"行动"。孟子将这两种相对的张力称为"诚"与"不诚",并且肯定"诚"赋予行为道德价值。④

然而,孟子认为天赋予人类心这个能思的器官,当人自觉心的官能,自由地选择顺从人性而行时,就必然能够成就善行、建立使命、甚至完成上天赋予的任务吗?答案显然是否定的,孟子也说明了依循本性实践善行的过程中,还存在着各种阻力,《孟子·尽心下》:

> 孟子曰:"口之于味也,目之于色也,耳之于声也,鼻之于臭也,四肢之于安佚也,性也,有命焉,君子不谓性也。仁之于父子也,义之于君臣也,礼之于宾主也,智之于贤者也,圣人之于天道也,命也,有性焉,君子不谓命也。"

口、目、耳、鼻、四肢对于美味、美色、好听的声音、香味、安逸的生活,是出于本性的要求,

---

① 《孟子·梁惠王上》"故王之不王,不为也,非不能也。"曰:"不为者与不能者之形何以异?"曰:"挟太山以超北海,语人曰'我不能。'是诚不能也。为长者折枝,语人曰'我不能。'是不为也,非不能也。"

② 《孟子·尽心上》孟子曰:"人之所不学而能者,其良能也;所不虑而知者,其良知也。孩提之童,无不知爱其亲者;及其长也,无不知敬其兄也。亲亲,仁也;敬长,义也。无他,达之天下也。"

③ E.佛洛姆:"自由于选择的意识证明了自由的存在——早已被斯宾诺莎和莱布尼兹彻底推翻了。斯宾诺莎指出,我们之有自由的幻觉,是因为我们只觉知自己的欲望,却不觉知这些欲望的动机。莱布尼兹也同样指出,意志是由部分为我们所谓意识到的倾向所驱动。"(E.佛洛姆:《人的心》,孟祥森译,台北:有志文库2007年版,第151页)

④ 《孟子·离娄上》"是故诚者,天之道也;思诚者,人之道也。至诚而不动者,未之有也;不诚,未有能动者也。"这段话的意思是:天的运作模式是"真实",而人的正确途径是"真诚"。极端真诚而不能有善的行动,是不曾有过的事;如果没有真诚,绝不能有善的行动。孟子这段话显示其立场:真正的善行必须具备真诚行善的动机。

能否得到则要看命运,所以君子不说这些是本性。仁德对于父子、义行对于君臣、守礼对于宾主、明智对于贤者、圣人对于天道的体现,属于命运,但是其中也有本性作为依据,所以君子不说这些是命运。① 父子之间要求仁德、君臣之间要求义行、宾主之间要求守礼、贤者要求明智、天道的体现需要圣人,父子、君臣、宾主、贤者能不能实现仁义礼智、天道能否得到圣人的体现,都属于命运,但是其中皆有本性作为依据,所以君子不说这是命运。"命"的根源上溯至天,人间一切"限定"皆可认为是天命的结果。② 由《尽心下》的这一段引文可知,孟子所说的命,除了作为人能够主动建立的使命以外,还有作为限制人类的命运之意。

人在自由选择是否实现本性以建立使命的同时,还存在着命运作为对抗的力量。不仅在实现本性时受到命运的限制,禄位、祸患、无可奈何的遭遇,皆属于命的范畴。天不仅是人类存在的来源,天还能够以行动与事件表示其意志,造成人间的各种条件与限制,因此孟子也将"天"与"命"并举。

1. 天与贤,则与贤;天与子,则与子。……莫之为而为者,天也;莫之致而至者,命也。(《孟子·万章上》)

2. 弥子谓子路曰:"孔子主我,卫卿可得也。"子路以告。孔子曰:"有命。"孔子进以礼,退以义,得之不得曰"有命"。而主痈疽与侍人瘠环,是无义无命也。(《孟子·万章上》)

3. 孟子曰:"莫非命也,顺受其正;是故知命者不立乎岩墙之下。尽其道而死者,正命也;桎梏死者,非正命也。"(《孟子·尽心上》)

4. 孟子曰:"求则得之,舍则失之,是求有益于得也,求在我者也。求之有道,得之有命,是求无益于得也,求在外者也。"(《孟子·尽心上》)

一切的遭遇都是命运,然而其中有合乎情理、理性可以了解的正当命运,因此了解命运的人会依据理性的判断,尽可能防范灾祸。但是,孟子也承认"命运"有其不可测度的部分。不可测度的命运也昭示了天意超越人类理性理解能力的一面:

① 赵岐解释本段时,在仁、义、礼、智下各加上"者"字,恐是为了配合与"圣人"排比,但是却产生增字解经之嫌。孙奭则以为仁、义、礼、智是指四端而言,圣人兼统四体而与于天道,释为"仁以恩爱施之于父子,义以义理施之于君臣,礼以礼敬施之于宾主,知以明智施之于贤者,而具其四端,圣人兼统四体而与于天道以王天下"将四端与四种德行分解,虽然造成解释的冗赘,但是四端发挥其功用,施于父子、君臣、宾主、贤者上,若不考虑冗赘反复的问题,似乎可以解释得通。但是孙奭的解释中,凭空生出"以王天下"则不可理解,一方面《孟子》原文中未见此语,另方面孟子曾说"君子有三乐,而王天下不与存焉。"(《孟子·尽心上》),若以"兼统四体而与于天道以王天下"为"性",则不容易自圆其说。(详见《孟子注疏(十三经注疏)》,第464页)

② 详见傅佩荣:《儒道天论发微》,台北:联经出版事业有限公司2010年版,第135页。

1. 君子创业垂统,为可继也。若夫成功,则天也。君如彼何哉? 强为善而已矣。(《孟子·梁惠王上》)

2. 吾之不遇鲁侯,天也。臧氏之子焉能使予不遇哉?(《孟子·梁惠王上》)

3. 天下有道,小德役大德,小贤役大贤;天下无道,小役大,弱役强。斯二者,天也。(《孟子·离娄上》)

人努力行善,但是所谋能否成功,只有让天来决定。孟子欲说服各国国君实行仁政,然而是否能够会晤国君,则归于天意。天下上轨道时,德行与智慧受到重视,天下不上轨道,则人间只有成王败寇。人类顺从天所赋予的心与性的要求,努力实现德行建立使命的同时,天也造成各种限制与命运来挫折人。孟子主张"立命"的同时,也未曾否定"有命"的阻挠。

昔者曾子谓子襄曰:"子好勇乎? 吾尝闻大勇于夫子矣:自反而不缩,虽褐宽博,吾不惴焉? 自反而缩,虽千万人吾往矣。"(《孟子·公孙丑上》)

孟子由对于天的确信产生出立命的勇气,同时又发觉天的意志显示出人类理性所不能理解的侧面。主动实现人性、建立使命,却也认为顺应人性要求行善避恶不一定能迎来天意的肯定或相应的报偿,孟子的立命说与有命说之间似乎包含了某种吊诡——天既要求人行善,又阻挠人行善。但深究孟子对天人关系的论述后终将发现,孟子立命与有命这两种说法之间并不会造成矛盾的局面。

孟子论"命"的基础并不只是根植于个人或人类共同的倾向上。"天生烝民,有物有则,民之秉彝,好是懿德"人性是来自于天和人之间的力量与性格的传递,天与人的关系无论是创造或感生的关系,都是为了人的德行修养与人格的完成预备基础,这属于天赋予人使命的一面。人虽然可能觉察自身的使命,但孟子未曾否认命运的限制。命运虽然能够对人类实践使命造成阻碍,但是人类能够自由地决定用什么态度面对命运。[①] 因此,孟子将命运转化为实践使命时的考验:

故天将降大任于是人也,必先苦其心志,劳其筋骨,饿其体肤,空乏其身,行拂乱其所为,所以动心忍性,曾益其所不能。(《孟子·告子下》)

孟子说的立命和有命说皆指向同一种确信,天既作为人之使命的根源,同时又超越人类

---

① 参考 Rollo May 对于自由的描述:"他一点行动的自由都没有,也没办法改变黑衫队的行为。但是,他却拥有所谓的'终极自由',他有自由选择用什么态度去面对抓他来的人。这种生命的自由或本质的自由,涉及的是反省和权衡轻重的能力,有了这种能力,才有提出问题(不管有说还是没说出来)的自由。"(Rollo May:《自由与命运》,龚卓军、石世明译,新北:立绪文化事业有限公司 2001 年版,第81—82页)

理性的认识范围，虽然人无法全然了解天意，但是可以选择面对天意的态度。孟子的人性论虽然符合对于人类真实情况的观察，但最终将人性植根于天的基础之上，并且能透过"尽其心者，知其性也。知其性，则知天矣"的方式加以觉察。人类可以透过个人的体验而"知天"，不过"知天"并非了解关于"天"的一切，而是了解到天是人性的根源，以及了解天赋人性的具体内容。天意有其可知的侧面，同时有不可知的侧面，人无法完全理解天的意志与天的运作，不能测知天意全貌，这就是所谓命运及生命中的诸多客观限制。

人性既然源自于天，那么实现人性便可以视为对于天赋号令的顺应。但是，顺应天命实现人性等待任务、建立使命时，人还必须面对命运与死亡（殀寿）等威胁，那么天命似乎可能受到命运的超越。但是，人也可能在遭受命运与死亡威胁的时候，不顾命运与死亡而实现人性的潜能，从而超越命运与死亡。人类依据理性接受天的意志有其不可知的侧面时，仍然能够力行其所知，因而彰显了人的自由，并且在面对命运的阻力时展现行动的勇气，体认自己对于行善的责任感。

1. 王如用予，则岂徒齐民安，天下之民举安。（《孟子·公孙丑下》）

2. 夫天未欲平治天下也。如欲平治天下，当今之世，舍我其谁也？吾何为不豫哉？（《孟子·公孙丑下》）

3. 生亦我所欲也；义亦我所欲也，二者不可得兼，舍生而取义者也。（《孟子·告子上》）

4. 故天将降大任于是人也，必先苦其心志，劳其筋骨，饿其体肤，空乏其身，行拂乱其所为，所以动心忍性，曾益其所不能。（《孟子·告子下》）

5. 殀寿不贰，修身以俟之，所以立命也。（《孟子·尽心上》）

6. 君子行法，以俟命而已矣。（《孟子·尽心下》）

有限的人类无法由有限的生命激发超越命运的行动，这种实践使命的确定感不能来自有限个人的自我肯定，背后的根源是孟子对于"天"的肯定。也是因此之故，孟子才可能说出："夫天，未欲平治天下也；如欲平治天下，当今之世，舍我其谁也？"（《孟子·公孙丑下》）、"君子行法，以俟命而已矣。"（《孟子·尽心下》）孟子并非消极接受命运的摆弄，而是在接受命运束缚的同时，展现出主动承担使命——心对于行善的要求——的力量，对于命运与使命的承认与接受是并存的。孟子接受命运的局限并且承担使命，甚至随时为了实现人性而牺牲生命。敢于为了实现天所赋予的人性而赴死的勇气，正是孟子对天的确信的试金石。孟子未曾消除命运与死亡的威胁，而是承认并接受它们的来临，将面对威胁的恐惧，转化为主动承担的态度，对于天赋使命的确信激发了承担威胁的勇气。唯有承认与接受它们存在的事实，将它们转化为一个能够将专注力投射的明确对象①,这个对象才能够被面对、被忍受,人才可能对命运与死亡采取某种具体的态度;为了能够超越它们,必须先肯定它们。②

孟子不采取春秋末期的"不朽说"③或其余形式的死而不亡的观念,因为那些说法无异于今生的延长,只是将死前未遂的欲望以及对赏罚报应的渴求投射到死后,无疑是对命运与死亡来临的抵抗。为了超越命运与死亡的限制,必须先肯定它们。孟子选择接受命运与死亡的限制,正是由于这份接受与承认的态度,使得命运和死亡的威胁失去力量。孟子将人性的实现与人格的完成视为生命中最重要的问题,这些议题便给人带来强烈的满足感,"万物皆备于我矣。反身而诚,乐莫大焉。"(《孟子·尽心上》)不顾有限性的威胁,使人性不受到任何扭曲得以充分实现,激发人生最大的快乐,生命因此无所欠缺,甚至可以"舍生而取义"(《孟子·告子上》)。由于接受天意有不可理解的一面,解消了命运与死亡的威胁,另一方面又因为对天命的确信,激发了实现人性的勇气,生命的有限与终结遂转化为人生使命的完成。

四、结　语

孟子所谓的性善说并非一种已然的局面,性善说是:若顺人的真实状态,就可以做到善,而人的真实状态则是具备恻隐、羞恶、恭敬、是非之心,心的这四种反应是仁、义、礼、智四种具体善行的开端。心的官能是"思",心是天赋予所有人的,如果能够善用心的官能,自觉心面对特定事件时,能够产生恻隐、羞恶、恭敬、是非的反应,并加以落实为具体善行,时时刻刻都积极养育人性,等待随时可能到来的任务,就是建立天交付给人的使命。天虽然赋予人使命,但是实践使命的同时,可能遇到各种阻碍与限制,这是莫可奈何的命运。如果置身命运的束缚不可自拔,以为外在世界的种种客观条件或命运决定人的反应和行动,那么人的反应与行动仅只是处于一种被动承受者的地位,人甚至可能由于生命中的各种客观限制,拒绝对自己的行为负责。然而,孟子思想出现以后,孟子回到人的身上去寻思天意的呈现,由尽心、知性、知天的认识过程之中,天意的性质部分地可以由人在自觉中主动进行理解。因此,对人而言,天的意志或天的号令的性质,部分地受到人心、人性被理解的方式影响,人便可能由被动的承受者,转换为天意的主动实践者与使命的建立者。

---

① 此处所说的"对象"并不一定具备"实在性"(Reality),只是就人的意识之能意识对象来推论被意识者存在,而称之为"对象"。死亡便不具备实在性,虽然死亡本身是非存在或虚无,但它却可以对人造成威胁、被人意识到,使人对它采取某种态度。例如,《孟子·告子上》:"死亦我所恶,所恶有甚于死者"。

② Paul Tillich 指出:"任何极端的否定,只要它是主动的否定,它就含有这种悖论:为了能够否定它自己,它必须肯定它自己。"(Paul Tillich, *The Courage to Be* (New Haven:Yale University,2000),p.162)

③ 《左传·襄公二十四年》豹闻之:"大上有立德,其次有立功,其次有立言。"虽久不废,此之谓不朽。[(周)左丘明传,(晋)杜预注,(唐)孔颖达正义,浦卫忠、龚抗云、胡遂、于振波、陈咏明整理,杨向奎审定:《春秋左传正义(十三经注疏)》,北京:北京大学出版社 2000 年版,第 1152 页]

由孟子对于人性论的建立,彻底地扭转了儒家哲学出现以前那种只有天子一人能够自觉天命的态势,使天命对普遍的人类开放。但是如果因此就说孟子把天或天命赋予人的使命转化为"心"经过修养展现出的某些要求,这是完全误解了孟子,因为不可测度的命运也昭示了天意超越人类理性理解能力的一面。处于对于使命的理解和天意造成不可测度的命运之间,人虽然受制于命运,却能够自由选择用什么态度面对它。受限于命运时,人仍然力行其所知的使命,实现人性的要求,反而更加彰显了人的自由。

部分文章英文提要
Abstracts of Selected Articles

Bataille's Base Materialism in Comparison with Marx's Historical Materialism

YANG Wei

(Department of Humanities and Social Sciences,

Naval Medical University, Shanghai 200433, China)

Bataille'sbase materialism pointed out a basic direction for the development of his later thought. Tracing back to Gnosticism, Batailleassumed that he had transcended dialectical materialism. However, it is not difficult to find out that base materialism, as compared with Marxist philosophy, does not go beyond the horizon of historical materialism in the broad sense. Both base materialism and historical materialism are concerned with basematter, and their horizons overlap. Nonetheless, their theoretical orientations diverge sharply. If it could be said that Marx deployed an upward force of abstraction based on social reality, then Batailleexpressed anoutward force oftransgression based on life experience. Although it is biased to some extent, base materialism involves a kind of reflection on the whole tradition of Western philosophy and has enlightening significance.

Keywords: base materialism, historical materialism, philosophical methodology, Bataille, Marx

A New Understanding of Historical Materialism

AN Qinian

Abstract: Historical materialism is one of the most important parts of Marxism philosophy, and has been long valued in academic circles at home and abroad. But what is historical materialism is a controversial issue. Generally, the "classical statement" emphasizes social existence determines social consciousness, which is totally right. But it is not the most important part of content of historical materialism. What Marx understands about historical materialism are the following: historical materialism concerns human and the development of human; labor practice is the key to understand history; the reactions amonghuman, nature and human society, and their coordinated development are the basic contents of history. That social existence determines social consciousness is only a part or an aspect of Marx's historical materialism. It is necessary to emphasize that social existence determines social consciousness and to emphasize the important role that productive forces play, in social revolutions, forcriticizing historical idealism, and for the economic reform and open up. We should re-understand of Marx's historical materialismnow when material production brings serious resources and environment problems and when we are implementing the new vision for development.

Keywords: "classical statement" about historical materialism, anew understanding ofhistorical materialism, the forming procedure of Marx's philosophy

On the Current Situation and Trend of Development of Contemporary Chinese Philosophy

WU Ning and SUN Lu

(School of Marxism, Shanghai Normal University, Shanghai 200234)

Contemporary Chinese philosophy mainly consists of Marxist philosophy, traditional Chinese philosophy, and Western philosophy. Contemporary Chinese philosophy has made some achievements in the process of development, but it has also encountered a number of problems such as the barriers among these three major branches, the lack of characteristic system of discourses, and the eagerness for instant success and quick profits in the philosophical research. While consolidating the achievements of contemporary Chinese philosophy, we must focus on solving prominent problems in philosophical research and social reality so as to create a theoretical system with Marxist philosophy as the soul, with traditional Chinese philosophy as the body, and with Western philosophy as the tool. We must form unique concepts and categories with Chinese characteristics by means of keeping close to the social reality and by adhering to the issue-oriented model so as to promot contemporary Chinese philosophy to the world and to a more far-reaching future.

Keywords: Marxist philosophy, Chinese traditional philosophy, Western philosophy

Yangming Learning as Enlightenment in Modern China

LIU Zengguang

(School of Philosophy, Renmin University of China, Beijing 100872, China)

Yangming learning was very pervasive in the late Qing dynasty and the early Republic of China. It became a medium of integrating traditional Chinese culture with modern Western culture in embracing such values as freedom, equality, and human rights. We can call this trend enlightened Yangming. Sun Yat-sen considered Yangming learning as not being in accordance with modern science, but he still could not have ignored the importance of heartmind civilization. Both Cai Yuanpei and Liu Shipei were aware of that Yangming learning has embraced modern value. Hence, they did not deny its significance with respect to moral cultivation, social improvement, and even individual freedom. In addition, Hu Shi also thought that Yangming learning was an example of freedom of thought. In this context, Yangming learning was not a just part of Neo-Confucianism, but a symbol of Chinese civilization. As a result, Yangming learning acquired a new identity as "modern Chinese Yangming learning."

Keywords: Yangming learning, enlightenment, freedom, human rights

Taking Gongfu Theory as a New Field in the Study of Chinese Philosophy

JIANG Weisheng and HAO Yingying

(School of Marxism, Zhejing University of Industry and Business)

The import of introducing gongfu theory into Chinese philosophy is to establish a new area of philosophical research, one that is beyond ontology, epistemology, and ethics that have been constructed on the basis of Western philosophy, and one that has Chinese characteristics. Investigating some philosophical problems from the perspective of gongfu theory will add a new dimension of interpretation to these problems. The establishment of the philosophical status of gongfu theory will be a unique contribution of Chinese philosophy to world philosophy. The contents of gongfu theory include the following: providing a clear definition of gongfu and of gongfu theory with reference to the practice practical philosophy that can be found in Western philosophy and religion; reaching an agreement on the classification of gongfu and staking out the concrete features of each type of gongfu; aquiring a more profound understanding of the various phenomena related to gongfu in the history of Chinese philosophy.

Keywords: gongfu theory, practical philosophy, Chinese philosophy

On the Principle of Verification
for the View of Truth in Chinese Philosophy

ZHU Guanglei

(School of Politics and Public Administration,

Soochow University, Suzhou, Jiangsu Province 215123)

The view of truth in Chinese philosophy is a sort of non-realism and value-centrism, which needs to be proved by the practice of life. On the verification of truth, the truth of Chinese philosophy needs to conform to the principles of subjectivity and of objectivity. The verification principle of subjectivity refers to the state of mind in which the subject who pursues truth can get rid of the bondage of desire and possess pure and free consciousness. The verification principle of objectivity means that the claim of truth cannot be opposed to the basic values of the real world. Under these principles of verification, the view of truth in Chinese philosophy is pluralistic in its limitedness; It respects and contains all kinds of good yearnings for the universe and life, and it shapes a harmonious world outlook and meaning of life in all kinds of good yearnings.

Keywords: Chinese philosophy, truth, principleof verification from subjectivity, principle of verification from objectivity

Aristotle on the Unity ofDefintion

NIE Minli

[Abstract] Aristotle put forward the aporia of the unity of definition in the *Posterior Analytics*, but solved it the *Metaphysics*, that is the Chapter 12 of the *Metaphysics Z*. Through the in-depth analysis of this chapter, this paper shows that in this chapter, Aristotle fundamentally solved this aporia by pointing out that the relationship between genus and differentia in the definition is a kind of relationship between potential and actuality, and the definition is essentially a description composed of differentia, which is the actual knowledge about the defined things. Finally, this paper also discusses the possibility of individual knowledge inspired by Aristotle's solution.

Keywords: the unity of definition, genus plus differentia, the differentia of differentia, form substance, individual knowledge

On the Distinction between the Logical Predicate and the Real Predicate in Kant's Discourse of *Sein*

SHU Yuanzhao

(Yuelu Academy, Hunan University, Changsha, Hunan Province 410082)

Kant's discourse of *Sein* includes the distinctions not only between the copula and the real predicate but also between the logical predicate (predicate of existence) and the real predicate. The latter distinction cannot occur between the "is" (copula *ist*) in the standard sentence pattern "S is P" and the "is" (exists) in the special sentence pattern "S is", nor can it occur between "is" in the analytic existential proposition "S is" and the existence (*existiert*) predicate of the synthetic existential proposition, let alone simply be attributed to the internal distinction of P in the standard sentence pattern "S is P". It can only occur between "is" (exists) in the special sentence pattern "S is" and P in the standard sentence pattern "S is P". "Is" (exists) in the example sentence "God is (exists)" is a logical predicate, and "omnipotent" in the sentence "God is omnipotent" is a "real predicate". It is not advisable to interpret the Kant's discourse of *Sein* as "the actual predicate is not the real predicate", so as to eliminate the distinctions between the logical predicate and the real predicate in Kant's discourse of *Sein*.

Keywords: Kant, discourse of *Sein*, logical predicate, real predicate

On the Various Forms of *Rule by Virtue*

Cao Gang

Abstract: What is the meaning of *Virtue* in the concept of *Rule by Virtue*? Inevitably, this is the first question that must be dealt with when we discuss the theory and practice of *Rule by Virtue*. We argued that there are three different layers of morality, which are Morality of Aspiration, Morality of Role, and Morality of Duty respectively. On this basis, there are also three different forms of *Rule by Virtue*. The first is Guiding people by virtue, of which the key is the moral demonstrations by ruling group. The second is Bring order by rites, of which the key is the moral autonomy of social intermediates. The third is Constraining by law, of which the key is the systematic legislation on morality. *Rule by Virtue* is a theoretical subject, but more than that, it is a practical subject. The practice of *Rule by Virtue* is a systematic program, and only if we make clear of the different forms of *Rule by Virtue* in theory, grasp the keys in practice and push forward the realization of different forms of *Rule by Virtue* in coordination, can we realize the modernization of national management.

Keywords: Rule by Virtue, Moral Stratification, Forms of Rule by Virtue

How does the Formation of the Person Proceed?
Kongzi on the Circulation between Self-cultivation and De-egoism

SONG Jian and GUAN Xihua

(Center for Research in Social Sciences, Hainan University)

Chinese philosophy has begun to explore the relationship between Heaven and Man since its beginning and has always been pondering on the question of "nature and Heaven." Kongzi's theory of the formation of the person embodies this question as well. All the above mentioned has achieved the breakthrough in the so-called period of axes. In terms of content, the theory of the formation of the person as the coordinate origin develops along two dimensions, namely, self-cultivation and de-egoism. In terms of form, the theory of the formation of the person presents the unity of ontology (whether one can achieve), effort (how to achieve), and the ideal realm (what one should achieve).

Keywords: Kongzi, formation of the person, self-cultivation, de-egoism, circulation

哲学家

Re-visiting Merleau-Ponty's Critique of Sartre

MA Lin

(School of Philosophy, Renmin University of China, Beijing 100872, China)

This paper examinesMerleau-Ponty's notorious criticisms of Sartre in the last chapter of his early *magnum opus*, namely, *Phenomenology of Perception*. There are two major criticisms. One is that Sartre's notion of feedom is not self-consistent; the other is that such freedom renders action pointless. I argue that these criticisms do not properly convey Sartre's ideas in their ambiguities and hence are mistargeted. Nonetheless, it is of interest to explore Merleau-Ponty's own thinking on freedom in such terms as sedimentation and generality. Although Sartre points out that the act of free choice is carried out in a concrete situation, he has defined situation from the position of anthropocentrism. In contrast, Merleau-Ponty attempts to go beyond anthropocentrism in articulating an idea of general freedom by proceeding from an anonymous cosmological self and from the primordial interconnection of I and the world.

Keywords: Merleau-Ponty, Sartre, freedom, situation, sedimentation, general freedom

Freedom and DestinyinMengzi's Theory of Human Nature

HSU Yung-Ching

(Institute of Philosophy and History,

Southwest Jiaotong University, Chengdu, Sichuan)

Mengzi's discussion about human nature is described as "good human nature" theory. By good human nature, it means that if one follows the real state of human, good human nature could be achieved. The real state of human nature possesses the heart of compassion, heart of shame, heart of modesty and yielding and heart of right and wrong. The four hearts are the beginning of ren, yi, li, and zhi. Heart is best owed to human by Heaven. It is natural that the origin of "nature" belongs to heaven. The correct way to build human nature is to actively cultivate the attitude toward human nature as well as waiting for the mission that could come any time. Human are capable of choosing whether to follow their human nature freely. Yet when implementing human nature, human faces the limitation of the length of life, physical capability and unpredictable destiny. Heaven gives human beings understandable missions as well as unpredictable destiny. Based on the strong belief toward Heaven, Mengzi believes that though it is hard to predict destiny, while limited by physical body and mobility under destiny, human beings still possess the freedom to choose their attitude when facing their destiny. The tension formed between mission and destiny enables the implementation of the freedom of human beings. Within the recognition of destiny, one could transform it into the tests faced as they execute their missions.It will then stimulate the motivation and courage to carry out the mission, helping one to go beyond the threats caused by destiny.

Keywords：Mengzi，freedom，destiny，mission

中国人民大学哲学院
《哲学家》期刊简介与征稿启事
Philosophers

中国人民大学哲学院于 2006 年创办了立足全国、放眼世界的《哲学家》,它由人民出版社出版,迄今为止已经出版了 12 辑,逐渐受到国内外学界的瞩目。从 2020 年开始,本刊一年出两期。《哲学家》以繁荣中国语言进行写作的哲学研究为宗旨,力图创建起在全球化时代中既汲取外国哲学智慧,亦对本土概念图式、思考取向加以融汇贯通的广义上的华文哲学。基于这种包容为大、探赜惟微的办刊取向,本刊对栏目的策划与设定并不局限于常见的二级学科名目,而是依据当期论文的内容与特色,例如:"马克思主义哲学""跨文化哲学与比较哲学""治理理论研究""中国哲学研究方法论""伦理维度与政治维度之纠结——中国传统与法国哲学之互参"等。编辑部将优先采用对具体的哲学课题进行深入探索而具有评判性介入的研究成果,严格执行专家审稿制度,杜绝一稿多投。

《哲学家》旨在为哲学界同仁建设一个精神家园,建设一个学术家园!《哲学家》的办刊原则是展示出国内外同行的真知灼见,稿件重在有新意、合规范;作者不讲身份,不论出处,贵在求真理、有创见。让我们共同建设好哲学家的家园!

我们主要刊登原创的论文,请毋一稿多投。以下是论文的格式:

1. 来稿由标题名、作者名、具体到学院或研究所的作者单位(请用脚注标出)、内容提要(200—300 字)、关键词(4—6 个)、正文组成。另外需要提供论文的英文题目,并可视情况提供英文内容提要(Abstract)和关键词(Keywords)。文章篇幅为 8,000—25,000 字(包括文献资料与注释)。重要文章可放宽至 30,000 字。稿件发表以后,我们将支付稿酬,并且赠送当期刊物。

2. 来稿注释一律采取当页脚注,请毋另外列出"参考文献"。格式为"作者:《书名》,某某译,出版地:出版社,某某年,第某某页。"引用期刊文章格式为"作者:《文章名》,某某译,载《期刊名》,某某年,第某某期,第某某页。"同样的文献资料再次出现时,只需提供作者名、文献名及页码。

3. 请在来稿作者名字之后用脚注标出姓名、工作单位,以及文章的资助信息(如果适用)等等,也可以做简要的自我介绍。文中需要着重的地方请用下圆点或者下划线,请勿使用宽体字或斜体字,着重不宜过多。文章分节标题用中文数词标出(一、二、三,等),居中。二级分节标题请使用(一)、(二)等,请毋作三级分节。此外,文章最好分别有一个导论与结论部分。

4. 关键词的格式为,中文部分用两个空格隔开,英文部分用分号隔开,除了专有名词之外都用小写。例如:

关键词:牟宗三　海德格尔　良知坎陷　另一启始　文化会通　康德式二元论

Keywords:MouZongsan;Heidegger;self-reversal of moral reason;the other inception;cultural dialogue;Kantian dualism

5. 文章要求论述翔实,具有一个合理的论证结构,语言务求清晰、明朗、流畅。

6. 书评稿件字数为 3,000—5,000 字,稿件详细论及所评图书或征引其中文字,只需在圆括号中给出相关页码(征引原文不宜过多)。稿件若论及其他图书资料,请在正文给出资料全部信息(如以上第 1 条),置入圆括号之中。书评之立场及用词宜执中、平实,既传达出原书的主要内容与特色,也对其研究成果做出综合评价或评判性介入,避免一味使用空洞乏味、华而不实的溢美之词。无论褒贬,皆需有准确直接的文本依据。请毋写成读后感式的杂文。

联系方式:北京市海淀区中关村大街 59 号(100872)
　　　　中国人民大学哲学院《哲学家》编辑部
邮　　箱:malin2008@ruc.edu.cn